Hans-Jörg Wohlfromm
Gisela Wohlfromm
»Und morgen gibt es Hitlerwetter!«

Hans-Jörg Wohlfromm
Gisela Wohlfromm

»Und morgen gibt es Hitlerwetter!«

Alltägliches und Kurioses
aus dem Dritten Reich

Anaconda

Vollständig überarbeitete und erweiterte Neuausgabe
»Und morgen gibt es Hitlerwetter!« Alltägliches und Kurioses
aus dem Dritten Reich erschien erstmals 2006 bei Eichborn

Die Deutsche Nationalbibliothek verzeichnet diese Publikation
in der Deutschen Nationalbibliografie; detaillierte bibliografische Daten
sind im Internet unter http://dnb.d-nb.de abrufbar.

© 2017 Anaconda Verlag GmbH, Köln
Alle Rechte vorbehalten.
Umschlagmotiv: »Ein Ausflug mit dem Klepper-Boot, Deutsches Reich
1930er-Jahre.« akg / mauritius images / Heinz Pollmann
Umschlaggestaltung: Harald Braun, Berlin
Satz und Layout: www.paque.de
Printed in Czech Republic 2017
ISBN 978-3-7306-0517-2
www.anacondaverlag.de
info@anacondaverlag.de

Vorwort

»Und morgen gibt es Hitlerwetter!« Alltägliches und Kurioses aus dem Dritten Reich lautet der Titel dieses Buches. Zur Erweiterung des Blickfeldes finden sich vereinzelt auch Beiträge, die in die Zeit vor 1933 oder nach 1945 fallen.

Das Buch ist stark überarbeitet worden. Vieles von der Urfassung aus dem Jahr 2006 wurde auf den neuesten Stand gebracht, etliche Einträge sind dazugekommen oder neu geordnet, andere entfallen. Das nach wie vor gültige Vorwort findet der Leser nun auf Seite 299 als Epilog.

Aus Authentizitätsgründen sind Zitate in der jeweils zeitgenössisch gebräuchlichen Rechtschreibung wiedergegeben.

Die Autoren

Inhalt

7

Verkaufsschlager Coca-Cola im Dritten Reich

Die deutsche Coca-Cola Gesellschaft wurde im Jahr 1929 in Essen als Tochterunternehmen der amerikanischen Coca-Cola Company gegründet. Unter dem Hakenkreuz entwickelte sich das Erfrischungsgetränk zum Knüller. Bei Massenveranstaltungen wie Aufmärschen der NSDAP, Radrennen oder Fußballspielen eilten die Lieferanten von Coca-Cola herbei, um die durstigen Kehlen zu erfrischen. Man verteilte sogar Gratisproben bei Treffen der Hitler-Jugend, um auch die junge Generation auf Cola einzuschwören.

Geschickt nutzte das Unternehmen die ganze Bandbreite der zur Verfügung stehenden Druckerzeugnisse, um für den Softdrink zu werben. Man schaltete Anzeigen in der Parteizeitung VÖLKISCHER BEOBACHTER sowie in der SS-Zeitung DAS SCHWARZE KORPS und schreckte selbst nicht davor zurück, in Julius Streichers berüchtigtem Schmuddelblatt DER STÜRMER zu inserieren. Auch dank der gigantischen Werbeanstrengungen feierte Coca-Cola in dieser Zeit überhaupt nur in einem einzigen europäischen Land glänzende Verkaufserfolge: im Deutschen Reich.

Bis zum Ausbruch des Zweiten Weltkriegs füllten über 40 deutsche Werke Coca-Cola ab, weitere befanden sich im Bau. Allein 1939 wurden mehrere Millionen Kästen abgesetzt. Coca-Cola-Lieferwagen begleiteten sogar die marschierenden Soldaten der Deutschen Wehrmacht, um sie mit Koffeinbomben zu unterstützen.

Der Coca-Cola-Absatz in Deutschland:

1929	6.000 Kästen
1933	100.000 Kästen
1934	243.000 Kästen

| 1936 | 1.000.000 Kästen |
| 1939 | 4.500.000 Kästen |

Während in Großbritannien die Produktion von Cola kriegsbedingt frühzeitig eingestellt werden musste, reichte der Vorrat an Ingredienzen im Deutschen Reich erstaunlicherweise noch bis in das Jahr 1942 hinein. Seit der Einführung auf dem deutschen Markt hatte der Konzern stets versucht, Coca-Cola nicht unbedingt als amerikanisches, sondern als deutsches Erfrischungsgetränk zu präsentieren. – Hierzu passt eine häufig überlieferte Anekdote: Als deutsche Kriegsgefangene in den USA von Bord eines Schiffes gingen, wurden heimatliche Gefühle in ihnen geweckt. Denn erstaunt stellten sie fest: Coca-Cola gibt es auch in Amerika!

Coca-Cola zieht mit in den Krieg (Deutschland 1939)

Scho-Ka-Kola

Die bis heute beliebte Scho-Ka-Kola ist ein echtes Kind des Dritten Reiches. Die edelbittere Schokolade wurde früher in Berlin hergestellt, kommt aber inzwischen aus dem schleswig-holsteinischen Norderstedt. Scho-Ka-Kola (**Scho**kolade, **Ka**ffee, **Ko**la) hat im Jahr 1935 das Licht der Welt erblickt. Während der Olympischen Spiele 1936 wurde das Produkt als moderne »Sportschokolade« angepriesen. Auch gegen Müdigkeit kämpfende deutsche Soldaten griffen gerne in die rot-weiße Blechdose. Besonders Piloten der deutschen Luftwaffe schworen auf die koffeinhaltige Schokolade und schnell bürgerte sich der Ausdruck »Fliegerschokolade« ein.

Die Olympischen Spiele im Jahr 1936

Die olympischen Sommerspiele in Berlin im Jahr 1936 waren mit 4.069 Athleten aus 49 Staaten das größte Sportereignis während des Dritten Reichs. Die deutschen Sportler erzielten schwindelerregende Erfolge, wie der Medaillenspiegel zeigt:

Staat	Gold	Silber	Bronze
Deutschland	33	26	30
USA	24	20	12
Ungarn	10	1	5
Italien	8	9	5
Finnland	7	6	6
Frankreich	7	6	6
Schweden	6	5	9
Japan	6	4	8
Niederlande	6	4	7
Großbritannien	4	7	3

Österreich	4	6	3
Tschechoslowakei	3	5	/
Argentinien	2	2	3
Estland	2	2	3
Ägypten	2	1	2
Schweiz	1	9	5
Kanada	1	3	5
Norwegen	1	3	2
Türkei	1	/	1
Indien	1	/	/
Neuseeland	1	/	/
Polen	/	3	3
Dänemark	/	2	3
Lettland	/	1	1
Jugoslawien	/	1	/
Rumänien	/	1	/
Südafrika	/	1	/
Mexiko	/	/	3
Belgien	/	/	2
Australien	/	/	1
Philippinen	/	/	1
Portugal	/	/	1

Der olympische Gruß

Der berühmte Olympiafilm von Leni Riefenstahl hat die Szene konserviert: Während der Eröffnungsfeier der Olympischen Spiele 1936 in Berlin hebt die französische Equipe geschlossen den rechten Arm, als sie an Hitler und den IOC-Delegierten vorbeimarschiert. Nach dem Krieg versicherten viele Franzosen, dies sei nicht der Hitlergruß, sondern der olympische Gruß gewesen. Der im Jahr 1936 noch zum IOC-Pro-

tokoll gehörende olympische Gruß wurde bei den ersten
Nachkriegsspielen 1948 in London abgeschafft. Vom äußeren
Eindruck her waren der olympische und der deutsche Gruß
nicht zu unterscheiden gewesen.

Der olympische Fackellauf

Ob in London, Rio de Janeiro oder Tokio – durch den Fackellauf vom griechischen Olympia zum jeweiligen Austragungs-
ort erhalten die Spiele einen Auftakt, wie er feierlicher kaum
sein kann. Der Fackellauf und das Entzünden des Feuers sind
heute bei Olympischen Spielen ebenso selbstverständlich wie

*Olympische Fackelläufe gibt es erst seit 1936. Deutsche Briefmarke
aus dem Jahr 1936, Porzellanfigur um 1960, chinesische Briefmarke
aus dem Jahr 2008.*

die Übergabe von Medaillen oder das Abspielen der National-
hymnen. Dabei ist der olympische Fackellauf kein Zeremo-
niell aus antiken Zeiten. Die Olympischen Spiele der Antike
kannten keinen Fackellauf. Seine Premiere hatte er im Jahr
1936, als – auf deutsche Initiative hin – zum ersten Mal die
Flamme vom griechischen Olympia in die Reichshauptstadt
Berlin gebracht wurde.

Joseph Goebbels während der Olympischen Spiele

JOSEPH GOEBBELS Tagebucheintrag am 5. August 1936
… Spannende Kämpfe. Wir Deutschen erringen eine Gold-
medaille, die Amerikaner drei, davon zwei durch Neger. Das ist
eine Schande. Die weiße Menschheit müßte sich schämen.
Aber was gilt das dort unten in diesem Lande ohne Kultur. Der
Führer ist ganz hingerissen von den deutschen Leistungen …

Olympische Winterspiele 1940

Obwohl die Olympischen Spiele im Jahr 1936 bereits in
Deutschland stattgefunden hatten (Winter: Garmisch; Som-
mer: Berlin), sollten nach dem Willen des Internationalen
Olympischen Komitees (IOC) vier Jahre später die Winter-
spiele noch einmal in Garmisch-Partenkirchen ausgetragen
werden. Wegen des seit 1937 herrschenden Krieges zwischen
Japan und China konnten nämlich die Spiele nicht, wie ei-
gentlich vorgesehen, im japanischen Sapporo stattfinden.
Weil auch St. Moritz in der Schweiz wegen organisatorischer
Unstimmigkeiten ausschied, vergab das IOC die Spiele

schließlich wieder an Deutschland – doch auch hier befand man sich seit September 1939 im Krieg, und so mussten die Olympischen Winterspiele 1940 ausfallen.

Die Große Olympiaschanze in Garmisch-Partenkirchen im Jahr 1936.

19

Rapid Wien
war schon einmal Deutscher Meister

Es hört sich eigenartig an, aber es stimmt: Mannschaften aus Leverkusen, Bochum, Mainz oder Darmstadt waren noch nie Deutscher Meister – aber Wien hat schon einmal den höchsten Titel, den der deutsche Fußball zu vergeben hat, gewonnen.

Im Jahr 1938 unterzeichnete der gebürtige Oberösterreicher Adolf Hitler das GESETZ ÜBER DIE WIEDERVEREINIGUNG ÖSTERREICHS MIT DEM DEUTSCHEN REICH. Dann verkündete er: Als Führer und Kanzler der deutschen Nation und des Reiches melde ich vor der deutschen Geschichte nunmehr den Eintritt meiner Heimat in das Deutsche Reich.

Aus fußballerischer Sicht war die Sache damit klar. Die österreichischen Mannschaften spielten nun mit um die Deutsche Meisterschaft, die zu dieser Zeit noch durch ein Endspiel entschieden wurde. Die stärksten österreichischen Mannschaften kamen alle aus Wien: Admira Wien, Rapid Wien und der Vienna FC. Rapid Wien konnte den Titel im Jahr 1941 holen: Am 22. Juni standen sich vor rund 100.000 Zuschauern der damalige Rekordmeister Schalke 04 und Rapid Wien gegenüber. Bereits in der 58 Minute führten die Königsblauen aus Gelsenkirchen mit 3:0. Immer wieder stimmten die Schalker Fans – voller Siegeszuversicht – den Schlachtruf »9:0« an und erinnerten damit an das verrückte Ergebnis zwei Jahre zuvor, als man den ebenfalls aus Wien stammenden Fußballverein Admira mit unglaublichen 9 Toren vom Platz gefegt hatte.

Doch diesmal nahm das Spiel einen unerwarteten Verlauf. Denn die Grün-Weißen hatten den torgefährlichen Stürmer Franz »Bimbo« Binder in ihren Reihen. Dank seiner Leistung konnte Rapid das Match noch einmal drehen. Nach dem 3-Tore-Rückstand knallten die Wiener den Ball viermal unhaltbar in den Schalker Kasten. Allein 3 Treffer gingen auf die

Kappe von »Bimbo«. Damit lautete der Endstand im Berliner Olympiastadion: Schalke 04 – Rapid Wien 3:4. Die Meisterschaft war entschieden. Der Titel ging nach Wien.

Bei den Wiener Fans knallten die Sektkorken. Zur gleichen Zeit knallten im Osten die Kanonen. Auf breiter Front griff die Deutsche Wehrmacht – am Tag der Meisterschaft – die Sowjetunion an.

Jahr	Meister	Zweiter
1933	Fortuna Düsseldorf	FC Schalke 04
1934	FC Schalke 04	1. FC Nürnberg
1935	FC Schalke 04	VfB Stuttgart
1936	1. FC Nürnberg	Fortuna Düsseldorf
1937	FC Schalke 04	1. FC Nürnberg
1938	Hannover 96	FC Schalke 04
1939	FC Schalke 04	Admira Wien
1940	FC Schalke 04	Dresdner SC
1941	SK Rapid Wien	FC Schalke 04
1942	FC Schalke 04	I. Vienna FC
1943	Dresdner SC	FV Saarbrücken
1944	Dresdner SC	LSV Hamburg
1945	(ausgefallen)	(ausgefallen)

Bubikopf und Haar-Richtlinien

Aus Amerika kommend, bürgerte sich im Jahr 1924 in Deutschland der weibliche Kurzhaarschnitt ein. Die sogenannten Bubiköpfe wurden auch im Dritten Reich getragen.

Trugen manche Frauen im Dritten Reich ihr Haar aus modischen Gründen freiwillig kurz, so änderte sich das später. Um im Krieg Strom und Arbeitszeit zu sparen, erließ der

Die Nummern 6–10 zeigen Bubikopffrisuren nach der Mode der verschiedenen Jahre. 6: 1924–1926; 7 1926–1927 (Pagenkopf); 8: 1927–1928 (Herrenschnitt); 9: 1929–1933; 10: 1934–1935.

Reichsinnungsverband der Friseure ab dem Jahr 1943 Richtlinien für Friseure:

▶ Frauenhaar grds kurz tragen
▶ Haar über 15 cm Länge (»Löwenmähne«) nicht mehr behandeln
▶ System der Voranmeldung einführen
▶ Dauerwellen einschränken
▶ Verwundete und Fronturlauber bevorzugt bedienen

Was der Nazi nicht darf

Monate vor Hitlers Machtergreifung veröffentlichte im Jahr 1932 DIE WELTBÜHNE eine Glosse von dem Österreicher PAUL ELBOGEN. Der pointierte, oft satirische und bewusst polemische Beitrag des jüdischen Schriftstellers trug den Titel: Was der Nazi nicht darf ...

Im Parteiprogramm und in den zahllosen Enzykliken des Osaf steht genau zu lesen, wie es der Pg. anfängt, ein hitlergefälliges Leben zu führen. Er darf nichts Jüdisches berühren, keine Nichtarierin heiraten, nicht in Kaufhäusern kaufen – die Mönchsregel ist lang. Aber doch enthält sie kein Wort der zahllosen Verbote, die sie konsequenterweise aufzählen müßte. Wir haben im Folgenden versucht, sie zusammenzustellen – leider gibt es keine Exekutive, um die orthodoxen Hitleranbeter zu zwingen, sie wirklich einzuhalten.

Verboten ist – um eine kleine Auswahl aufzuzählen – der Gebrauch der folgenden, aus der jüdischen Bibel stammenden Phrasen und Zitate: Kein Nazi ist »ein gewaltiger Jäger vor dem Herrn«, keiner ein »Kopfhänger« (Jes. 58,5), keiner ein »Lästermaul« (Salom. 4,24). In Deutschland herrscht weder »ägyptische Finsternis« noch »babylonische Verwirrung«. Sie dürfen ihren Führer nicht »wie den Augapfel hüten« (5. Mos. 32,10), nicht »auf der Bank der Spötter sitzen« (Psalm 1,1), nicht »ihr Herz ausschütten« (1. Sam. 1,15); sich nicht »mit Füßen treten« lassen (Jes. 10,24). Keiner darf ein Deutscher sein »vom Scheitel bis zur Sohle« (5. Mos. 28,35); keiner »sich gütlich tun« (Kohel. 3,12), keiner »ums goldene Kalb tanzen«, keinem dürfen »die Haare zu Berge stehen« (Hiob 4,15), keiner darf »auf Herz und Nieren geprüft werden« (Ps. 7,10), niemand darf ihm »ein Dorn im Auge« sein (4. Mose 33,35) ...

Verboten sind die Worte: Menetekel, Hiobspost, Amen, Moloch, Hexensabbath, Lockvogel (Jer. 5,27), Zeichen und

Wunder (2. Moses 28,35), Fleischtöpfe Ägyptens (2. Moses 16,3), Abrahams Schoß, Krethi und Plethi, Hosianna und Halleluja etcetera; verboten die Taufnamen: Josef, David, Emanuel, Michael, Gabriel, Joachim, Thomas, Johann, Anna, Elisabeth, Susanne, Maria etcetera; verboten die aus dem Talmud herrührenden Sprichworte: »Im Hause des Gehenkten spricht man nicht vom Strick« (Talmud Baba mezia 57b), »Gedanken sind zollfrei« (Kiddusch 49b), »Jeder ist sich selbst der Nächste« (Sanh. 9b), »Einem Lügner glaubt man nicht und wenn er auch die Wahrheit spricht« (Sanheddrin 89b), »Schmiede das Eisen solange es heiß ist«, »Unter Blinden ist der Einäugige König« (Ber. r. 3O), »Not kennt kein Gebot« (Erub 27a), »Gleich und gleich gesellt sich gern« (Baba R 92b) – und andre, die alle auf die Parteigenossen (siehe das letzte und das erste) so gut passen. Hier sei noch hinzugefügt, daß auch Dialektworte aller Art nicht verwendet werden dürfen, da sie aus dem Hebräischen stammen, etwa »kaputt« für hin (von kappara – dahin) oder »Kaffer« für Bauer (Kafran), »Moos« für Geld (maoth), »kläffen« für bellen (keleb), »Techtelmechtel« etcetera …

Aber verboten sind leider auch viel näher ans Herz gehende Dinge: verboten ist – ach, man kann keine Rheinfahrt mehr machen! – das deutscheste aller deutschen Lieder: »Die Lorelei« des Juden Heine …

Anmerkung: Osaf = Oberster SA-Führer; Pg. = Parteigenosse

24

Hindenburg-Eiche

BERLINER TAGEBLATT vom 29.7.1933

Bekanntlich wurde die am Tage der Nationalen Arbeit auf dem Tempelhofer Feld gepflanzte Hindenburg-Eiche in der Nacht zum 27. Juli von Kommunisten zerstört. Das Geheime Staatspolizeiamt hat als Gegenmaßnahme angeordnet, daß sämtlichen kommunistischen Schutzhäftlingen für drei Tage die Mittagsmahlzeit entzogen wird. Den Schutzhäftlingen ist diese Maßnahme im Hinblick auf den an der Hindenburg-Eiche verübten Frevel zu eröffnen. An Stelle der durch Bubenhand zerstörten Hindenburg-Eiche auf dem Tempelhofer Feld ist gestern durch das Gartenamt Tempelhof eine neue Eiche gepflanzt worden.

Zutritt verboten

SCHLESISCHE TAGESZEITUNG vom 7.8.1933

Die Kreisleitung Breslau teilt mit, daß Frauen mit geschminktem Gesicht der Zutritt zu allen Veranstaltungen der NSDAP verboten ist. Die Amtsleiter sind angewiesen, eine entsprechende Kontrolle durchzuführen.

Deutscher Pfarrergruß

FRANKFURTER ZEITUNG vom 23.9.1933

Der Landeskirchenrat hat für die Lippische Landeskirche folgendes angeordnet: Sämtliche Pfarrer, Beamte, Angestellte der Landeskirche sowie der Kirchengemeinden grüßen im Dienst und innerhalb der dienstlichen Gebäude und Anlagen durch Erheben des rechten Armes. Es wird von allen erwartet, daß sie auch außerhalb des Dienstes in gleicher Weise grüßen. Wenn Geistliche Talar und Barett tragen, empfiehlt es sich, bei der herkömmlichen Art des Grußes zu bleiben.

Anmerkung: 1933 gab es im Deutschen Reich 28 evangelische Landeskirchen. Die Lippische Landeskirche (des ehemaligen Landes Lippe; heute Kreis Lippe, NRW) ist Teil der evangelischen Kirche.

Moskauhörer

FRANKFURTER ZEITUNG vom 22.9.1933

Der Polizeibericht teilt mit: »In letzter Zeit ist wiederholt beobachtet worden, daß die Moskauer Sendungen des Großsenders der Komintern auf Welle 1482 bzw. auf Kurzwellensender 50 immer wieder zu einer maßlosen Hetze gegen die nationale Revolution und die von ihr berufene Regierung benutzt werden. Es wurde wiederholt festgestellt, daß Besitzer empfangsstarker Radiogeräte regelmäßig in den Abendstunden einen weiteren oder engeren Kreis von Bekannten zum Abhören der Moskauer Sender in ihrer Wohnung versammelt haben. In den Vorträgen der Komintern-Sendungen wird regelrechter Unterricht über die illegale Arbeit erteilt. Es wird darauf verwiesen, daß gegen Teilnehmer an derartigen Zusammenkünften mit aller Schärfe eingeschritten wird. Sie werden als Teilnehmer an geheimen kommunistischen Versammlungen in Schutzhaft genommen und unverzüglich in ein Konzentrationslager gebracht werden. Die benutzten Radiogeräte werden beschlagnahmt und eingezogen.«

Gestern drohte noch Regen ...

JOSEPH GOEBBELS Tagebucheintrag am 1. 5. 1933
Der große Tag des deutschen Volkes ist angebrochen. Gestern drohte noch Regen, heute strahlt die Sonne. Richtiges Hitlerwetter! Nun wird alles zum Besten verlaufen.

Nichtraucherinnen

FRANKFURTER ZEITUNG vom 22.8.1933
Der Erfurter Polizeipräsident hat, wie berichtet, die Inhaber von Gaststätten, Cafés usw. aufgefordert, in ihren Lokalen Schilder mit der Aufschrift »Damen werden gebeten, nicht zu rauchen« anzubringen. In einem neuen Erlaß hat er die Polizeireviere angewiesen, nachzuprüfen, ob seiner Aufforderung überall nachgekommen würde. Sollte das irgendwo nicht der Fall sein, würde er sich veranlaßt sehen, die Namen der betreffenden Gaststätten öffentlich bekanntzugeben.

Anstoß erregender deutscher Gruß

RUNDSCHREIBEN der Ministerialabteilung IA (Polizei) des Hessischen Staatsministeriums vom 23.7.1934
Es wird uns berichtet, daß von fahrenden Schaustellern dressierte Affen darauf abgerichtet sind, nach Beendigung der Schaustellung auf einen entsprechenden Befehl den deutschen Gruß nachzuahmen. Derartige Vorführungen sind geeignet, den deutschen Gruß verächtlich zu machen und damit in der Öffentlichkeit Anstoß zu erregen. Wir beauftragen Sie deshalb, in Zukunft auf Jahrmärkten und bei sonstigen Gelegenheiten

die fahrenden Schausteller eingehend in dieser Richtung unauffällig zu kontrollieren und bei festgestellten Verstößen die Abschlachtung der betreffenden Tiere zu veranlassen.

Totenverehrung

Einige Tote, die im Deutschen Reich bewundert und verehrt wurden:

Die Jugend von Langemarck

Im Herbst 1914 kämpften beim belgischen Langemarck deutsche Regimenter gegen englische Soldaten. Viele deutsche Soldaten, darunter eine Anzahl Studenten, starben. Die Oberste Heeresleitung verkündete anschließend: Am Yser-Abschnitt machten wir gestern gute Fortschritte ... Westlich Langemarck brachen junge Regimenter unter dem Gesange »Deutschland, Deutschland über alles« gegen die erste Linie der feindlichen Stellungen vor und nahmen sie. Die 1920er- und 1930er-Jahre verklärten die Gefechte; so entstand der Mythos von Langemarck. Stets wurden dabei die Elemente Jugend, Vaterland und Opfer hervorgehoben. Inzwischen haben Forschungen zur Entmythologisierung beigetragen.

Albert Leo Schlageter (1894–1923)

Schlageter unterstützte 1923 im Ruhrgebiet den Widerstand gegen die französische Besatzung. Er sprengte Brücken und beteiligte sich an der Sabotage von Eisenbahnlinien. Ein französisches Militärgericht verurteilte ihn zum Tod. Schlageter wurde standrechtlich erschossen.

Die Toten vom 9. November 1923

Im Jahr 1923 zettelten Hitler und Ludendorff in München einen Putsch gegen die bayerische Landesregierung und die deutsche Reichsregierung an. Am 9. November zogen Aufständische durch die Münchner Innenstadt zur Feldherrnhalle. Die bayerische Polizei löste diesen bewaffneten Demonstrationszug mit Waffengewalt auf. Vier Polizisten und 16 Putschisten ließen ihr Leben. Fortan gedachten die Nationalsozialisten alljährlich ihrer 16 Blutzeugen. Der 9. November – im Dritten Reich der GEDENKTAG FÜR DIE GEFALLENEN DER BEWEGUNG – wurde zum höchsten nationalsozialistischen Feiertag erkoren.

Horst Wessel (1907–1930)

Der evangelische Pfarrersohn brach sein Jurastudium ab, arbeitete als Fahrer und Schipper bei der Berliner U-Bahn und war SA-Sturmführer. Bei einem Überfall wurde er erschossen. Der Berliner Gauleiter Joseph Goebbels erklärte die Tat zum politischen Mord. Nationalsozialisten verehrten Wessel daraufhin wie einen braunen Messias. Das von ihm getextete Lied DIE FAHNE HOCH! erlangte im Dritten Reich den Status einer zweiten deutschen Nationalhymne.

Herbert Norkus (1916–1932)

Bei einem Zusammenstoß mit Kommunisten wurde der 15-jährige Hitlerjunge Norkus so schwer verletzt, dass er kurze Zeit später verstarb. Die Hitler-Jugend verehrte ihn als Märtyrer und Vorbild. Der zeitgenössische, erfolgreiche Roman von Schenzinger HITLERJUNGE QUEX, der auch verfilmt wurde, lehnt sich an das Leben und Sterben von Norkus an.

Hitler schürte schon sehr früh öffentlich Rassenhass

Im Jahr 1933 wurden viele Zeitungen, darunter zum Beispiel die MÜNCHENER POST, verboten. Seit langem hatte das Blatt vor dem Nationalsozialismus gewarnt. Schon 13 Jahre vor Hitlers Machtübernahme – am 1.6.1920 – stand in der sozialdemokratischen Tageszeitung MÜNCHENER POST:

… Es sprach Adolf Hitler, der sich mehr wie ein Komiker benahm. Sein coupletartiger Vortrag enthielt in jedem dritten Satz den Refrain: Schuld sind die Hebräer. Es gibt kaum eine Gemeinheit und Schmutzerei, die der Redner nicht den Juden aufhalste …

Eines ist anzuerkennen: Herr Hitler gestand es selbst ein, daß seine Rede vom Rassenhaß diktiert sei. Als der Redner die Frage aufwarf, wie man sich der Juden erwehren solle, gaben Zurufe aus der Versammlung – eine Musterversammlung nannte sie der Vorsitzende – die Antwort: Aufhängen! Totschlagen! …

Köge

Ein Koog ist ein dem Meer abgewonnenes Land. In Nordfriesland waren von 1864 bis 1915 zwei und während der Weimarer Republik drei Köge entstanden. Innerhalb von hundert Jahren wollten die Nationalsozialisten 30 weitere Köge erschaffen. Ein Teil dieses Vorhabens gelang in der Zeit vor dem Zweiten Weltkrieg:

Zeit	Name	Fläche
1933–1935	Adolf-Hitler-Koog	1.333 ha
1933–1935	Hermann-Göring-Koog	585 ha

1934–1935	Uelvesbüller Koog	105 ha
1934–1936	Finkhaushalligkoog	470 ha
1935–1936	Osewoldter Koog	176 ha
1935–1937	Horst-Wessel-Koog	650 ha
1936–1937	Nössekoog auf Sylt	1.700 ha
1935–1939	Galmsbüller Koog	210 ha
1938–1939	Bupheverkoog/Pellworm	245 ha

Anmerkung: Der Adolf-Hitler-Koog trägt heute den Namen Dieksanderkoog, der Hermann-Göring-Koog heißt Tümlauer-Koog und der Horst-Wessel-Koog wird heute Norderhever-koog genannt.

Eintopfsonntage

Zur Förderung des Gemeinschaftsgedankens wurden im Dritten Reich Eintopfsonntage eingeführt. Der Differenzbetrag zum höheren Preis eines normalen Sonntagsbratens sollte dem Winterhilfswerk gespendet werden, das Bedürftige unterstützte.

Rezept eines Eintopfgerichts für 4 Personen
aus dem Jahr 1933:

500 g weiße Bohnen	0,26 RM
Einweichwasser	
500 g Mohrrüben	0,10 RM
500 g Schweinebauch	0,78 RM
1–2 Eßlöffel Mehl, Wasser	0,02 RM
Salz nach Geschmack	0,01 RM
1 Eßlöffel gehackte Petersilie	0,01 RM
	1,18 RM

Die am Abend vorher eingeweichten Bohnen mit dem Einweichwasser und dem Fleisch ankochen, nach 1 bis 1½ Stunden die in Stifte geschnittenen Mohrrüben hinzufügen, gar kochen. Das Mehl anrühren, das Gericht damit binden, das Fleisch in Würfel schneiden, abschmecken. Mit gehackter Petersilie bestreuen.

Verdeutschung nicht erwünscht

25.10.1940 MARTIN BORMANN an Hans-Heinrich Lammers
Dem Führer ist in letzter Zeit mehrfach aufgefallen, daß – auch von amtlichen Stellen – seit langem in die deutsche Sprache übernommene Fremdwörter durch meist im Wege der Übersetzung des Ursprungswortes gefundene und daher in der Regel unschöne Ausdrücke ersetzt werden. Beispielsweise erwähnte der Führer, daß amtlich jetzt anstelle von Souffleuse die Bezeichnung »Einsagerin« gebraucht werde.

In den meisten Fällen können die als Ersatz für das eingebürgerte Fremdwort gewählten Ausdrücke dessen Sinn nur unvollkommen wiedergeben; auf alle Fälle sind die neuen Bezeichnungen nicht eingebürgert und daher den meisten Volksgenossen unverständlich.

Der Führer hat deswegen angeordnet, die zuständigen Stellen sollten davon unterrichtet werden, er verbiete ein für alle Mal die Bestrebungen, längst ins Deutsche eingebürgerte Fremdwörter jetzt zu verdeutschen.

Das Schwarze Korps

Zeitung der Schutzstaffeln der NSDAP, Organ der Reichsführung SS

Nach den Worten von Chefredakteur Gunter D'Alquen (1910–1998) stand diese Zeitung kompromißlos im Kampf für die Reinheit der Idee. Die immer donnerstags erscheinende Wochenzeitung gehörte zu den auflagenstärksten und einflussreichsten Publikationen im Dritten Reich.

Im SCHWARZEN KORPS findet sich unter anderem Werbung von:

Coca-Cola	Maggi
Nivea-Creme	Schlichte Steinhäger
MM Sekt	Dujardin
Reemtsma »R6«	Palmolive
Spalt-Tabletten	Kaisers Kaffee
Mercedes-Benz	Montblanc-Füller
Togal	Asbach Uralt
Erdal-Schuhcreme	Hackerbräu
Dr. Hillers Pfefferminz	Opel
Henkell Trocken	Cinzano
Agfa	C&A

Entartete Kunst

Als abwertendes Schlagwort wurde »entartete Kunst« insbesondere für inhaltlich sozialkritische und formal innovatorische (expressionistische, dadaistische, abstrakte) Kunst gebraucht. Unter diesem Titel präsentierte der Präsident der Reichskammer der Bildenden Künste, Prof. Adolf Ziegler, in

München auch eine Ausstellung. Der Katalog »KUNST«. AUSSTELLUNGSFÜHRER aus dem Jahr 1937 unterschied neun Gruppen:

I.   Zersetzung des Form- und Farbempfindens
II.   Unverschämter Hohn auf jede religiöse Vorstellung
III. Der politische Hintergrund der Kunstentartung
IV.   Politische Tendenz
V.   Einblick in die moralische Seite der Kunstentartung –
      Bordell, Dirnen, Zuhälter
VI.   Abtötung des letzten Restes jedes Rassenbewusstseins
VII. Idioten, Kretins, Paralytiker
VIII. Juden
IX.   Vollendeter Wahnsinn

Woolworth

Im Januar 1936 meldete der DEUTSCHLAND-BERICHT des SPD-Exilvorstands:

In Frankfurt/Main hängt an jedem arischen Geschäft das Plakat »Deutsches Geschäft« mit dem Hakenkreuz. Darüber ist jetzt bei einem Viertel aller Geschäfte eine andere Tafel angebracht, auf der in nachgeahmter hebräischer Schrift steht: »Juden sind hier unerwünscht«. Bei Woolworth steht außerdem eine Tafel: »Dieses Geschäft ist ein rein arisches Unternehmen«.

ADEFA

Die ARBEITSGEMEINSCHAFT DEUTSCH-ARISCHER FA-BRIKANTEN empfing weder jüdische Vertreter noch jüdische Verkäufer. Mit jüdischen Lieferanten oder Zwischenhändlern machte sie keine Geschäfte. Die Fabrikanten kennzeichneten alle ihre Erzeugnisse mit dem ADEFA-Etikett. Der Werbetext für das ADEFA-Zeichen des Textil-Einzelhandels im Jahr 1938 lautete:

Jeder Volksgenosse soll wissen, woran er ist. Deshalb wurde in Gemeinschaft mit dem deutschen Textil-Einzelhandel das hier abgebildete »Zeichen für Ware aus arischer Hand« ge-schaffen. Dieses Zeichen bürgt dafür, daß Du Ware aus arischer Hand kaufst!

Vom Weber und Wirker über den Fabrikanten bis zum Ein-zelhandel ist die so gekennzeichnete Ware nur durch arische Hände gegangen. Jedes Stück ist deutsche Arbeit im besten Sinne! Darum verlange beim Einkauf ausdrücklich ADEFA-Klei-dung, die Du schon im Schaufenster an diesem Zeichen er-kennst. Nur Garantie für arisches Erzeugnis, wenn außer dem »Zeichen für Ware aus arischer Hand« auch das ADEFA-Etikett in das Kleidungsstück eingenäht ist.

Presse

Während des Dritten Reichs erschien SPERLINGS ZEIT-SCHRIFTEN- UND ZEITUNGSADRESSBUCH zum letzten Mal im Jahr 1939. Hiernach ergibt sich Folgendes:

Tageszeitungen über 50.000 Exemplare

Zeitungstitel	Verlags-ort	Aus-gaben (pro Woche)	Druck-auflage (mit Neben-ausgaben)
Berliner Morgenpost	Berlin	6	440.000
Berliner Lokalanzeiger	Berlin	12	über 290.000
Berliner Illustrierte Nachtausgabe	Berlin	6	über 280.000
Berliner Volkszeitung	Berlin	12	über 245.000
B.Z. am Mittag mit 12-Uhr-Blatt	Berlin	6	über 220.000
Illustrierte Kronen-Zeitung	Wien	7	220.000
Das Kleine Blatt	Wien	7	205.000
Kleine Volks-Zeitung	Wien	7	157.000
Hamburger Anzeiger	Hamburg	6	153.597
Leipziger Neueste Nachrichten	Leipzig	7	143.064
Hamburger Fremdenblatt	Hamburg	12	137.657
Frankfurter General-Anzeiger	Frankfurt/M.	6	102.400
Dresdner Neueste Nachrichten	Dresden	6	über 98.000
Münchner Neueste Nachrichten	München	7	94.636
Kölnische Zeitung	Köln	13	91.130
Breslauer Neueste Nachrichten	Breslau	7	über 90.000
Hannoverscher Anzeiger	Hannover	6	über 90.000
Deutsche Allgemeine Zeitung	Berlin	6	über 80.000
Das Kleine Volksblatt	Wien	7	72.400
Kieler Neueste Nachrichten	Kiel	6	über 72.000
Frankfurter Zeitung	Frankfurt/M.	13	über 70.000
Neue Leipziger Zeitung	Leipzig	7	über 68.500
Bremer Nachrichten m. Weserztg.	Bremen	7	66.355
Magdeburger Generalanzeiger	Magdeburg	6	66.286
Düsseldorfer Nachrichten	Düsseldorf	13	über 65.000

Wiener Neueste Nachrichten	Wien	6	65.000
Münchner Zeitung	München	6	über 60.000
Kleine Zeitung	Graz	7	über 60.000
Nürnberger Zeitung	Nürnberg	6	54.179

Parteiamtliche Tageszeitungen der NSDAP über 50.000 Exemplare

Zeitungstitel	Verlags-ort	Aus-gaben	Druck-auflage
		(pro Woche)	(mit Neben-ausgaben)
Völkischer Beobachter	München Berlin, Wien	7	über 650.000
Westdeutscher Beobachter	Köln	12	über 230.000
Rheinische Landeszeitung	Düsseldorf	13	225.000
Westfälische Landeszeitung – Rote Erde	Dortmund	7	225.000
NSZ Rheinfront	Neustadt/W.	6	über 180.000
Nationalzeitung	Essen	7	167.076
Der Mitteldeutsche	Magdeburg	7	161.443
Nationalblatt	Koblenz	6	130.300
Niedersächsische Tageszeitung	Hannover	7	über 110.400
Der Angriff	Berlin	6	über 110.000
Hamburger Tageblatt	Hamburg	7	über 110.000
Thüringer Gauzeitung	Weimar	6	über 105.000
Schlesische Tageszeitung	Breslau	7	über 100.000
Der Führer	Karlsruhe	7	über 100.000
Frankfurter Volksblatt	Frankfurt/M.	7	über 98.000
Pommersche Zeitung	Stettin	7	79.532
Der Freiheitskampf	Dresden	7	76.146
Mitteldeutsche Nationalzeitung	Halle	7	über 75.000
Preußische Zeitung	Königsberg	7	72.564
Die Zeit	Reichenberg	7	60.000
Das Hakenkreuzbanner	Mannheim	12	60.000
Leipziger Tageszeitung	Leipzig	7	55.454
Stuttgarter NS-Kurier	Stuttgart	12	über 55.000
Niederdeutscher Beobachter	Schwerin	6	55.000
Fränkische Tageszeitung	Nürnberg	6	51.000

Hitler über die deutsche Presse

ADOLF HITLER am 22./23.2.1942 nachts privat

Unser Presseapparat ist schon etwas Wunderbares. Das Pressegesetz hat dafür gesorgt, daß Meinungsverschiedenheiten zwischen Männern der Regierung nicht vor dem Volk mehr ausgekämpft werden. Dazu ist die Presse nicht da! Wir haben aufgeräumt mit der Vorstellung, als gehörte es zur staatspolitischen Freiheit, daß jeder aussprechen kann, was er Lust hat. Mehr als die Hälfte der deutschen Blätter hat Amann in der Hand. Wenn ich jetzt Lorenz zu mir rufe und ihm in einigen Sätzen meine Einstellung gebe, so findet man das morgen um ein Uhr in jedem deutschen Blatt.

Zehn kleine Meckerlein

Bei den ZEHN KLEINEN MECKERLEIN handelt es sich um eine sarkastische Umformulierung des Kindergedichts ZEHN KLEINE NEGERLEIN. Wer das Gedicht verbreitete, musste damit rechnen, eine Strafanzeige wegen Verdachts der Vorbereitung von Hochverrat zu bekommen.

Zehn kleine Meckerlein, die saßen einst beim Wein,
Der eine machte Goebbels nach, da waren es nur noch neun!

Neun kleine Meckerlein, die hatten was gedacht; –
Dem einen hat man's angemerkt, da waren es nur noch acht!

Acht kleine Meckerlein, die hatten was geschrieben; –
Dem einen hat man's Haus durchsucht, da waren es nur noch sieben!

Sieben kleine Meckerlein, die fragten einmal »schmeckt's?« –
Der eine sagte »Schlangenfraß«, da waren es nur noch sechs!

Sechs kleine Meckerlein, die schimpften auf die Pimpfe,
Der eine sagte »Lausepack«, da waren es nur noch fünfe!

Fünf kleine Meckerlein, die saßen am Klavier; –
Der eine spielte Mendelssohn, da waren es nur noch vier!

Vier kleine Meckerlein, die kannten Dr. Ley; –
Der eine wußte was von ihm, da waren es nur noch drei!

Drei kleine Meckerlein, die nannten Mythus »Dreck«; –
Da holte Pg. Rosenberg gleich zwei von ihnen weg.

Ein kleines Meckerlein ließ dies Gedicht mal sehen; –
Man brachte es nach Dachau hin, da waren es wieder – zehn.

Anmerkung: Mythus = DER MYTHUS DES 20. JAHRHUN-
DERTS von P(artei)g(enosse) Alfred Rosenberg verfasst

Theater

Der Spielplan der Theater im Dritten Reich war überwiegend
bürgerlich-konservativ ausgerichtet. NS-Dramatik stand vor
allem bei den alljährlich stattfindenden Reichstheaterwochen
im Vordergrund. Bis 1936 entstanden zahlreiche Freilicht-
bühnen, und um nationalsozialistisches Gedankengut in die
Provinz zu tragen, wurden zusätzlich Wanderbühnen eingerichtet.

Deutsche Theater in der Spielzeit 1939/40

Gattung	An-zahl	Anzahl der Plätze	Beschäftigte Personen insgesamt	Sänger	Schau-spieler	Orchester, Chor, Tanz	Technisches und Verwal-tungspersonal	Bühnen-leiter u. -vorstände, Musik-vorstände, Spielwarte
Staats-Landes- und Stadt-theater	241	211.479	35.863	2.633	3.460	12.738	13.390	3.642
Privat-theater	47	45.264	1.885	96	456	620	458	255
Wander-bühnen	45	–	766	17	377	45	180	147
Gastspiel-theater	20		ohne ständiges Personal					
Bauern-theater	13							
Sommer-bühnen	44	24.675	Personal ist enthalten in der Angabe der Winter-bühnen					
Freilicht-bühnen	129	236.800						
Reisende Theater-unter-nehmen	74	–	ohne ständige Bühnen					
Niederdt. Unter-nehmen	30	–						
Insgesamt	643	518.218	38.514	2.746	4.293	13.403	14.028	4.044

Kinos

Der deutsche Kinopark umfasste 1937 rund 5.300 Lichtspiel-häuser. Die letzte amtliche Erhebung nach dem Stand vom 31.3.1935 wies auf:

Gebiet	Lichtspieltheater		Sitzplätze	Es entfielen
	insge-samt	davon spielten täglich	insgesamt	auf 1 Sitzplatz Einw.
Deutsches Reich	4773	2043	1.774.715	37
Davon in:				
Prov. Ostpreußen	90	46	31.250	75
Berlin	394	389	195.437	22
Prov. Brandenburg	247	78	74.611	37
Prov. Pommern	138	54	45.180	43
Prov. Grenzmark Posen-Westpr.	19	4	4.364	77
Prov. Niederschlesien	185	83	66.696	48
Prov. Sachsen	382	80	116.353	29
Prov. Schl.-Holstein	149	57	54.274	29
Prov. Hannover	251	73	82.165	41
Prov. Westfalen	275	132	120.631	42
Prov. Hessen-Nassau	198	71	62.790	41
Rheinprovinz	491	254	228.496	33
Hohenzoll. Lande	2	—	680	107
Land Bayern	456	190	140.498	55
Land Sachsen	422	151	163.693	32
Land Württemberg	118	38	38.535	70
Land Baden	145	54	48.971	49
Land Thüringen	180	33	55.821	30
Land Hessen	162	29	48.115	30
Hamburg	79	72	49.676	25
Mecklenburg	70	23	21.646	37
Oldenburg	41	8	13.010	44
Braunschweig	42	10	14.831	35
Bremen	28	22	17.268	22
Anhalt	29	11	10.376	35
Lippe	12	5	3.724	47
Lübeck	11	8	6.064	22
Schaumburg-Lippe	5	1	2.161	23
Saarland	77	30	29.172	38

Filme

Neue Kinofilme des Jahres 1938:

Titel	Regie
Der Tiger von Eschnapur	Richard Eichberg
Das indische Grabmal	Richard Eichberg
13 Stühle	E. W. Emo
Der Maulkorb	Erich Engel
Napoleon ist an allem schuld	Curt Goetz
Jugend	Veit Harlan
Menschen, Tiere, Sensationen	Harry Piel
Fest der Völker	Leni Riefenstahl
Fest der Schönheit	Leni Riefenstahl
Capriccio	Karl Ritter
Sergeant Berry	Herbert Selpin
Tanz auf dem Vulkan	Hans Steinhoff
Es leuchten die Sterne	Hans Zerlett
Heimat	Carl Froelich
Die Umwege des schönen Karl	Carl Froelich
Kautschuk	Eduard von Borsody

Der Berliner Bär

Im Jahr 1935 bekam die Reichshauptstadt Berlin ein neues Wappen. Der 1934 von Siegmund von Weech geschaffene Entwurf zeigt den schwarzen Bären auf weißem Feld in roter Umrahmung und mit roter Mauerkrone. Nach dem Zweiten Weltkrieg kam im Berliner Magistrat die Frage auf, ob der Bär in der Form der NS-Jahre weiterleben soll oder nicht. Mancher empfand den rotbezungten, krallenzeigenden Bären als zu wehrhaft. Ein im Jahr 1948 durchgeführter Wappenwettbewerb brachte kein Ergebnis. Erst 1952 schuf Ottfried Neubecker das Wappen in der heutigen Form. Der für Berlin (West) geschaffene Bär war damit abgeändert worden. In Berlin (Ost), der Hauptstadt der DDR, durfte der Bär jedoch in der Form von 1935 unverändert im Wappen weiterleben.

Links: Der Bär ab 1935.
Mitte: Der neue Bär für Berlin-West.
Rechts: Der Bär von Berlin, der Hauptstadt der DDR.

Umbenennungen

Heute	Nannte man vor 1945
Saarlouis	Saarlautern
Haus der Kunst	Haus der Deutschen Kunst
Friedrichshain/Berlin	Horst-Wessel-Stadt
Gdynia (Gdingen)	Gotenhafen
Österreich	Ostmark, Alpen- und Donau-reichsgaue
Oberösterreich	Oberdonau
Niederösterreich	Niederdonau
Kaiserwetter	Hitlerwetter, Führerwetter
Volkstrauertag	Heldengedenktag
Erster Weltkrieg	Weltkrieg
Zweiter Weltkrieg	Großdeutschlands Freiheitskampf
Redakteur	Schriftleiter
Literatur	Schrifttum

KZ	meistens KL (aber auch KZ)
Weimarer Republik	System
1918–1932	negativ: Systemzeit;
	positiv: Kampfzeit
Gaichpass im Allgäu	Adolf-Hitler-Paß
Sczedrzik bei Oppeln	Hitlersee
Sutzken/Ostpreußen	Hitlershöhe
Łódź	Litzmannstadt
Dieksanderkoog	Adolf-Hitler-Koog
Tümlauer-Koog	Hermann-Göring-Koog
Norderheverkoog	Horst-Wessel-Koog

Das Ende der »acht Alphabete«

Früher lernten Kinder in der Schule »acht Alphabete«: die
Klein- und Großbuchstabenreihen der

- ▶ Sütterlinschrift
- ▶ Lateinischen Schreibschrift
- ▶ Fraktur
- ▶ Antiqua

Alle sogenannten »acht Alphabete« mussten beherrscht werden. Im Deutschunterricht schrieben Schüler in Sütterlinschrift, Fremdsprachen hingegen in lateinischer Schreibschrift. Die Bücher waren in Fraktur und in Antiqua gesetzt.

Die Sütterlinschrift hatte ihren Ursprung in Preußen, wo
1915 die von Ludwig Sütterlin (1863–1917) geschaffene und
nach ihm benannte Schreibschrift in den Schulen eingeführt
worden war. Aber nicht alle deutschen Länder waren dem
preußischen Vorbild gefolgt. In Deutschland gab es bis in das
Jahr 1934 keine einheitliche deutsche Schreibschrift.

Erst mit dem Erlass vom 7. September 1934 und seit dem Schuljahr 1935/1936 galt dann deutschlandweit eine Sütterlinschrift, die auf manchen Kringel zugunsten schreibflüssigerer Formen verzichtete und eine leichte Schrägneigung aufwies. Ein Runderlass vom 1. September 1941 schaffte diese deutsche Schreibschrift wieder ab. Fortan sollte in Deutschland nur noch die als Normalschrift bezeichnete lateinische Schreibschrift verwendet werden.

Bei Druckbuchstaben gab es zwar kein – wie häufig behauptet – Verbot der Fraktur, aber die Verwendung der Antiqua wurde angeordnet.

Die im Jahr 1934 in allen deutschen Schulen amtlich eingeführte Sütterlinschrift.

3.1.1941 RUNDSCHREIBEN VON MARTIN BORMANN, NICHT ZUR VERÖFFENTLICHUNG

Zur allgemeinen Beachtung teile ich im Auftrag des Führers mit:

Die sogenannte gotische Schrift als eine deutsche Schrift anzusehen oder zu bezeichnen ist falsch. In Wirklichkeit besteht die sogenannte gotische Schrift aus Schwabacher Judenlettern. Genau wie sie sich später in den Besitz der Zeitungen setzten, setzten sich die in Deutschland ansässigen Juden bei Einführung des Buchdrucks in den Besitz der Buchdruckereien und dadurch kam es in Deutschland zu der starken Einführung der Schwabacher Judenlettern.

Die im Jahr 1941 in allen deutschen Schulen amtlich eingeführte und nun als Normalschrift bezeichnete Schreibschrift.

Am heutigen Tage hat der Führer in einer Besprechung mit Herrn Reichsleiter Amann und Herrn Buchdruckereibesitzer Adolf Müller entschieden, daß die Antiqua-Schrift künftig als Normal-Schrift zu bezeichnen sei. Nach und nach sollen sämtliche Druckerzeugnisse auf diese Normal-Schrift umgestellt werden. Sobald dies schulbuchmäßig möglich ist, wird in den Dorfschulen und Volksschulen nur mehr die Normal-Schrift gelehrt werden.

Die Verwendung der Schwabacher Judenlettern durch Behörden wird künftig unterbleiben; Ernennungsurkunden für Beamte, Straßenschilder u. dergl. werden künftig nur mehr in Normal-Schrift gefertigt werden.

a b c d e f g h i j
k l m n o p q r s t
u v w x y z

A B C D E F G H I J
K L M N O P Q R S T
U V W X Y Z

Früher gebräuchliche Fraktur (oder gotische Schrift). Schriftbeispiel.

47

Im Auftrage des Führers wird Herr Reichsleiter Amann zunächst jene Zeitungen und Zeitschriften, die bereits eine Auslandsverbreitung haben, oder deren Auslandsverbreitung erwünscht ist, auf Normal-Schrift umstellen.

TAGEBUCHEINTRAG JOSEPH GOEBBELS am 2.2.1941
Der Führer ordnet an, daß die Antiqua künftig nur noch als deutsche Schrift gewertet wird. Sehr gut. Dann brauchen die Kinder wenigstens keine 8 Alphabete mehr zu lernen. Und unsere Sprache kann wirklich Weltsprache werden.

a b c d e f g h i j
k l m n o p q r s t
u v w x y z

A B C D E F G H I J
K L M N O P Q R S T
U V W X Y Z

Die ab dem Jahr 1941 in Deutschland präferierte und ebenfalls als Normalschrift bezeichnete Antiqua.

Maikäferbekämpfung

FRANKFURTER ZEITUNG vom 6.5.1937

Der Reichsernährungsminister hat für die Maikäferbekämpfung im Frühjahr einen Betrag von 100.000 Reichsmark zur Verfügung gestellt. Die Beihilfen werden auf diejenigen Landesbauernschaften verteilt, in deren Gebiet mit einem starken Maikäferauftreten zu rechnen ist. In stark befallenen Gebieten werden die Pflanzenschutzämter der Landesbauernschaften ortsweise Fangkolonnen bilden, die gegen eine angemessene Vergütung Maikäfer einsammeln. In weniger stark befallsverdächtigen Gebieten werden jetzt für die freiwillige Sammlung der Maikäfer Prämien ausgesetzt.

Eishockey-Mannschaften

DEUTSCHE ALLGEMEINE ZEITUNG vom 5.11.1940

Mit dem Beginn der neuen Eislaufzeit sind auch die neuen Eishockey-Meisterschaftsspiele fällig. Zwölf Vereine sollen in vier Gruppen zu je drei die Vorspiele durchführen. Zwischen den vier Gruppensiegern werden dann Vorschluß- und Endrunde ausgetragen. Der größte Teil der Meisterschaftsanwärter steht natürlich bereits fest, wie der Titelverteidiger Wiener EG, ferner EV Füssen, SC Rießersee, Düsseldorfer EG, SV Rastenburg, Berliner Schlittschuh-Club, Rot-Weiß-Berlin, NStg Troppau und SV Klagenfurt. Dazu kommen vielleicht noch je eine Mannschaft aus Königsberg und Mannheim sowie ein weiterer Verein aus der Reichshauptstadt.

Rotkäppchen

Originaltext aus der Faschingszeitung MÜNCHNER NET-
TESTE NACHRICHTEN von 1937:

Es war einmal vor vielen, vielen Jahren in Deutschland ein
Wald, den der Arbeitsdienst noch nicht gerodet hatte, und in
diesem Wald lebte ein Wolf. An einem schönen Sonntag nun,
es war gerade Erntedankfest, da ging ein kleines BDM-Mädel
durch den Wald. Es hatte ein rotes Käppchen auf und wollte
seine arische Großmutter besuchen, die in einem Mütterheim
der NSV untergebracht war. In der Hand trug es ein Körbchen
mit einer Pfundspende und einer Flasche Patenwein. Da be-
gegnete ihm der böse Wolf. Er hatte ein ganz braunes Fell,
damit niemand gleich von Anbeginn seine rassefremden Ab-
sichten merken sollte. Rotkäppchen dachte auch nichts Bö-
ses, weil es ja wußte, daß alle Volksschädlinge im Konzentrationslager säßen, und glaubte, einen ganz gewöhnlichen bürgerlichen Hund vor sich zu haben. »Heil, Rotkäppchen!« sagte
der Wolf. »Wo gehst du denn hin?« Rotkäppchen antwortete:
»Ich gehe zu meiner Oma ins Mütterheim.« – »So«, sagte der
Wolf. »Aber dann bringe ihr doch ein paar Blumen mit, mit
denen das Amt für Schönheit der Holzarbeit den Wald geschmückt hat!« Sogleich machte sich Rotkäppchen daran, ein
Erntesträußchen zu pflücken. Der Wolf aber eilte zum Mütterheim, fraß die Großmutter auf, schlüpfte in ihre Kleider, steckte sich das Frauenschaftsabzeichen an und legte sich ins Bett.
Da kam auch Rotkäppchen schon zur Tür herein und fragte:
»Nun, liebe Oma, wie geht es dir?« Der Wolf versuchte, die
volksnahe Stimme der Oma nachzumachen, und antwortete:
»Gut, mein liebes Kind!« Rotkäppchen fragte: »Warum
sprichst du heute so andersartig zu mir?« Der Wolf antwortete: »Die Rednerausbildung am Vormittag hat mich zu sehr be-
ansprucht.« – »Aber Oma, was hast du für große Ohren?« –

»Damit ich das Geflüster der Meckerer besser hören kann!« – »Was hast du denn für große Augen?« – »Damit ich die Wühlmäuse besser sehen kann!« – »Was hast du denn für einen großen Mund?« – »Du weißt doch, daß ich in der Kulturgemeinde bin!« Und mit diesen Worten fraß er das arme Rotkäppchen, legte sich ins Bett, schlief in seiner verantwortungslosen Art sofort ein und schnarchte. Da ging draußen der Kreisjägermeister vorbei. Er hörte ihn und dachte: Wie kann eine arische Großmutter so rassefremd schnarchen? Und als er nachsah, da fand er den Wolf; und er schoß ihn, obwohl er keinen Jagdschein für Wölfe hatte, auf eigene Verantwortung hin tot. Dann schlitzte er ihm den Bauch auf und fand Großmutter und Kind noch lebend. War das eine Freude! Der Wolf wurde dem Reichsnährstand zugewiesen und zu Fleisch im eigenen Saft verarbeitet. Der Kreisjägermeister durfte an der Uniform einen goldgestickten Wolf tragen, Rotkäppchen wurde zur Unterführerin im BDM befördert und die Großmutter durfte auf einem funkelnagelneuen KdF-Dampfer eine Erholungsreise nach Madeira machen.

Anmerkung: NSV = NS-Volkswohlfahrt, BDM = Bund deutscher Mädel, KdF = Kraft durch Freude

Dornröschen und Hitler

DER PRAKTISCHE SCHULMANN, 1936, Seite 98

Kein anderes Märchen drängt so nach völkischer Deutung wie Dornröschen … Wir erleben bei der Vertiefung in das Märchen unsere nationale Ohnmacht und unser nationales Erwachen wieder. Hitler ist der Held, der unser Volk erlöst hat aus dem Todesschlaf, in den fremdrassische Gewalt es versenkt hatte. In unaufdringlicher Weise wird unter Wahrung des Märchencharakters in den Darstellungen der Fee und des Prinzen die völkische Deutung hervorgehoben. Frei von jeder Realistik tritt der Führer in der höchsten Gestalt, über die Kinder- und alte Volksphantasie verfügen, im Königssohn, als heldischer Lebensbringer in den Mittelpunkt.

Die Hochschulen

Orte und Anzahl der Studierenden im Sommersemester 1938

Ort	Anzahl	davon weiblich
Berlin	6.100	/
Bonn	2.777	354
Breslau	2.426	357
Düsseldorf (Med. Ak.)	481	77
Erlangen	885	58
Frankfurt a. M.	1.852	250
Freiburg i. Br.	2.265	387
Gießen	664	64
Göttingen	1.156	126
Graz	1.895	339
Greifswald	577	/
Halle	739	/
Hamburg	1.639	256
Heidelberg	2.062	532
Jena	1.400	182
Innsbruck	1.104	170
Kiel	1.006	178
Köln	2.534	358
Königsberg i. Pr.	1.487	291
Leipzig	1.928	187

Marburg	1.244	268
München	4.383	721
Münster	2.134	293
Rostock	845	140
Tübingen	1.531	159
Wien	8.029	/
Würzburg	1.693	217

Studenten und Studentinnen im Deutschen Reich

Bis zum Ausbruch des Zweiten Weltkriegs nahm die Zahl der Studierenden kontinuierlich ab. Die zunächst ständig sinkende Studentenzahl im Dritten Reich lässt sich zum Teil folgendermaßen erklären:

1) Durch die Einführung eines Numerus clausus sowie die Einführung der Arbeitsdienstpflicht und der allgemeinen Wehrpflicht verzichteten manche Abiturienten auf ein Studium.
2) Im Nationalsozialismus wurden akademische Berufe weniger geschätzt; es gab erhebliche Ressentiments gegen den »Intellektualismus«.
3) Die Vertreibung der Juden und anderer sogenannter Nichtarier bewirkte einen Rückgang der Studentenzahl um etwa 3 bis 4 Prozent.

Der schon zwei Jahre vor der nationalsozialistischen Machtübernahme einsetzende Rückgang der Immatrikulationen ist für die Jahre 1933 bis 1939 vor allem aber auf folgende Faktoren zurückzuführen:

1) Aufgrund der Warnungen vor einer hoffnungslosen Lage auf dem akademischen Arbeitsmarkt fehlte vielen Abiturienten die Bereitschaft zu studieren.

53

2) Die demographische Entwicklung: Während des Ersten
   Weltkriegs hatte sich die Geburtenrate drastisch verrin-
   gert. Die geburtenschwachen Jahrgänge führten 1934 bis
   1936 zu einem starken Rückgang der Abiturientenzahlen.
3) Neben den beruflichen Möglichkeiten in der sich wieder
   belebenden Wirtschaft zog ab 1935 besonders die Deutsche Wehrmacht Abiturienten für eine militärische Lauf-
   bahn an.

Nach Ausbruch des Zweiten Weltkriegs sank die Zahl wegen
der eingezogenen männlichen Studenten zunächst weiter,
stieg aufgrund des wachsenden Anteils studierender Frauen
wieder an, blieb aber weit hinter dem Stand von 1931 zurück.

Semester	männlich	weiblich
1931	84.518	19.394
1931/32	77.316	17.955
1932	80.536	18.316
1932/33	75.409	17.192
1933	72.720	16.210
1933/34	67.952	14.016
1934	60.022	11.867
1934/35	57.158	10.990
1935	47.356	9.645
1935/36	50.351	9.797
1936	44.205	8.376
1936/37	40.861	7.827
1937	37.526	6.941
1937/38	37.089	6.299
1938	35.149	5.920
1938/39	35.184	6.043
1939	34.939	5.777
1939/40	23.249	5.447
1940/1	31.398	6.919

1940/2	22.579	7.772
1940/3	27.969	11.671
1941/1	25.367	11.589
1941/2	21.029	12.941
1941/3	26.708	13.660
1942	23.025	17.383
1942/43	31.322	19.771
1943	27.337	25.009
1943/44	28.914	25.338

Frauenanteil

Der Frauenanteil unter den Studierenden der deutschen Universitäten nach Fachbereichen, 1932–1943 (in Prozent):

Fachbereich	1932	1933	1936	1939	1941	1943
Theologie	3,6	3,4	1,9	1,1	4,5	7,7
Jura	6,2	4,9	1,9	1,3	10,0	18,4
Medizin	20,4	20,9	18,2	16,6	29,8	38,4
Naturwiss.	22,3	22,0	19,1	12,5	52,9	68,5
Kulturwiss.	34,1	34,5	36,7	31,2	74,9	83,6
Ökonomie	17,8	16,1	11,1	16,1	40,6	54,8
Sonstige	2,7	2,2	1,6	1,2	9,3	15,4
Insgesamt	18,5	18,2	15,9	14,2	38,1	47,8

Wein

Welche Qualität wies eigentlich der Wein im Dritten Reich auf?
Einige Weinbaugebiete und die Qualität (in Prozent) im Weinjahr 1937

Gebiet	sehr gut	gut	mittel	gering	sehr gering
Franken	80,4	17,3	2,3	/	/
Rheingau	76,2	23,8	/	/	/
Ahr	21,8	78,1	0,1	/	/
Pfalz	73,4	26,2	0,4	/	/
Mosel-Saar-Ruwer	71,7	27,1	1,2	/	/
Württemberg	39,4	60,0	0,6	/	/
Baden	13,1	83,2	3,1	0,6	/
Sachsen	/	100,0	/	/	/
Nahe	34,8	62,6	2,6	/	/
Hessen	50,7	48,6	0,6	0,1	/
Deutsches Reich (1937)	52,7	46,1	1,1	0,1	/

Deutsches Reich	sehr gut	gut	mittel	gering	sehr gering
1934	42,2	52,0	5,8	/	/
1935	20,2	69,0	10,7	0,1	/
1936	0,1	16,8	67,1	14,4	1,6
1938	1,6	53,6	43,9	0,8	0,1
1939	3,5	16,6	43,7	27,4	8,8
1940	0,7	44,7	50,0	3,8	0,8

Pfalz

Im September 1935 meldete der DEUTSCHLAND-BERICHT des SPD-Exilvorstands:

Die Stimmung unter den Winzern des pfälzischen Weinbaugebietes ist denkbar schlecht. Kein Mensch weiß, was aus dem Herbstgeschäft werden soll. Die NSDAP wendet sich mit allen Mitteln dagegen, daß die Winzer ihre Moste an die jüdischen Weinhändler abgeben. Die Juden sollen unbedingt ausgeschaltet werden. Wer aber sonst den Wein aufkaufen und – das ist das Wichtigste – bezahlen soll, ist bis jetzt noch nicht geklärt. Die wenigen arischen Weinhandlungen und Kommissionäre sind jedenfalls nicht kapitalkräftig genug. Die im vorigen Jahre gegründeten Absatzgenossenschaften begegnen dem allergrößten Mißtrauen, da die Winzer, die im vorigen Jahre an diese Absatzgenossenschaften ihren Wein geliefert haben, bis jetzt kaum ein Drittel ihres Geldes bekommen haben. Die meisten Winzer sind deshalb völlig verschuldet. Wenn man mit zehn Winzern spricht, so kann man zehnmal die Meinung hören, daß das einlaufende Geld bei den Absatzgenossenschaften nur zur Bezahlung der Angestellten verwendet werde, die natürlich immer »alte Kämpfer« sind und Gehälter bis zu 500 Mark erhalten.

Friedenstropfen

FRANKFURTER ZEITUNG vom 11.10.1938

Das von 60.000 Menschen besuchte Pfälzer Weinlesefest in Neustadt an der Weinstraße brachte auch die Taufe des 38er Jahrgangs. Er erhielt den Namen »Friedenstropfen«.

Vin français

VÖLKISCHER BEOBACHTER vom 24.7.1940

Berühmte Anbaugebiete in deutscher Hand

Wenn auch die Weinvorräte Deutschlands beträchtlich sind, so ist doch mit Rücksicht auf die nicht allzu hoch zu schraubenden Hoffnungen der nächsten Weinernte und mit Beziehung auf den verstärkten Konsum eine Einfuhr französischer Weine eine Hoffnung der Weintrinker. »Kein echter Deutscher kann den Franzmann leiden – doch ihre Weine trinkt er gern!« Dazu kommt der niedrige Gestehungspreis des französischen Weines, zahlen doch unsere Soldaten für eine Flasche guten Champagner (0,7 l) gegenwärtig 40 Rpf. Ein Liter guten offenen französischen Rot- oder Weißweines schwankt zwischen 15 und 20 Rpf. ... Mit Ausnahme des Rhône-Weinbaugebietes sind nun die meisten und berühmtesten Weinbaugebiete Frankreichs in deutscher Hand, so die Champagne, die Côte d'Or, Burgund und Bordeaux ...

Schlagwörter, Parolen und geflügelte Worte

Viele NS-Parolen kennt man aus der Literatur, von Reportagen oder aus Dokumentarfilmen, doch wo haben sie ihren Ursprung?

»Volk ohne Raum«

Eine im Dritten Reich gängige Formel, mit der ein Anspruch auf nichtdeutsche Gebiete vor allem im Osten unterstrichen werden sollte.

Ursprung: Romantitel aus dem Jahr 1926. Der Autor Hans Grimm vergleicht die heimatliche Enge mit der Weite des südlichen Afrikas.

»Führer befiehl, wir folgen (dir)«

Losung während des Zweiten Weltkriegs.

Ursprung: In dem seit 1941 verbreiteten Russlandlied »Nun brausen nach Osten die Heere« lautet der Refrain: »Freiheit – das Ziel, Sieg – das Panier, Führer befiehl, wir folgen dir«.

»Gemeinnutz (geht) vor Eigennutz«

Gängige Parole im Dritten Reich. Findet sich zum Beispiel auf Münzrändern usw.

Ursprung: Nationalsozialisten sahen diesen Grundsatz dem altdeutschen Gemeinderecht entspringen. Im Januar 1920 steht auf dem von Anton Drexler verfassten ersten Flugblatt der NSDAP »Gemeinnutz vor Eigennutz soll unsere Parole sein!« und im Punkt 24 des Parteiprogramms heißt es, daß eine dauernde Genesung unseres Volkes nur erfolgen kann von innen heraus auf der Grundlage: Gemeinnutz geht vor Eigennutz.

»Gott mit uns«

Ab 1936 Motto auf den Koppelschlössern (Gürtelverschlüssen) der Wehrmachtssoldaten.

Ursprung: Altüberlieferte Friedensprophezeiung. Immanuel, das heißt Gott mit uns, vgl. Jesaja 7, 14–16 oder auch Matthäus 1, 22–23. In vielen Sprachen verwendet. Wahlspruch der Hohenzollern.

»Langemarck«

Der Langemarck-Mythos wurde in den 1920er-Jahren auch von Nationalsozialisten aufgegriffen. Langemarck war das Symbol der opferbereiten, vaterlandsliebenden Jugend. Es gab Langemarck-Feiern und Langemarck-Spenden, sowie ab 1934 das Langemarck-Studium.

Ursprung: Nach einer für deutsche Soldaten opferreichen Schlacht westlich vom flandrischen Ort Langemarck im Herbst 1914 wurde verbreitet, junge Regimenter hätten die feindlichen Reihen im Sturmangriff überrannt.

»Die Juden sind unser Unglück«

Antisemitisches Schlagwort. Ständige Fußleiste von Julius Streichers DER STÜRMER, eine Wochenzeitung, die bis 1940 eine Durchschnittsauflage von 600.000 Exemplaren erzielte.

Ursprung: Der Ausspruch geht auf den Geschichtsschreiber und Schriftsteller Heinrich von Treitschke (1834–1896) zurück, veröffentlicht in seinem Aufsatz Unsere Aussichten, abgedruckt 1879 in DEN PREUSSISCHEN JAHRBÜCHERN.

»Novemberverbrecher«

Schimpfwort für die Repräsentanten der Weimarer Republik.

Ursprung: In der Weimarer Republik beschimpfte die politische Rechte sowohl Personen, denen sie die Schuld am Zusammenbruch des Reiches im Ersten Weltkrieg gab, als auch diejenigen, die die Republik ausgerufen hatten (9. November 1918) sowie die Unterzeichner des Waffenstillstands (11. November 1918) als »Novemberverbrecher« oder Repräsentanten des »Novembersystems«. Adolf Hitler erklärte, dass er das Wort »Novemberverbrecher« geprägt habe (Leitartikel VÖLKISCHER BEOBACHTER vom 27.3.1923).

»Und ihr habt doch gesiegt!«

Nachträglich von den Nationalsozialisten getroffene Behauptung über die an der Münchner Feldherrnhalle beim Hitlerputsch am 9. November 1923 gestorbenen Aufständischen.

Ursprung: 1933 legte Hitler einen Kranz mit dieser Schleifenaufschrift an der Stelle seitlich der Feldherrnhalle nieder. Auch das dort errichtete Denkmal und der Blutorden – das nationalsozialistische Ehrenzeichen des Putsches – trugen jeweils auf der Rückseite diesen Spruch.

»Denn wir fahren gegen Engelland«

Wurde zeitgenössisch zum geflügelten Begriff für den Kampf gegen England.

Ursprung: Gedicht von Hermann Löns; zum ersten Mal erschienen 1911 in DER KLEINE ROSENGARTEN. Es erfuhr unterschiedlichste Vertonungen. Populärste Vertonung im Jahr 1939 von dem Marschliederkomponisten Herms Niel in dem Matrosenlied: Heute wollen wir ein Liedlein singen.

Weihnachten

Die ganz überwiegende Mehrheit der Deutschen feierte auch im Dritten Reich Weihnachten als das Fest der Geburt Jesu Christi. Da der wahre Geburtstag von Christus unbekannt ist, vermuteten allerdings einige schon seit langem, dass Weihnachten gar keine christlichen Wurzeln habe, sondern in Wirklichkeit nur von den Christen vereinnahmt worden sei. Vor allem die Wintersonnenwende stand in Verdacht, der eigentliche Anlass für Feierlichkeiten in alter Zeit gewesen zu sein. Auch aus diesem Grund pflegten manche Haushalte in der Weihnachtszeit nicht nur traditionelle Bräuche, wie das Aufstellen eines Klausenbaums, sondern freundeten sich mit neu ins Leben gerufenen an. Die Heimholung des Wintersonnenwendfeuers, mit dessen Licht der Tannenbaum entzündet wird, der Lichtkult um den Julleuchter, oder die Benutzung von besonderem Baumschmuck sind nur einige Beispiele. Zu einem der beliebtesten Weihnachtslieder entwickelte sich Hans Baumanns »Hohe Nacht der klaren Sterne«, das auch nach dem Krieg nicht in Vergessenheit geriet. Interpreten deutscher Volkslieder wie Heino oder auch Heiko Reissig verewigten es auf Tonträger, Frieda Rier lieferte sogar eine besonders feierliche Darbietung.

In einigen Wohnungen herrschte zur Weihnachtszeit eine feierlich-schaurige Stimmung. Hinter dem Bild des Gefallenen an der Wand steckte ein grüner Tannenzweig. Zuerst wurde für den toten Soldaten eine rote Kerze am Baum entzündet. Für den Verstorbenen war am festlichen Tisch ein eigener Platz gedeckt. Den Tannenbaum schmückten Julkugeln, eine einzelne blaue Kerze brannte für die Auslandsdeutschen.

THILO SCHELLER verfasste das Weihnachtsgedicht
DER TOTEN SOLDATEN HEIMKEHR:

Einmal im Jahr, in der heiligen Nacht,
Verlassen die toten Soldaten die Wacht,
Die sie für Deutschlands Zukunft steh'n,
Sie kommen heim, nach Art und Ordnung zu seh'n.

Schweigend treten sie ein in den festlichen Raum –
Den Tritt der genagelten Stiefel – man hört ihn kaum –
Sie stellen sich still zu Vater und Mutter und Kind;
Sie spüren, daß sie erwartete Gäste sind:
Es brennt für sie eine rote Kerze am Tannenbaum,
Es steht für sie ein Stuhl am gedeckten Tisch,
Es glüht für sie im Glase dunkel der Wein,
Und in die Weihnachtslieder, gläubig und frisch,
Stimmen sie fröhlichen Herzens mit ein.
Hinter dem Bild mit dem Stahlhelm dort an der Wand
Steckt ein Tannenreisig mit silbernem Stern.
Es duftet nach Tannen und Äpfeln und Mandelkern,
Und es ist alles wie einst – und der Tod ist so fern. –
Wenn dann die Kerze am Lichtbaum zu Ende gebrannt,
Legt der tote Soldat die erdverkrustete Hand
Jedem der Kinder leise aufs junge Haupt:
»Wir starben für euch, weil wir an Deutschland geglaubt.«

Einmal im Jahr, nach der Heiligen Nacht,
Beziehen die toten Soldaten wieder die ewige Wacht.

Der Flugverkehr

Für das Jahr 1937 waren weltweit 1.832 Verkehrsflugzeuge verzeichnet. Deutschlands 151 Flugzeuge einberechnet, kommen die hier genannten Länder insgesamt auf 1.291 Maschinen.

Staat	Anzahl
Großbritannien	444
USA	311
Frankreich	173
Deutsches Reich	151
Italien	108
Niederlande	46
Polen	41
Schweiz	17

Lufthansa-Prospekt von 1938/39.

Flugkilometer

Gemessen an Flugkilometern und Fluggästen ließen die Vereinigten Staaten von Amerika die anderen Länder weit hinter sich. An zweiter und dritter Stelle folgten Deutschland und Großbritannien. Das deutsche Frachtaufkommen war ebenfalls sehr hoch.

Staat	Jahr	Flug-kilometer in 1.000	Fluggäste Anzahl	Fracht in t
Deutsches Reich	1937	18.766	322.513	4.959
Österreich	1937	793	19.195	441
Belgien	1937	2.367	29.059	527
Frankreich	1937	10.501	89.076	1.217
Großbritannien	1937	17.273	244.400	1.634
Italien	1937	10.431	113.743	2.316
Niederlande	1936	6.152	64.607	1.037
Polen	1937	1.870	33.308	222
Schweden	1937	2.352	46.059	1.017
Schweiz	1937	1.621	34.066	258
Tschechoslowakei	1936	1.501	16.257	256
Brasilien	1936	2.916	23.988	431
USA	1937	123.913	1.267.580	4.043
Australien	1936	6.933	31.879	240

Der Südatlantik wird seit 1934 von der Deutschen Lufthansa (von Berlin bis Santiago de Chile) und der Air France im regelmäßigen Postdienst beflogen (Flugzeit 2 bis 3½ Tage), der Stille Ozean von der Pan American Airways (San Francisco bis Manila in 5 Tagen).

Abkürzungen

Abkürzungen erlebten im Dritten Reich eine Hochkonjunktur. Ob im Alltag oder im Bereich der zahlreichen NS-Organisationen, ständig wurden Abkürzungen benutzt. Der Volksmund sprach nicht selten vom »Abkürzungsfimmel«, ein Wort, das »Aküfi« abgekürzt wurde. Beispiele:

AHS	Adolf-Hitler-Schule
AO	Auslandsorganisation
av.	arbeitsverwendungsfähig
BO	Blutorden
Bolona	Bombenlose Nacht
DAL	Dienstaltersliste (SS)
DAF	Deutsche Arbeitsfront
F.H.Qu, F.H.O., F.Q.	Führerhauptquartier
Gestapo	Geheime Staatspolizei
GF., Gf., Gruf.	Gruppenführer
HJ-Roll-Kdo.	Hitler-Jugend-Rollkommando
KdF	Kraft durch Freude
LSSAH, LAH	Leibstandarte-SS Adolf Hitler
M.E.H.T.	Meine Ehre heißt Treue
MG	Maschinengewehr
MP	Maschinenpistole
Napola, NPEA	Nationalpolitische Erziehungsanstalt
NSDÄB	NS-Deutscher Ärztebund
NSDB	NS-Dozentenbund
NSDStB	NS-Deutscher Studentenbund
NSF	NS-Frauenschaft
NSFK	NS-Flieger-Korps
NS-HAGO	NS Handels- und Gewerbetreibende Organisation
NSKK	NS-Kraftfahr-Korps
NSKOV	NS-Kriegsopferversorgung

NSLB	NS-Lehrerbund
NSRB	NS-Rechtswahrerbund
NSRK	NS-Reiter-Korps
NSRL	NS-Ring für Leibesübung
NSSB	NS-Schülerbund
NSV	NS-Volkswohlfahrt
NSW	NS-Wirtschaftsdienst
OKH	Oberkommando des Heeres
OKL	Oberkommando der Luftwaffe
OKW	Oberkommando der Wehrmacht
Orpo	Ordnungspolizei
Pak	Panzerabwehrkanone
Pg.	Parteigenosse
RAB	Reichsautobahn
RAD	Reichsarbeitsdienst
R.D.F.	Reichsbund Deutsche Familie
RFSS	Reichsführer-SS
RGBl.	Reichsgesetzblatt
RJF	Reichsjugendführer
RJgdG	Reichsjagdgesetz
RLM	Reichsluftfahrtminister
RMdI	Reichsminister des Inneren
RMK	Reichsmusikkammer
RSHA	Reichssicherheitshauptamt
SD	Sicherheitsdienst
Sipo	Sicherheitspolizei
SMG	schweres Maschinengewehr
Uschla	Untersuchungs- und Schlichtungsausschuss
V1	Vergeltungswaffe 1
V2	Vergeltungswaffe 2
VB	Völkischer Beobachter
VS	Verschlusssache
V.S.	Volkssturm
z. V. Führer	Führer zur Verfügung

Roulette und reiche Leute

ADOLF HITLER am 25.8.1942 in Beisein von Gauleiter Lauterbacher

Je weniger einer Geld hat, desto vernünftiger ist er. Die reichsten Leute sind die allerunvernünftigsten. Das geht so weit, daß sie zum Geizhals werden! Korrigiert wird das durch die Söhne, die das ererbte Geld mit beiden Händen wieder ausgeben. Darum muß man sehen, daß man die Spielbanken nicht abschafft. Das sind wunderbare Einrichtungen. Allen Leuten, die zu viel Geld haben, muß man sagen: Volksgenosse, spiel!

Anmerkung: Im deutschen Kaiserreich wurden alle staatlichen Spielbanken zum Jahresende 1872 geschlossen. Auch zur Zeit der Weimarer Republik wurden sie nicht mehr geöffnet. Damit gab es rund 60 Jahre keine öffentlichen Spielcasinos. Erst seit 1933 rollt in Deutschland die Kugel wieder im Roulettekessel und landet in einem der 18 roten oder 18 schwarzen Nummernfeldern sowie der grünen Null.

Beamtenliteratur

Eine Auswahl von Büchern, die vom Hauptamt für Beamte, Hauptstelle V, im Jahr 1939/40 für den »deutschen Beamten und seine Familie« empfohlen wurden:

Für Männer: RM

Bieberbach, Ludwig, *Galilei und die Inquisition*,
    Verlags- u. Vertriebsges. München   3,80
Brehm, Bruno, *Soldatenbrevier*, Scheuermann Wien   2,80
Carossa, Hans, *Wirkungen Goethes in der Gegenwart.*
    Eine Rede, Insel-Verl. Leipzig   1,80
Deutsche kämpfen in Spanien, hrsg. v. d. Legion
    Condor, Limpert Berlin   1,—
Ettighofer, Paul Coelestin, *So sah ich Afrika.*
    Mit Auto und Kamera durch unsere Kolonien,
    Bertelsmann Gütersloh   4,80
Farinacci, Roberto, *Die faschistische Revolution*,
    Beck München   6,50
Gehl, Walther, *Der germanische Schicksalsglaube*,
    Junker & Dünnhaupt Berlin   9,50
Hartner-Hnizdo, Herwig, *Das jüdische Gaunertum*,
    Hoheneichen-Verl. München   6,80
Kühne, Lothar, *Das Kolonialverbrechen von Versailles*,
    Steirische Verl.-Anst. Graz   2,20
Lezius, Martin, *Die Entwicklung des Deutschen Heeres*
    von seinen ersten Anfängen bis auf unsere Tage,
    Verl. f. Militärgeschichte Berlin-Fürstenwalde   6,85
Ludendorff, Erich und Mathilde, *Die Judenmacht,*
    ihr Wesen und Ende, Ludendorff-Verlag München   10,50
Müller, Karl Alexander v., *Deutschland und England.*
    Ein weltgeschichtliches Bild,
    Ahnenerbe-Stiftung-Verl. Berlin   1,—

Für Frauen:

Berglar-Schröer, Paul, *Es geht alles seinen Gang. Roman einer Mutter*, Verlag »Das Berglandbuch« Salzburg 4,50

Deutsches Frauenschaffen. Jahrbuch der Reichsfrauenführung 1939, Westfalen-Verl. Dortmund 1,—

Fahrenkrog, Rolf Ludwig, *Deutschen Kindern – deutsche Namen*, Theodor Fritsch Berlin 1,—

Haarer, Johanna, *Mutter, erzähl' von Adolf Hitler!* J. F. Lehmann München 4,—

Lux, Hanna Maria, *Der schwere Gang. Eine Erzählung um die Mutter Schlageters*, Eher München 1,20

Mathiesen, Matti, *Das kleine Sportbuch für Frauen*, Broschek Hamburg 3,50

NS-Frauenkalender 1940, hrsg. im Auftrage der Reichsfrauenführung, Eher München 1,50

Widmann, Ines, *Die Schwabenmargret*, Cotta Stuttgart 5,20

Für Mädchen von 10–18 Jahren:

Castell, Clementine zu, *Glaube und Schönheit. Ein Bildbericht von den 17–21jährigen Mädchen*, Eher München, 5,—

Moering, Ruth, *Mädels ziehen in den Sommer*, Boggenreiter Potsdam 2,70

Norgard, Trude, *Nun erst recht. Aus der Kampfzeit eines sudetendeutschen Mädels*, Frz. Schneider Berlin 3,40

Rogge-Börner, Sophie, *Von nordischen Frauen, Königen und Bauern*, Union Stuttgart 3 —

Volkmann-Leander, Richard v., *Träumereien an französischen Kaminen*, Union Stuttgart 2,—

Für Jungen ab 10 Jahren:

Lacht mit! Ein Jugendjahrbuch, Union Stuttgart   3,80
Rosegger, Peter, *Kindheitswege des Waldbauernbuben*,
    Staackmann Leipzig   3,—
Sölmund, Olav, *Sturmfahrt zu den verlorenen Inseln*,
    Junge Generation Berlin   1,50
Wustmann, Erich, *Die Pelztierjäger von Petsamo.*
    Abenteuer in Finnland, Enßlin & Laiblin
    Reutlingen   1,—

Für Jungen ab 12 Jahren:

Beumelburg, Werner, *Sperrfeuer um Deutschland. Weihnachts-*
    buch der Deutschen Jugend, Eher München   1,50
Marschall, Wilhelm, *Torpedo! Achtung! Los!*
    Deutscher Verlag Berlin   4,85
Ott, Estrid, *Unter Eskimos und Robben*,
    Union Stuttgart   3,80
Steuben, Fritz (Erhard Wittek), *Der Sohn des Manitu*,
    Franckh Stuttgart   6,80
Trompetenblasen! *Vom Wecken bis zum Zapfenstreich*,
    Zeitgeschichte Berlin   4,80

Für Jungen ab 16 Jahren:

Auerswald, Annemarie von, *Was müssen wir von der*
    deutschen Vorgeschichte wissen? Meinhold Dresden   1,20
Ebel-Dettmering, Charlotte, *Der spanische Mann.*
    Novelle, Grote Berlin   2,—
Gräser, Max, *Bastlerlexikon*, Union Stuttgart   5,80
Montell, Gösta, *Durch die Steppen der Mongolei*,
    Union Stuttgart   7,80
Volckheim, Ernst, *Unsere Panzertruppe*, Bernard &
    Gräfe Berlin   2,50

Autoverkehr

Der autobegeisterte jüdische Wissenschaftler VICTOR KLEM-
PERER schrieb über die Eröffnung einer Teilstrecke der sächsischen Autobahn am 4. Oktober 1936 in sein Tagebuch:

Wir gerieten halb zufällig auf die neue Reichsautobahn Wils-
druff-Dresden, kaum eine Stunde nach ihrer Freigabe. Man sah
noch Fahnen und Blumen des Festaktes vom Vormittag, eine Un-
menge Wagen schob sich langsam im Besichtigungstempo vorwärts, nur ab und zu probierte man größere Geschwindigkeiten.
Prachtvoll dieser gerade Weg, der aus vier abgesetzten Breiten
besteht, aus je zwei überbreiten Einbahnstraßen nebeneinander,
ein Rasenstreifen zwischen den beiden Richtungen. Und Brücken
für Überquerer. Auf diesen Brücken und an den Rändern drängten
sich die Zuschauer. Ein Korso. Und ein herrlicher Blick, wie man
gerade auf die Elbe und die Lößnitzhügel in der Abendsonne zufuhr. Wir fuhren die ganze Strecke hin und zurück (zweimal 12 km),
ich wagte ein paar Mal 80 km Geschwindigkeit … Ein großer Ge-
nuß, aber welch ein Luxus, und wieviel Sand in die Augen des Volkes. An Hunderten von Bahnübergängen im Straßenniveau geschehen immerfort Unglücksfälle, Tausende von Verkehrswegen
sind im schlimmsten Zustand, überall fehlt es an Radlerwegen, die
mehr Unglück verhüten würden als alle Verschärfung der Strafbe-
stimmungen. Dies alles bleibt ungebessert, denn es würde ja nicht
in die Augen fallen. Dagegen »DIE STRASSEN DES FÜHRERS !«

Bei der Eröffnung der Reichsautobahn Dresden-Meerane gab
HITLER im Sommer 1937 bekannt, wie er sich die künftige
deutsche Verkehrssituation vorstellte:

Auf diesen Straßen wird sich in wenigen Jahrzehnten ein
gewaltiger Verkehr abspielen, an dem das ganze Volk teilha-
ben wird. Millionen unserer Volkswagen, die großen Omnibus-
se unserer KdF-Fahrten und die gewaltigen Fernlast- und Rei-
setransporte werden über diese Straßen rollen.

Fabrikmarken bekannter Automobilfirmen, die im Dritten Reich gehandelt wurden.

Autoboom

im Reichsgebiet in der Größe von 1937

Jahr	PKW	
1928	342.784	
1932	486.001	
1936	945.085	BESTAND
1938	1.271.983	
1939	1.426.743	

Autobahnstrecken

Bis Ende 1940 wurden dem Verkehr mehr als 30 Autobahnstrecken (insgesamt 3.746 km) übergeben. Von Berlin nach München bzw. von Berlin nach Aachen waren die Strecken mit jeweils über 500 km am längsten.

Die Autobahnstrecken im Einzelnen:

Berliner Ring und Avuszubringer
Berlin – Stettin – Danzig – Königsberg
Berlin – Hamburg
Breslau – Brünn – Wien
Berlin – Frankfurt/O. – Posen
Wien – Klagenfurt
Berlin – Breslau – Gleiwitz – Krakau
Salzburg – Linz – Wien
Lübbenau – Dresden
Wolmpaß – Regensburg
Dresden – Bautzen – Bunzlau
Bamberg – Reichenberg
Dresden – Chemnitz – Gera
Forst – Reichenberg
Dresden – Leipzig – Halle – Magdeburg

Chemnitz – Hof
Heilbronn – Heidelberg
Berlin – München
Gießen – Montabaur – Trier
München – Salzburg – Klagenfurt
München – Stuttgart – Karlsruhe
Nürnberg – Würzburg
Nürnberg – Stuttgart – Lindau
Jena – Eisenach – Frankfurt – Mannheim – Basel
Mannheim – Saarbrücken
Berlin – Hannover – Duisburg – Köln – Aachen
Kamen – Köln
Köln – Frankfurt – Bamberg – Regensburg – Linz
Hamburg – Hannover – Kassel – Heilbronn
Bremen – Hamburg
Hamburg – Lübeck – Travemünde
Fehmarn-Linie

Alle Fußball-Länderspiele Deutschlands 1933–1942

Austragungsort		Ergebnis
1933		
in Bologna	Italien-Deutschland	3:1
in Berlin	Deutschland-Frankreich	3:3
in Duisburg	Deutschland-Belgien	8:1
in Magdeburg	Deutschland-Norwegen	2:2
in Zürich	Schweiz-Deutschland	0:2
in Berlin	Deutschland-Polen	1:0

1934 (WM in Italien)

in Frankfurt a. M.	Deutschland-Ungarn	3:1
in Luxemburg	Luxemburg-Deutschland	1:9
WM: in Florenz	Deutschland-Belgien	5:2
WM: in Mailand	Deutschland-Schweden	2:1
WM: in Rom	Deutschland-Tschechoslowakei	1:3
WM: in Neapel	Deutschland-Österreich	3:2
in Warschau	Polen-Deutschland	2:5
in Kopenhagen	Dänemark-Deutschland	2:5

1935

in Stuttgart	Deutschland-Schweiz	4:0
in Amsterdam	Niederlande-Deutschland	2:3
in Paris	Frankreich-Deutschland	1:3
in Brüssel	Belgien-Deutschland	1:6
in Dortmund	Deutschland-Irland	3:1
in Köln	Deutschland-Spanien	1:2
in Dresden	Deutschland-Tschechoslowakei	2:1
in Oslo	Norwegen-Deutschland	1:1
in Stockholm	Schweden-Deutschland	3:1
in München	Deutschland-Finnland	6:0
in Luxemburg	Luxemburg-Deutschland	0:1
in Erfurt	Deutschland-Rumänien	4:2
in Breslau	Deutschland-Polen	1:0
in Stettin	Deutschland-Estland	5:0
in Königsberg	Deutschland-Lettland	3:0
in Leipzig	Deutschland-Bulgarien	4:2
in London	England-Deutschland	3:0

1936

in Barcelona	Spanien-Deutschland	1:2
in Lissabon	Portugal-Deutschland	1:3
in Budapest	Ungarn-Deutschland	3:2
in Berlin	Deutschland-Luxemburg	9:0

in Berlin	Deutschland-Norwegen	0:2
in Warschau	Polen-Deutschland	1:1
in Prag	Tschechoslowakei-Deutschland	1:2
in Krefeld	Deutschland-Luxemburg	7:2
in Glasgow	Schottland-Deutschland	2:0
in Dublin	Irland-Deutschland	5:2
in Berlin	Deutschland-Italien	2:2

1937

in Düsseldorf	Deutschland-Niederlande	2:2
in Stuttgart	Deutschland-Frankreich	4:0
in Luxemburg	Luxemburg-Deutschland	2:3
in Hannover	Deutschland-Belgien	1:0
in Zürich	Schweiz-Deutschland	0:1

in Breslau	Deutschland-Dänemark	8:0
in Riga	Lettland-Deutschland	1:3
in Helsinki	Finnland-Deutschland	0:2
in Königsberg	Deutschland-Estland	4:1
in Berlin	Deutschland-Norwegen	3:0
in Hamburg	Deutschland-Schweden	5:0

1938 (WM in Frankreich)

in Köln	Deutschland-Schweiz	1:1
in Nürnberg	Deutschland-Ungarn	1:1
in Wuppertal	Deutschland-Luxemburg	2:1
in Frankfurt a. M.	Deutschland-Portugal	1:1
in Berlin	Deutschland-England	3:6
WM: in Paris	Deutschland-Schweiz	1:1
WM: in Paris	Deutschland-Schweiz	2:4
in Chemnitz	Deutschland-Polen	4:1
in Bukarest	Rumänien-Deutschland	1:4

1939

in Brüssel	Belgien-Deutschland	1:4
in Berlin	Deutschland-Jugoslawien	3:2
in Florenz	Italien-Deutschland	3:2
in Differdingen	Luxemburg-Deutschland	2:1
in Bremen	Deutschland-Irland	1:1
in Oslo	Norwegen-Deutschland	0:4
in Kopenhagen	Dänemark-Deutschland	0:2
in Reval (Tallinn)	Estland-Deutschland	0:2
in Preßburg (Bratislava)	Slowakei-Deutschland	2:0
in Budapest	Ungarn-Deutschland	5:1
in Agram (Zagreb)	Jugoslawien-Deutschland	1:5
in Sofia	Bulgarien-Deutschland	1:2
in Breslau	Deutschland-Böhmen u. Mähren	4:4
in Berlin	Deutschland-Italien	5:2
in Chemnitz	Deutschland-Slowakei	3:1

1940

in Berlin	Deutschland-Ungarn	2:2
in Wien	Deutschland-Jugoslawien	1:2
in Mailand	Italien-Deutschland	3:2
in Frankfurt a. M.	Deutschland-Rumänien	9:3
in Leipzig	Deutschland-Finnland	13:0
in Preßburg (Bratislava)	Slowakei-Deutschland	0:1
in Budapest	Ungarn-Deutschland	2:2
in München	Deutschland-Bulgarien	7:3
in Agram (Zagreb)	Jugoslawien-Deutschland	2:0
in Hamburg	Deutschland-Dänemark	1:0

1941

in Stuttgart	Deutschland-Schweiz	4:2
in Köln	Deutschland-Ungarn	7:0
in Bern	Schweiz-Deutschland	2:1
in Bukarest	Rumänien-Deutschland	1:4
in Wien	Deutschland-Kroatien	5:1
in Solna	Schweden-Deutschland	4:2
in Helsinki	Finnland-Deutschland	0:6
in Dresden	Deutschland-Dänemark	1:1
in Breslau	Deutschland-Slowakei	4:0

1942

in Agram (Zagreb)	Kroatien-Deutschland	0:2
in Wien	Deutschland-Schweiz	1:2
in Berlin	Deutschland-Spanien	1:1
in Budapest	Ungarn-Deutschland	3:5
in Sofia	Bulgarien-Deutschland	0:3
in Beuthen	Deutschland-Rumänien	7:0
in Berlin	Deutschland-Schweden	2:3
in Bern	Schweiz-Deutschland	3:5
in Stuttgart	Deutschland-Kroatien	5:1
in Preßburg (Bratislava)	Slowakei-Deutschland	2:5

Fremdenverkehr im Dritten Reich

Bei den internationalen Übernachtungen im Sommerhalbjahr 1938 lag die Zahl der aus der Tschechoslowakei kommenden Gäste wegen der Sudetendeutschen einsam an der Spitze.

Land	Übernachtungen insgesamt	in Prozent
Belgien	120.060	1,9
Bulgarien	36.754	0,6
Dänemark	342.327	5,3
Danzig	149.868	2,3
Frankreich	210.849	3,3
Großbritannien	578.880	9,0
Italien	466.008	7,3
Japan	19.339	0,3
Jugoslawien	154.278	2,4
Niederlande	607.433	9,5
Norwegen	89.659	1,4
Polen	164.727	2,6
Schweden	243.181	3,8
Schweiz	329.215	5,1
Spanien	38.925	0,6
Tschechoslowakei	1.365.823	21,3
Türkei	47.040	0,7
USA	447.640	7,0

Arbeitslosenzahlen

Im Januar 1933 gab es reichsweit 6.013.600 gemeldete Arbeitslose, das entsprach einer Quote von 19 Prozent. Da nur die Gemeldeten erfasst wurden, war die tatsächliche Zahl noch höher.

In seinem Standardwerk über die innere Entwicklung des Dritten Reiches schrieb Norbert Frei: Anfang der dreißiger Jahre war John Maynard Keynes noch dabei, seine Theorie des »deficit spending« zu entwickeln, und es gehörte noch nicht zu den volkswirtschaftlichen Grundweisheiten, Konjunkturflauten mit staatlichen Investitionsprogrammen und politischer Psychologie zu bekämpfen. Aber mit genau diesem Rezept produzierte das NS-Regime einen Aufschwung, der im Inland wie im Ausland schon bald als »Wirtschaftswunder« anerkannt wurde. Bereits 1936, während in anderen wichtigen Industrieländern weiterhin hohe Arbeitslosigkeit herrschte (in den USA lag sie bei fast 24 Prozent), galt in Deutschland die Vollbeschäftigung als wieder hergestellt. Zwar wies die Statistik im Jahresdurchschnitt noch 1,6 Millionen Arbeitslose aus, doch das waren nur rund 200.000 mehr als im Glanzjahr 1928 – und die Zahlen sanken weiter. In einzelnen Branchen mangelte es sogar schon an Fachkräften.

Als der spätere Bundeskanzler Willy Brandt im Jahr 1936 zu einem getarnten Aufenthalt in die Reichshauptstadt Berlin kam, urteilte er:

Ich sah, daß die Menschen wieder Arbeit hatten und die Stimmung nicht überschwenglich, auch nicht betont regimefreundlich war, doch erst recht nicht regimefeindlich. Warum sich nicht klarmachen, daß auch Menschen, die früher links gewählt hatten, sich beeindruckt zeigten?

Die Nationalsozialisten hatten sowohl auf Pläne von Vorgängerregierungen zurückgegriffen als auch eigene neue Arbeitsbeschaffungsprogramme entwickelt, die in einer sich wieder bessernden Weltwirtschaftslage Aussicht auf Erfolg versprachen. Belebung erfuhr zum Beispiel die Bauindustrie, aber auch die Investitionsgüter-, die Fahrzeug- und die Elektroindustrie. Ab 1935 hatte die Einführung der allgemeinen Wehrpflicht und eine halbjährliche Arbeitsdienstpflicht zum weiteren Sinken der Arbeitslosenzahlen beigetragen. Immer mehr staatliche Mittel flossen jedoch in die Aufrüstung. Wehrmacht und Rüstung verschlangen einen beträchtlichen Teil der öffentlichen Haushalte. Vollbeschäftigung und Aufrüstung waren mit gewaltigen Krediten finanziert worden. Durch diese Schuldenpolitik befand sich die Wirtschaft des Dritten Reiches nur scheinbar im Aufschwung.

Die Arbeitslosenzahlen für das Jahr 1933 nach Monaten

Monat	Arbeitslose
Januar	6.013.600
Februar	6.001.000
März	5.598.900
April	5.331.300
Mai	5.038.600
Juni	4.856.900
Juli	4.463.800
August	4.124.300
September	3.849.200
Oktober	3.744.900
November	3.714.600
Dezember	4.059.100

Die Arbeitslosenzahlen im Jahresdurchschnitt in den Jahren 1933–1940

Jahr	Arbeitslose
1933	4.804.400
1934	2.718.300
1935	2.151.000
1936	1.592.700
1937	912.300
1938	429.500
1939	118.900
1940	51.800

Steigender Alkoholkonsum
im Dritten Reich

Die Deutschen gaben jedes Jahr gewaltige Summen für Alkohol und Tabak aus. 1937 waren es 5,8 Milliarden Reichsmark, also satte 10 Prozent des gesamten Volkseinkommens. Allein für Alkohol wurden 3,5 Milliarden gezahlt, und schon 1938 stieg diese Zahl um eine weitere Milliarde Reichsmark an. Sogar in den ersten Kriegsjahren erhöhten sich die Ausgaben für Alkohol und Tabak noch einmal. Der Ernährungsexperte Hugo O. Kleine unterstrich im Jahr 1940, dass die Deutschen – abgesehen von Fleisch und Brot – für Alkohol mehr Geld hinlegten als für andere Nahrungsmittel.

In manchen deutschen Städten wurde ein bedeutender Teil des verfügbaren Einkommens für Wein, Bier und Spirituosen ausgegeben: fünf Prozent in Lübeck, sieben Prozent in Berlin und unübertroffene 13 Prozent in München.

Durchschnittlicher Konsum pro Jahr
bei Personen männlichen Geschlechts
über 14 Jahren

Bier

Jahr	Liter	
1933	66,8	
1934	73,9	
1935	76,3	LITER
1936	77,2	
1937	82,5	
1938	89,4	

Wein

1933	4,7
1934	6,3
1935	8,1 LITER
1936	8,8
1937	8,9
1938	8,0

Schnaps

1933	1,0
1934	1,1
1935	1,3 LITER
1936	1,3
1937	1,4
1938	1,6

Der Alkoholverbrauch einiger Länder im Jahr 1938

Pro Kopf der Bevölkerung wurden getrunken:

	Bier	Wein	Schnaps	
Deutsches Reich	68,7	6,1	1,2	
Belgien	166,2	/	0,6	
Frankreich	28,3	158,2	2,5	
Großbritannien	66,2	1,7	0,6	
Italien	1,3	81,8	/	LITER
Niederlande	14,8	1,1	0,7	
Schweiz	51,0	30,7	1,2	
USA	51,0	1,9	2,0	

Zigaretten

Verbrauch im Deutschen Reich pro Jahr in Millionen Stück:

Zigaretten		Zigarren	
1930	31.457	1930	6.955
1936	38.217	1936	8.294
1937	41.284	1937	8.736
1938	46.201	1938	8.948

Käse

Auch im Deutschen Reich schätzte man Emmentaler, Greyerzer, Tilsiter, Gouda, Cheddar, Chester, Stilton, Parmesan, Limburger, Backstein-Käse, Camembert, Brie, Romadour, Munster, Schafskäse, Roquefort, Gorgonzola, Harzer sowie Wilster-Marsch-Käse. Vor allem das Allgäu, die Schweiz, Frankreich, Holland, England, Italien sowie in geringerem Umfang auch Belgien und Dänemark versorgten den reichsdeutschen Markt.

Der Verbrauch von Käse und Speisequark
im Deutschen Reich:

1933	339.000	
1934	318.600	
1935	318.400	
1936	357.900	TONNEN
1937	368.000	
1938	379.000	
1939	422.200	

Kaffee und Tee

Noch in den Anfangsjahren des Dritten Reiches gehörte Bohnenkaffee zu den Luxusgütern und war etwa zehnmal so teuer wie Kornkaffee. Bis zum Krieg stieg der Verbrauch von Bohnenkaffee an, die Herstellung von Ersatzkaffee war rückläufig. Die Beliebtheit von Tee war eher auf bestimmte Regionen begrenzt.

Verbrauch pro Jahr im Deutschen Reich:

Bohnenkaffee

1930	123,2	
1936	124,3	
1937	142,3	TONNEN
1938	158,0	

Malz-, Gersten-, Kornkaffee

1930	165,0	
1936	157,0	TONNEN
1937	157,0	
1938	138,0	

Tee

1930	6,0	
1936	4,5	TONNEN
1937	5,0	
1938	5,3	

Hummer

Der Hummer gilt als der König der Krustentiere. Heute wird in Europa ein Großteil der Nachfrage mit Importen aus Kanada und den USA gestillt. Seltener und teurer sind französische Hummer, die an der Küste der Bretagne vorkommen. Hellhörig werden Hummerliebhaber, wenn sie das Wort Helgoland hören, denn diese Delikatesse weckt Erinnerungen an längst vergangene Tage.

Heute gibt es leider nur noch einige hundert Helgoländer Hummer. Die Gründe, warum die Population bis auf wenige zusammenschrumpfte, sind vielfältig. Schlechter werdendes Wasser, Bombenabwürfe sowie Überfischung stehen im Verdacht, zum Niedergang beigetragen zu haben.

Vor dem Zweiten Weltkrieg konnten die deutschen Feinschmecker noch leichter auf die begehrten Krustentiere aus Helgoland zugreifen. Jedes Jahr landeten Zehntausende in den Hummerkörben. Laut Unterlagen des Fischereiamtes wurden in Helgoland nie mehr Hummer gezählt als im Jahr 1937, wobei zu berücksichtigen ist, dass zu allen Zeiten auch Hummer »unter der Hand« verkauft wurden, die tatsächliche Zahl also noch höher war als die angegebene.

Gefangene Helgoland-Hummer

Jahr	Anzahl
1933	77.011
1934	80.238
1935	63.047
1936	76.717
1937	87.014
1938	48.096
1939	56.119

Obstbaumbestände im Deutschen Reich 1938

Apfelbäume	101.989.000	
Birnbäume	39.870.000	
Pflaumen, Mirabellen und Reneklodon	57.413.000	
Kirschbäume	27.878.000	STÜCK
Aprikosenbäume	1.451.000	
Pfirsichbäume	7.213.000	
Walnussbäume	2.620.000	

Am Ende des Krieges verbot Hitler das Obstbaumzählen.

MARTIN BORMANN an HANS-HEINRICH LAMMERS am 19.4.1944

In der Anlage übermittle ich Ihnen auftragsgemäß zur sofortigen Bearbeitung die Ausgabe 106 der MÜNCHNER NEUESTEN NACHRICHTEN vom 17.4. Sie finden in dieser Ausgabe die vom Führer rot angestrichene Bekanntmachung des Münchener Oberbürgermeisters über die Obstbaumzählung im Stadtkreis München.

Der Führer betonte, es sei geradezu toll, daß im fünften Kriegsjahr noch Menschen verfügbar seien, die sich mit so gänzlich überflüssigen Statistiken beschäftigen könnten. Die statistischen Ämter müßten einmal gründlich aus- und durchgekämmt werden, denn sie hätten offenbar noch viel zu viel Angestellte, die kriegswichtig eingesetzt werden müßten.

Unsere arbeitenden Volksgenossen hätten im übrigen etwas Besseres zu tun, als Beerensträucher zu zählen, zu verzeichnen und ihren Ertrag zu taxieren. Der Führer wünscht, daß diese unsinnige Statistik augenblicklich verboten wird.

Methamphetaminhaltige Panzerschokolade

Norman Ohler in seinem Werk DER TOTALE RAUSCH. DROGEN IM DRITTEN REICH: Unter Görings Ägide wurde die Wirtschaft in Vierjahrespläne gesteuert, um das Reich in allen jenen Stoffen vom Ausland unabhängig zu machen, die in Deutschland selbst produziert werden konnten. Natürlich umfasste das auch Drogen, denn wenn es um deren Herstellung ging, konnte den Deutschen nach wie vor niemand etwas vormachen.

So ließ die Rauschgiftbekämpfung der Nazis zwar den Konsum von Morphin und Kokain deutlich sinken, doch die Entwicklung synthetischer Stimulanzien wurde forciert und führte zu einer erneuten Blüte der pharmazeutischen Firmen. Die Belegschaften von Merck in Darmstadt, Bayer im Rheinland oder Boehringer in Ingelheim wuchsen, die Löhne stiegen. Auch bei Temmler standen die Zeichen auf Expansion.

In Japan hatte man schon im Jahr 1893 zum ersten Mal Methamphetamin in flüssiger Form synthetisiert. In Deutschland arbeiteten Wissenschaftler seit 1934 an einem eigenen Verfahren zur Herstellung der leistungssteigernden, stimmungsaufhellenden Substanz. Im Jahr 1938 kam das Präparat unter dem Namen Pervitin auf den Markt. Die mit 30 Stück gefüllten Röhrchen waren bis in das Jahr 1941 frei erhältlich, danach wurden sie rezeptpflichtig.

Während des Krieges griffen deutsche Soldaten zu Kaffee, Scho-Ka-Kola oder Tee, wenn sie sich aufputschen wollten. Als stärkeres Mittel stand grundsätzlich Pervitin zur Verfügung. Die methamphetaminhaltigen Tabletten sollten gegen Müdigkeit, Erschöpfung, Schmerz oder Angst helfen. Die im Heer auch Panzerschokolade und bei der Luftwaffe Hermann-Göring- oder Stuka-Pillen (oder auch Tabletten) genannten Pervitingaben, waren jedoch unter Medizinern wegen hoher Nebenwirkungen umstritten.

Die entnazifizierte Rebsorte

Die Scheurebe gehört in Deutschland zu den bekanntesten Neuzüchtungen. Die Traube ist mittelgroß. Die Beeren sind dick, rund und im reifen Zustand gelblich-grün mit bräunlichem Anflug. Manche Weinfreunde schätzen an dem daraus gewonnenen, säurebetonten Weißwein das intensive, zuweilen stark an schwarze Johannisbeeren oder Grapefruit erinnernde Bouquet. Einige halten ihn sogar für die deutsche Antwort auf Sauvignon Blanc. Was der Genießer kaum ahnt: Die Scheurebe ist die einzige Rebsorte auf der Welt, die entnazifiziert werden musste.

Die Kreuzung war im Jahr 1916 für die damalige Hessische Rebenzuchtstation in Pfeddersheim bei Worms durchgeführt worden. Nach Erprobung im Versuchsanbau schlug der

Züchter und langjährige Leiter der Landesanstalt für Rebenzüchtung in Alzey Georg Scheu dann um 1935 vor, die Rebsorte nach seinem Dienstherrn, dem Landesbauernführer Dr.
Richard Wagner zu benennen. So kam die Rebsorte zu ihrem
Namen »Dr.-Wagnerrebe«.

Georg Scheu schrieb 1936 in seinem Winzerbuch: Es
kommt bei dieser Kreuzungszüchtung nicht nur darauf an, neue
Rebsorten zu züchten …, sondern es müssen Rebsorten sein,
die unsere alten Rebsorten in ihren Eigenschaften übertreffen.
So haben wir z. B. nach fast 25jähriger Züchtertätigkeit bis heute erst einen aussichtsreichen Sämling der Praxis übergeben
können zum Versuchsanbau. Es handelt sich um eine Kreuzung
der Sorten Riesling und Silvaner, den Sämling 88, den wir heute
unter dem Namen Dr.-Wagnerrebe anbauen.

Links Gauleiter Sprenger. Rechts Dr. Wagner.
Die Scheurebe hieß im Dritten Reich Dr.-Wagnerrebe.

*Georg Scheu.
Nach ihm wurde die
Dr.-Wagnerrebe nach
dem Krieg in Scheurebe
umbenannt. Porträt von
Georg Heieck
(1903–1977).*

Dr. Richard Wagner arbeitete schon vor der Machtübernahme hauptamtlich für die Partei. Ab 1933 war er Landesbauernführer im Gau Hessen-Nassau und Landesbauernpräsident in der Landesregierung. Auch seine SS-Karriere verlief steil. Zum Schluss bekleidete er den Rang eines SS-Brigadeführers (entspricht Brigadegeneral).

Nach dem Krieg musste die Rebsorte entnazifiziert werden. Die »Dr.-Wagnerrebe« bekam nun den Namen »Scheurebe«, benannt nach Georg Scheu. Sortenschutz und Eintragung in die Sortenliste datieren aus dem Jahr 1956.

Lupenrein ist die Entnazifizierung allerdings nie gelungen, denn auch der erfolgreiche Züchter Georg Scheu war Parteigenosse. Weinbauoberinspektor Scheu trat bereits im Jahr 1933 in die NSDAP ein und blieb zwölf Jahre lang deren Mitglied.

In Österreich hat sich für die Scheurebe der ursprüngliche Sortenname »Sämling 88«, kurz S 88, gehalten.

Die nazifizierte Rebsorte

Die in Österreich beliebteste rote Rebsorte findet man in allen Qualitätsstufen. Sie schmeckt dem Einsteiger als unkomplizierter Trinkwein aus der Literflasche und liefert Spitzenrotwein für den verwöhnten Weinliebhaber. Bei gering gehaltenem Ertrag erzielt der Winzer mit dieser Rebsorte tiefrote Weine mit samtig-weichen Tanninen und äußerst ansprechenden Fruchtaromen.

Die Rebsorte wurde im Jahr 1922 aus den Rebsorten St. Laurent und Blaufränkisch gekreuzt und »Rotburger« genannt. Dieser Name deutete auf die Farbe Rot und den Geburtsort der Züchtung Klosterneuburg hin. Erst im Jahr 1975 erhielt sie einen neuen Namen. Seitdem heißt die Rebsorte nach ihrem österreichischen Züchter »Zweigelt«. Angeregt hatte den neuen Namen ein ehemaliger Schüler.

Schon fünf Jahre vor dem Anschluss Österreichs an das Deutsche Reich stand der gebürtige Steiermärker Friedrich (»Fritz«) Zweigelt (1888–1964) fest zur Hakenkreuzfahne. Damit bekannte er sich schon zur Partei, als dies in Österreich noch verboten war. So richtig änderte er seine Einstellung wohl nie.

Nordseeinsel Borkum

Im ersten Wahlgang zur Reichspräsidentenwahl 1932 fehlten Paul von Hindenburg mit 49,6% nur wenige Stimmen zur absoluten Mehrheit. Adolf Hitler folgte abgeschlagen mit 30,1%, Ernst Thälmann mit 13,2%, Theodor Duesterberg mit 6,8% und Gustav Winter mit 0,3%. Anschließend wies der VÖLKISCHE BEOBACHTER auf einige Orte hin, in denen Hitler in der Wählergunst weit vorn gelegen hatte, und ermunterte Sympathisanten dort Urlaub zu machen. Auf der Nordseeinsel Borkum waren zum Beispiel mehr Stimmen für Hitler abgegeben worden als für alle anderen Kandidaten zusammen:

VÖLKISCHER BEOBACHTER vom 22.3.1932

Das Wahlergebnis auf der Insel Borkum (Nordseebad) dürfte in der NSDAP interessieren und für die Wahl des Ferienaufenthaltes nicht ohne Einfluß sein. Es erhielten

Hindenburg	704	Stimmen
Hitler	1075	Stimmen
Thälmann	36	Stimmen
Duesterberg	119	Stimmen
Winter	1	Stimme

Hier wurde also – um mit dem Rundfunk zu reden – die absolute Mehrheit für Hitler erreicht.

Links: Borkum. Rechts: Sylt

Sylt

1.8.1938 FS Staatspolizeistelle Kiel an Geheimes Staatspolizeiamt (Berlin)

Wenn auch die Nordseebäder auf den Inseln Föhr, Pellworm und Amrum zu einem großen Teil von jüdischen Kurgästen freigehalten werden konnten, haben doch die Erfahrungen der letzten Wochen gezeigt, daß die Insel Sylt nach wie vor von Juden gern zu Kuraufenthalten bevorzugt wird. Insbesondere lassen sich die Juden in den Badeorten Westerland, Wenningstedt und Kampen nieder. Ich habe zwar wiederholt Fühlung mit den zuständigen Bürgermeistern aufnehmen lassen und darauf hingewiesen, daß zum mindesten Tafeln, die die Juden als unerwünschte Kurgäste bezeichnen, angebracht werden sollten. Diese meine Anregungen sind bisher jedoch nahezu erfolglos geblieben. Unverständlicherweise werden in diesen Badeorten die Juden immer noch mehr oder weniger mit offenen Armen aufgenommen, da bei der Mentalität der Inselbewohner ein geldlicher Vorteil die nationalsozialistische Weltanschauung aufzuwiegen geeignet erscheint …

So wurden weder in den Lese- und Trinkhallen besondere Benutzungszeiten für Juden festgesetzt, noch wurden im Warmbadehaus in Westerland den Juden besondere Kabinen zur Verfügung gestellt. Der gesamte Bade-Strand steht nach wie vor den Juden zur freien Benutzung zur Verfügung. Ein besonders abgeteilter Strand für die Juden wurde bisher nicht geschaffen … Darüber hinaus beabsichtige ich, auf Grund des § 1 der Verordnung vom 28.2.33 den Juden grundsätzlich den Aufenthalt in den Badeorten Kampen, Wenningstedt und List zu untersagen. Ich sehe mich zu dieser Maßnahme veranlaßt, da einmal in Kampen mehrere Herren Reichsminister ihren Urlaub verbringen werden. So halten sich z. Zt. in diesen Badeorten Herr Generalfeldmarschall Göring nebst Gattin sowie Herr Reichsminister Darré auf, während für die nächste Zeit die Herren Reichsminister Dr. Gürtner und Rust sowie der österreichische Wirtschaftsminister Fischböck erwartet werden. Zum Schutze dieser Herren der Reichsregierung erscheint mir die von mir vorgesehene Maßnahme unbedingt erforderlich.

Muttermilch

27.4.1943 FÜHRERINFORMATION Nr.155/1943 des Reichsjustizministers

Eine Volljüdin hat nach der Geburt ihres Kindes ihre Muttermilch an eine Kinderärztin verkauft und verschwiegen, daß sie Jüdin ist. Mit der Milch wurden deutschblütige Säuglinge einer Kinderklinik genährt. Die Beschuldigte wird wegen Betrugs angeklagt. Die Abnehmer der Milch sind geschädigt, weil die Muttermilch einer Jüdin nicht als Nahrung für deutsche Kinder gelten kann. Das unverschämte Verhalten der Beschuldigten ist auch eine Beleidigung. Von der Einholung entsprechender Strafanträge ist jedoch abgesehen worden, um unter den Eltern, die den wahren Sachverhalt nicht kennen, nicht nachträglich noch Beunruhigung hervorzurufen ...

Kuriose Buchtitel

HITLER KÄMPFT UM DEN FRIEDEN EUROPAS wählte der Rundfunk- und Fernsehexperte Eugen Hadamovsky als Titel und veröffentlichte sein Buch im Jahr 1936 in Berlin.

MEIN KAMPF nannte der »linke-rechte« Hitlergegner Dr. Otto Strasser sein 1969 in der Bundesrepublik Deutschland veröffentlichtes Werk.

VIEREINHALB JAHRE KAMPF GEGEN LÜGE, DUMMHEIT UND FEIGHEIT sollte Adolf Hitlers 1925 erschienener erster Band von MEIN KAMPF eigentlich heißen.

DER INTERNATIONALE JUDE hieß die deutsche Ausgabe des in Amerika unter dem Titel THE INTERNATIONAL JEW im Jahr 1920 veröffentlichten Buches des US-Antisemiten Henry Ford. Es erschien im demokratischen Deutschland bis 1932 in nicht weniger als 30 Auflagen.

GESCHICHTE EINES HOCHVERRÄTERS nannte der Nationalsozialist Ernst Röhm sein 1928 veröffentlichtes Werk; Röhm wurde im Jahr 1934 als Hochverräter erschossen.

AFRIKA BRAUCHT GROSSDEUTSCHLAND lautete der Untertitel des Werkes DAS DEUTSCHE KOLONIALE JAHRBUCH 1940.

Selbstmord

Auch in Deutschland stieg die Selbstmordrate zur Zeit der Weltwirtschaftskrise (1929–1932) steil an. Trotz wirtschaftlicher Erholung gingen die Zahlen im Dritten Reich aber nie mehr auf das Niveau von vor der Weltwirtschaftskrise zurück. Einigermaßen gesicherte Zahlen liegen nur bis Kriegsbeginn vor. Danach war eine Erfassung kaum noch gewährleistet.

Jahr	Suizide auf 10.000 Einwohner
1932	2,9
1933	2,9
1934	2,9
1935	2,9

1936	2,9
1937	2,9
1938	2,8
1939	2,8

Im Jahr 1939 verübten allein laut amtlicher Statistik 15.245 männliche und 7033 weibliche Personen Selbstmord. Die Selbstmordrate im Dritten Reich war also extrem hoch, was auch Verhältniszahlen im internationalen Vergleich verdeutlichen (1939).

Staat	Suizide auf 10.000 Einwohner
Deutsches Reich	2,8
Schweiz	2,4
Dänemark	1,8
Belgien	1,7
USA	1,4
Portugal	1,3
Rumänien	1,1
Italien	0,7
Norwegen	0,7

Nicht alle Selbstmorde im Dritten Reich waren politisch motiviert. Menschliche Schicksalsschläge wie Krankheiten, Konflikte zwischen Eheleuten, soziale Zwangslagen, Depressionen und ähnliches führten, wie schon seit Jahrhunderten, zum Suizid. Fest steht aber, dass die Selbstmordrate unter deutschen Juden besonders hoch war. Antisemitische Maßnahmen ab 1933, wie die Entlassungen aus Beamtenberufen oder die Reichspogromnacht 1938 trieben viele Menschen jüdischer Herkunft zur Selbsttötung. Suizide von Juden nahmen im Dritten Reich ein Ausmaß an, das sie in den »Rang eines Massenphänomens« erhob, wobei dies vor allem für die Zeit der Deportationen gilt.

Einen weiteren Höhepunkt von Selbsttötungen verzeichnete das Jahr 1945, als vor allem in den Ostgebieten auffällig viele Deutsche aus Furcht vor Gewaltexzessen der Roten Armee oder kurzfristig verfügten Evakuierungserlassen Selbstmord begingen.

Palandt

Der PALANDT ist einer der bekanntesten Kommentare zum BÜRGERLICHEN GESETZBUCH (BGB). Richter, Anwälte, Rechtspfleger, Studenten, Referendare sowie Professoren arbeiten ständig damit. Manche Juristen sagen: »Wer den PALANDT nicht kennt, kennt nicht das BGB.« Der PALANDT erschien erstmals im Jahr 1939. Die ersten 5000 Exemplare waren innerhalb weniger Tage vergriffen.

Nicht einen Paragraphen hat der Namensgeber Otto Palandt jedoch selbst erläutert – weder in den sechs Auflagen der Jahre 1939–1944, noch später. Denn das Werk sollte eigentlich WILKE heißen. Ministerialrat Gustav Wilke war – so der ursprüngliche Plan – als Gesamtredakteur und Herausgeber des BGB-Kommentars vorgesehen. Ab 1936 bestand allgemeines Einverständnis, das Werk als WILKE herauszubringen. Dann passierte der verlegerische GAU: Kurz vor der Vollendung starb Gustav Wilke bei einem Autounfall wenige Kilometer vor Wien. Nun schlug man dem Verleger Heinrich Beck vor, Otto Palandt zu fragen, ob er als Herausgeber fungieren könnte. Palandt war ein im Deutschen Reich wohlbekannter Jurist. Dieser führende Mann der Juristenausbildung und Präsident des Reichsjustizprüfungsamtes bemerkte zum Tod von Wilke: Der mich ehrenden Bitte des Verlages, an Stelle dieses untadeligen Mannes und vorzüglichen Juristen das schon weit fortgeschrittene Werk zu fördern, bin ich gern nachgekommen. So wurde aus dem WILKE der PALANDT und Otto Palandt (1877–1951) nahm einen Dauerplatz in der deutschen Privatrechtsgeschichte ein.

Schönfelder

Ein dickes rotes Buch unter dem Arm lässt in Universitätsstädten sofort erkennen, dass hier jemand Jura studiert. Das Standardwerk steht in jeder Anwaltskanzlei. Wie der PALANDT ist der SCHÖNFELDER häufig auch Fachfremden bekannt.

Heinrich Schönfelder (1902–1944) gilt als Sammler deutscher Gesetze. Bei dem nach ihm benannten Werk handelt es sich um eine umfangreiche Loseblattsammlung von Gesetzen des Zivil-, Straf- und Verfahrensrechts. Jedem Gesetz ist eine laufende Nummer zugeordnet, im Juristenjargon die Hausnummer.

Im SCHÖNFELDER von 1932 hatte das BÜRGERLICHE GESETZBUCH (BGB) noch den ersten Platz, die Nummer 1. Im Dritten Reich rückte das BGB an die 20. Stelle, weil die Nummern 1 bis 19 neu vergeben wurden.

Die 9. Auflage vom SCHÖNFELDER 1938 hatte diese Nummerierung:

1. Programm der NSDAP vom 24.2.1920
2. Gesetz zur Sicherung der Einheit von Partei und Staat vom 1.12.1933
3. Gesetz über das Staatsoberhaupt des Deutschen Reiches vom 1.8.1934
4. Deutsches Beamtengesetz vom 26.1.1937
5. Gesetz zur Behebung der Not von Volk und Reich vom 24.3.1933
6. Gesetz über den Neuaufbau des Reiches vom 31.1.1934
7. Gesetz über die Aufhebung des Reichsrats vom 14.2.1934
8. Vorläufiges Gesetz zur Gleichschaltung der Länder mit dem Reich vom 31.3.1933
9. Reichsstatthaltergesetz vom 30.1.1935
10. Gesetz über die Vereidigung der Beamten und der Soldaten der Wehrmacht vom 20.8.1934
10a. Reichsbürgergesetz vom 15.9.1935
11. Reichs- und Staatsangehörigkeitsgesetz vom 22.7.1913
12. Gesetz über Volksabstimmung vom 14.7.1933
12a. Gesetz zum Schutz des deutschen Blutes und der deutschen Ehre vom 15.9.1935
13. 1. Gesetz zur Überleitung der Rechtspflege auf das Reich vom 16.2.1934
14. 2. Gesetz zur Überleitung der Rechtspflege auf das Reich vom 5.12.1934
15. 3. Gesetz zur Überleitung der Rechtspflege auf das Reich vom 24.1.1935

16. Gesetz über die Akademie für Deutsches Recht vom 11.7.1934
16a. Die Deutsche Gemeindeordnung vom 30.1.1935
17. Gesetz über den Aufbau der Wehrmacht vom 16.3.1935
17a. Wehrgesetz vom 21.5.1935
18. Reichsarbeitsdienstgesetz vom 26.6.1935
19. Gesetz über die Wiedervereinigung Österreichs mit dem Deutschen Reich vom 13.3.1938
20. BGB

Bis heute fehlen die Nummern 1 bis 19 im SCHÖNFELDER. Die Gesetzessammlung startet nicht mit der Nummer 1, sondern mit der Nummer 20, dem BGB.

Juristische Staatsprüfung

FRANKFURTER ZEITUNG vom 4.12.1940
Der Generalbevollmächtigte für die Reichsverwaltung hat eine Verordnung erlassen, nach der zur vereinfachten ersten juristischen Staatsprüfung Rechtsstudenten schon nach vier statt bisher sechs Semestern zugelassen werden können, wenn sie während des Krieges sechs Monate Wehrdienst geleistet haben.

Jazz

VÖLKISCHER BEOBACHTER vom 13.10.1935
Der Niggerjazz ist von heute ab im deutschen Rundfunk endgültig ausgeschaltet. Zwischen dem Präsidenten der Reichsmusikkammer und dem Leiter des Berufsstandes deutscher Komponisten, der Hitler-Jugend, dem Reichsverband deutscher

Rundfunkteilnehmer, der Rundfunkfachpresse, der Parteipresse und der Reichssendeleitung wurde die Schaffung eines Prüfungsausschusses für deutsche Tanzmusik bei der Reichssendeleitung vereinbart. Dieser Ausschuß entscheidet für den Rundfunk endgültig über die Aufführungsgenehmigung oder das Verbot eines Werkes. Alle Sender des deutschen Rundfunks bringen heute zu noch unbestimmter Zeit innerhalb eines Unterhaltungskonzerts eine Jazzparodie, der Art, wie sie in Deutschland zukünftig nicht mehr geduldet werden. Eine gleich darauf folgende, der deutschen Tanzmusik entsprechende Instrumentierung der gleichen Melodie soll die Unterschiede klar machen, die zwischen Niggersang und deutschem Tanzlied bestehen.

Karneval

Im Februar 1936 meldet der DEUTSCHLAND-BERICHT des SPD-Exilvorstands:

Westfalen: Jetzt hat man eine neue Methode entdeckt: den Karneval! Die NS-Gesellschaft KdF veranstaltet eine Feier nach der anderen. Jetzt Theater, dann politisches Kabarett (und was für ein plattes Zeug), kurz danach eine Vorstellung »Onkel Bummelfritz«, nach diesem Bums »Tiroler Buben sind lustig«, die von einem Kappenfest im größten Saal der Stadt abgelöst werden. Auch die Negermusik kommt im Ringen um Stimmung wieder in Mode. Es konzertiert eine Original-Negerkapelle aus Honolulu. Die Musik wird gestellt von der NSBO-Kapelle. Wahrscheinlich werden diese Arier mit Stiefelwichse schwarz gemacht. Alles Reklame. Wenn das alles nicht so bitter traurig wäre, könnte man lachen.

Anmerkung: KdF = Kraft durch Freude; NSBO = NS-Betriebszellenorganisation

»50 Neger
im ganzen deutschen Reichsgebiet«

30.3.1936 RdSchr. Nr. 55/36 des STELLVERTRETERS DES FÜHRERS/STABSLEITER an alle Gauleiter

Betrifft: Arbeitsverhältnisse der deutschen Kolonialneger

In Deutschland leben etwa 50 Neger mit ihren Familien, die aus den ehemaligen deutschen Kolonien stammen. Sie haben größtenteils im Kriege auf deutscher Seite gekämpft. Diese Eingeborenen sind fast sämtlich ohne feste Arbeit und wenn sie Arbeit gefunden haben, so wird der Arbeitgeber angefeindet und zur Entlassung der Neger gezwungen.

Ich weise darauf hin, daß diesen Negern eine Lebensmöglichkeit in Deutschland gegeben werden muß. Es muß bei der Entscheidung auch in Betracht gezogen werden, daß die Neger teilweise noch mit ihrer Heimat in Verbindung stehen und über die Verhältnisse in Deutschland und ihre Behandlung dorthin berichtet werden.

Ich bin daher mit dem Reichsaußenminister dahin übereingekommen, daß festgestellt wird, welche Neger wegen ihres Einsatzes für Deutschland unter besonderen Schutz zu stellen sind. Diesen wird dann vom Auswärtigen Amt eine Bescheinigung etwa in dem Sinne ausgestellt, daß gegen ihre Beschäftigung keine Bedenken bestehen. Mit der Herausgabe der Bescheinigung ist jedoch erst in einiger Zeit zu rechnen. Ich gebe hiervon vertraulich Kenntnis. Von einer allgemeinen Weitergabe an die unteren Parteidienststellen ist abzusehen, da es sich nur um etwa 50 Neger im ganzen Reichsgebiet handelt und da ich vermeiden will, daß eine Unterstützung dieser Neger falsch aufgefaßt wird. Ich bitte also, nur die örtlichen Parteistellen, in deren Gebiet derartige Neger leben, in geeigneter Form davon in Kenntnis zu setzen, daß gegen eine Beschäftigung der deutschen Kolonialneger keine Bedenken bestehen und daß jede Einzelaktion gegen sie zu unterlassen ist.

Probleme mit Alexander Olympio

12.10.1942 Rassenpolitisches Amt (Amtsleiter HDL Walter Gross) an Auswärtiges Amt

Betr.: Togo-Neger Alexander Olympio

Auf Grund bisher gemachter Erfahrungen bin ich gegen die Erteilung einer Einreisegenehmigung. Auch wenn angenommen wird, daß der Neger seinerseits keinerlei Anlaß zu Beschwerden gibt, so ist bei seinem Aufenthalt und seiner Arbeit in Deutschland unvermeidlich, daß er mit Kreisen der deutschen Bevölkerung in Berührung kommt, die über ihn und seine Haltung nicht näher orientiert sind. Es wird unvermeidlich sein, daß dabei eine ablehnende Haltung der deutschen Öffentlichkeit auch ihm selbst deutlich zum Bewußtsein kommt, wenn es nicht sogar gelegentlich zu Zwischenfällen unliebsamster Art kommen sollte. In jedem Fall dürfte aber ein längerer Aufenthalt in Deutschland dem Neger Erfahrungen verschaffen, die seine zurzeit offenbar ernstlich prodeutsche Einstellung verändern oder zumindest dämpfen.

Die Sympathie für Deutschland und die Bereitschaft, für uns zu wirken, wird bei entsprechender deutscher Förderung in Paris sicherlich stärker sein als bei längerer Anwesenheit in Deutschland, bei der die grundsätzliche Ablehnung des Negers ihm selbst unangenehm spürbar werden muß.

Schlagsahne

21.8.1939 Reichskommissar für die Wiedervereinigung Österreichs an Milch-und Fettwirtschaftsverband Wien – mit Aktenvermerk dazu (Begründung)

Ich ermächtige Sie, jenen Wiener Kaffeehäusern, die vorwiegend von Juden besucht werden, den Bezug von Schlagsahne einzuschränken oder nach der besonderen Lage des Falles ganz zu entziehen ...

Begründung:

Die Anregung zu dieser Anweisung stammt vom Milch- und Fettwirtschaftsverband und von der Landesbauernschaft Donauland. Ihre allgemeine Zulässigkeit vom wirtschaftlichen Standpunkt aus ist dadurch gegeben, daß bei dem bestehenden Mangel an Schlagsahne deren Verkauf an Juden nicht für tragbar gehalten werden kann ...

Da unter dem Druck dieser Maßnahme ein Abwandern der Juden aus den heute von ihnen besuchten Kaffeehäusern zu erwarten ist, müßte eine zeitliche Beschränkung, allerdings mit der Möglichkeit der Verlängerung vorgesehen werden, um diese Betriebe nicht dauernd unter Druck zu setzen ...

Hitlernationale und andere »gestohlene« Lieder

Nach der Machtergreifung konnten Genossen ihre Lieder allenfalls noch im Verborgenen singen. Es bestand Lebensgefahr. Auf den Straßen hörte man manchmal die bekannten Melodien mit anderem Text. Schon vor dem Jahr 1933 hatten Nationalsozialisten Kampflieder der Kommunisten vereinnahmt (sehr selten auch umgekehrt). Sogar das weltweit in fast allen Sprachen verbreitete heilige Lied der Kommunisten, DIE INTERNATIONALE, wurde nationalsozialistisch verändert gesungen. Wie die SA bereits zu Weimarer Zeiten mit ihrer HITLERNATIONALEN provozierte, zeigt ein Bericht von Hans Bajer:

An einem Sonntag des Jahres 1930 führte unser Sturm mit noch anderen Stürmen einen Propagandamarsch durch den roten Berliner Norden durch. Zu unserem eisernen Bestand an taktfesten SA-Liedern zählte natürlich das Revolutionslied (auch »Hitlernationale« genannt). Kaum schallten die ersten Töne dieser vermeintlichen Internationale machtvoll die Straßen entlang und die Häuserreihen hinauf, als sich im Nu die Fenster öffneten und die Hausbewohner sich anschickten, ihre Leute mit Jubel und Beifall zu empfangen. Wer beschreibt aber die langen Gesichter, die da unten statt der ihrigen einen Zug Braunhemden marschieren sahen. Von oben und von der Straße fiel man sofort kräftig in unser Lied mit ein: »Völker hört die Signale! Auf zum letzten Gefecht! Die Internationale erkämpft das Menschenrecht!« Wir aber schmetterten mit aller Kraft dagegen: »Schon jubeln Siegessignale, schon bricht der Morgen hell herein, der nationale Sozialismus wird Deutschlands Zukunft sein!« Es war uns eine Genugtuung, unsere Gegner zu einem so eigenartigen Gesangswettstreit herausgefordert zu haben. Plötzlich, beim Wort »Internationale« brach das Donnerwetter über uns herein: Wir wurden, wie auf Verabredung, von oben mit Blumentöpfen, Preßkohlen und ähnlich harten Dingen bombardiert, so daß wir unser Lied mit der ersten Strophe beschließen mußten.

Eine Vielzahl von Liedern wurde vom politischen Gegner übernommen, indem man kurzerhand den Text den jeweiligen Vorstellungen anpasste.

Beispiel 1:

Der deutsche Text der INTERNATIONALE in der Version von
EMIL LUCKHARDT (1910) lautet:

> Wacht auf, Verdammte dieser Erde,
> die stets man noch zum Hungern zwingt!
> Das Recht wie Glut im Kraterherde
> nun mit Macht zum Durchbruch dringt.
> Reinen Tisch macht mit dem Bedränger!
> Heer der Sklaven, wache auf!
> Ein Nichts zu sein, tragt es nicht länger
> Alles zu werden, strömt zuhauf!
>
> I: Völker, hört die Signale!
> Auf zum letzten Gefecht!
> Die Internationale
> erkämpft das Menschenrecht. :I

Die HITLERNATIONALE lautet:

> Nun, Hitlerleute, schließt die Reihen,
> zum Rassenkampf sind wir bereit,
> mit unserem Blut woll'n wir das Banner weihen,
> zum Zeichen einer neuen Zeit.
> Volksgenossen, unser ist die Stunde,
> das Banner weht bereits.
> Auf weißem Feld auf rotem Grunde
> mit unserem schwarzen Hakenkreuz.
>
> I: Schon jubeln Siegessignale,
> schon bricht der Morgen hell herein,
> der nationale Sozialismus
> wird Deutschlands Zukunft sein. :I

Beispiel 2:

Ein altes Soldatenlied aus dem Ersten Weltkrieg lautete:
Auf, auf zum Kampf, zum Kampf,
Zum Kampf sind wir geboren!
Auf, auf zum Kampf, zum Kampf,
Zum Kampf fürs Vaterland!
Dem Kaiser Wilhelm haben wir's geschworen,
Dem Kaiser Wilhelm reichen wir die Hand!

Die spätere kommunistische Fassung (1919) machte daraus:
Auf, auf zum Kampf, zum Kampf,
Zum Kampf sind wir geboren!
Auf, auf zum Kampf, zum Kampf,
Zum Kampf sind wir bereit!
Dem Karl Liebknecht haben wir's geschworen,
Der Rosa Luxemburg reichen wir die Hand!

Die noch spätere NS-Fassung (1930) hieß wie folgt:
Auf, auf zum Kampf, zum Kampf,
Zum Kampf sind wir geboren!
Auf, auf zum Kampf zum Kampf
Zum Kampf fürs Vaterland!
Dem Adolf Hitler haben wir's geschworen,
Dem Adolf Hitler reichen wir die Hand!

Beispiel 3:

Zu den beliebtesten Soldatenliedern des Ersten Weltkriegs
zählte das 1915 entstandene ARGONNERWALD-LIED:
Argonnerwald, um Mitternacht,
Ein Pionier stand auf der Wacht.
Ein Sternlein hoch am Himmel stand,
Bringt ihm ein Gruß aus fernem Heimatland.

In der kommunistischen Fassung wurde 1920 daraus
das BÜXENSTEINLIED:

> Im Januar um Mitternacht,
> Ein Kommunist stand auf der Wacht.
> Er stand mit Stolz, er stand mit Recht,
> Stand kämpfend gegen ein Tyranngeschlecht.

Das je nach Region auch mit IM SACHSENLAND, DURCH
GROSS-BERLIN, DURCHS HESSENLAND usw. eingeleitete
NS-Lied kam 1929 auf und hatte den neuen Text:

> Durch deutsches Land marschieren wir,
> Für Adolf Hitler kämpfen wir.
> Die rote Front, brecht sie entzwei,
> SA marschiert, Achtung! Die Straße frei.

Beispiel 4:

Auch die Abendsonne sandte für unterschiedlichste Personen
ihren letzten Schein. Für die Originalfassung des alten Hand-
werksburschenlieds ist folgender Text angegeben:

> Als die gold'ne Abendsonne
> Sandte ihren letzten Schein,
> Zogen einst zwei wilde Burschen
> In ein kleines Dorf hinein.

Die NS-Fassung von 1925 machte daraus:

> Als die gold'ne Abendsonne
> Sandte ihren letzten Schein,
> Zog ein Regiment von Hitler
> In ein kleines Städtchen ein.

Die kommunistische Abwandlung von 1928 hieß wie folgt:
Als die gold'ne Abendsonne
Sandte ihren letzten Schein,
Zog ein Regiment Kommunisten
In ein kleines Städtchen ein.

Beispiel 5:

Die Fassung eines alten Soldatenliedes von 1915 für den in Frankreich gefallenen Signaltrompeter Karl Gustav Ulbach lautete:
Von allen Kameraden
War keiner so frohgemut
Als unser kleiner Trompeter,
Ein jung' Husarenblut.

Der kleine Trompeter Fritz Weineck.

Im Jahr 1925 entstand der neue Text für das Lied DER KLEI-
NE TROMPETER. Geehrt wurde FRITZ WEINECK, der er-
schossene Hornist vom Spielmannszug des Roten Front-
kämpferbundes (RFB):

> Von all unser'n Kameraden
> War keiner so lieb und gut
> Als unser kleiner Trompeter,
> Ein lustiges Rotgardistenblut.

Daraus entstand später eine NS-Fassung. Diesmal wurde des
erschossenen SA-Führers vom Sturm 5 in Berlin-Friedrichs-
hain HORST WESSEL gedacht:

> Von all unser'n Kameraden
> War keiner so lieb und gut
> Wie unser Sturmführer Wessel,
> Ein lustiges Hakenkreuzlerblut.

Naturschutz

Der Schutz der Natur wurde in Deutschland erstmals durch
das Reichs-Naturschutz-Gesetz vom Juni 1935 und durch
die Naturschutz-Verordnung vom März 1936 umfassend gesetzlich geregelt. Schützenswerte Pflanzen- und Tierarten,
bedeutende Naturdenkmale sowie Naturschutzgebiete sollten in ihrer Gesamtheit erhalten bleiben. Im Laufe der Zeit
entstanden rund 700 Naturschutzgebiete, davon etwa 300 in
Preußen, 100 in Bayern und 40 in Sachsen. Die wichtigsten
waren:

Schorfheide (Reg.-Bez. Potsdam)	370 km^2
Naturschutzpark Lüneburger Heide	280 km^2
Ammergauer Berge	270 km^2

Karwendelgebirge	220 km²
Königseegebiet	206 km²
Naturschutzpark in den Hohen Tauern	1500 km²

Mode im Dritten Reich

Unter Mode im Dritten Reich verstanden Frauen keineswegs
nur Dirndl oder Kleidung im Trachtenstil wie beim BDM. Im
Gegenteil! Die Mode zeigte ein vielseitiges Gesicht. Kleider
waren auf Taille geschnitten und damit körperbetont. Gerade
in den deutschen Großstädten liebten Frauen im Sommer
leichte, sportliche Modelle.

Sommermode im Dritten Reich.

Notwehrrecht gegen Tiere

DEUTSCHES NACHRICHTENBÜRO vom 20.12.1942

Der Reichsjägermeister hat eine Verordnung erlassen, die Gartenbesitzern ein erhöhtes Notwehrrecht gegen Raubwild, Kaninchen und Drosseln gibt. Die bisherige Einschaltung des Kreisjägermeisters fällt weg. Die Eigentümer oder Nutzungsberechtigten von eingefriedeten Grünflächen sowie die von ihnen Beauftragten dürfen dort Raubwild, Kaninchen und Drosseln jederzeit fangen, töten, auch mit der Schußwaffe, und für sich behalten, sofern dadurch nicht eine Störung der öffentlichen Ruhe, Ordnung und Sicherheit oder eine Gefährdung von Menschen verursacht wird. Das Verbot über die Verwendung von Schlingen und Tellereisen findet hier keine Anwendung.

Die größten deutschen Aktiengesellschaften

1940 verfügten diese Unternehmen über ein Kapital von (in Mio. Reichsmark):

I.G. Farbenindustrie AG	731
Vereinigte Stahlwerke AG	460
Reichswerke AG für Erzbergbau u. Eisenhütten »Hermann Göring«	400
Bergwerksgesellschaft Hibernia AG	250
Vereinigte Elektrizitäts- und Bergwerks-AG	250
Rheinisch-Westfälisches Elektrizitätswerk AG	246
Berliner Kraft- und Licht (Bewag) AG	240
Vereinigte Industrie-Unternehmungen AG (Viag)	230
Gelsenkirchener Bergwerks-AG	200

Firmensignets

Zur Zeit des Dritten Reichs bekannte Firmenzeichen:

1) Krupp AG, Essen
2) Vereinigte Stahlwerke AG, Düsseldorf
3) Gutehoffnungshütte, Nürnberg, Aktienver. f. Bergb. u. Hüttenbetriebe
4) Hoesch AG, Dortmund
5) Mannesmannröhren-Werk, Düsseldorf
6) Klöckner Werke AG, Berlin
7) Mitteldeutsche Stahlwerke AG, Riesa
8) Rheinmetall-Borsig AG, Düsseldorf
9) Brown, Boveri & Cie AG, Mannheim

10) Ferd. Schich u. GmbH, Elbing
11) Henschel-Werke GmbH, Kassel
12) Allgemeine Elektricitäts-Gesellschaft, Berlin
13) Deutsche Industrie-Werke AG, Berlin-Spandau
14) Deutsche Edelstahlwerke AG, Krefeld
15) Robert Bosch GmbH, Stuttgart
16) Junkers Flugzeug- und Motorenwerke AG, Dessau
17) Heinkel-Flugzeug-Werke GmbH, Rostock-Berlin

18) Zeiß-Werke, Jena
19) Siemens u. Halske AG, Siemens-Schuckert AG, Berlin
20) Osram-GmbH KG, Berlin
21) I.G. Farbenindustrie AG, Frankfurt am Main
22) Bayer-Kreuz der I. G. Farbenindustrie AG
23) Kali-Chemie AG, Berlin
24) Deutsche Gold- und Silber-Scheideanstalt,
    Frankfurt am Main

25) Deutsch-Amerikanische Petroleum-Gesellschaft, Hamburg
26) Leuna-Benzin (I.G. Farben)
27) Rhenania-Ossag Mineralölwerke AG (Shell-Gruppe)
28) Benzol-Verband
29) Vereinigte Glanzstoff-Fabriken AG, Wuppertal-Elberfeld
30) I.P. Bemberg AG, Wuppertal-Barmen
31) Thüring. Zellwolle AG, Schwarza
32) Schlesische Zellwolle AG, Hirschberg
33) Commerz- und Privat-Bank AG, Berlin-Hamburg
34) Dresdner Bank, Berlin-Dresden
35) Allgemeine Deutsche Credit-Anstalt, Leipzig
36) Deutscher Ring Versicherungs-Gesellschaften, Hamburg (Wirtschaftsunternehmen der DAF)
37) Allianz u. Stuttgarter Verein, Versicherungs-AG, Berlin
38) Deutsche Lufthansa AG, Berlin
39) Deutsche Zeppelin-Reederei GmbH, Berlin-Frankfurt am Main
40) Hamburg-Amerika-Linie (Hapag), Hamburg
41) Norddeutscher Lloyd, Bremen
42) NSU-D-Rad Vereinigte Fahrzeugwerke AG, Neckarsulm
43) I.A. Henckels Zwillingswerk, Solingen
44) Württembergische Metallwaren-Fabrik, Geislingen
45) Ala Anzeigen-AG, Berlin
46) Telefunken GmbH, Berlin
47) Dietz u. Ritter GmbH, Leipzig
48) Schwarzwälder-Apparate-Bau-Anstalt, Villingen
49) Ideal Werke AG, Berlin
50) Universum Film AG, Berlin

Kirchen und Vegetarier in der neuen Welt

ADOLF HITLER am 11.11.1941 in kleinem Kreis

Die Zeitenwende des Untergangs der Kirchen ist gekommen. Es dauert noch einige Jahrhunderte, dann geschieht durch Evolution, was nicht durch Revolution geschieht. Jeder Gelehrte, der etwas Neues entdeckt, haut ein Stück von der Basis weg. Es tut einem oft leid, daß man in einer Zeit lebt, in welcher einem noch nicht bewußt ist, wie die neue Welt aussehen wird. Eines aber kann ich den Fleischfressern sagen: Die neue Welt wird vegetarisch sein!

Wie Reich-Ranicki zu seinem Namen kam

Einer der bedeutendsten deutschsprachigen Literaturkritiker war Marcel Reich-Ranicki (1920–2013). In seinen Erinnerungen MEIN LEBEN schildert er, was das Dritte Reich mit seinem Namen zu tun hatte:

Allerdings gibt es in der Zeit nach 1945 noch eine andere Entscheidung, die ich getroffen hatte, ohne ihre Folgen zu ahnen, eine zudem, die sich nie mehr korrigieren ließ. Ich sollte in London unter einem anderen Namen amtieren, da mein Familienname Reich für die Tätigkeit als Konsul nicht recht passend schien. Der Begriff Reich sei auch jenen Polen und Engländern geläufig, die kein Wort Deutsch sprächen, er erinnere zu sehr an das »Dritte Reich«. War der Name, mit dem alle Pässe unterschrieben werden mußten, zu deutsch? Oder vielleicht zu jüdisch? Jedenfalls zu wenig polnisch. Ich wollte das Ganze nicht hinauszögern, stimmte gleich zu und wählte, ohne lange zu überlegen, den Namen Ranicki. Ich dachte, das würde nur für den Aufenthalt in England gelten. Aber nachher blieb es bei diesem Namen – mein ganzes Leben lang.

Ehemänner haben es schwer

JOSEPH GOEBBELS Tagebucheintrag am 12. September 1936
Burg Mittagessen mit den Diplomaten. Wie immer viel
Quatsch geredet. Dann noch mit dem Führer zusammengesessen. Auch er ist über das Echo meiner Rede begeistert. Geschrieben, gelesen, telephoniert. Frauenkongreß. Der Führer
redet. Gut, aber etwas zu stark für die Frauen. Wir Ehemänner
haben das auszubaden.

Jesus der Arier und das Christentum

ADOLF HITLER am 13.12.1941 zu Gästen (Reichsminister,
Reichskommissar, Reichsleiter)
Erst im sechsten, siebten, achten Jahrhundert ist unseren
Völkern durch die Fürsten, die es mit den Pfaffen hielten, das
Christentum aufgezwungen worden. Vorher haben sie ohne
diese Religion gelebt. Ich habe sechs SS-Divisionen, die vollständig kirchenlos sind und die doch mit der größten Seelenruhe sterben.
Christus war ein Arier, aber Paulus hat seine Lehre benutzt,
die Unterwelt zu mobilisieren und einen Vorbolschewismus zu
organisieren; mit dessen Einbruch ging die schöne Klarheit der
antiken Welt verloren. Was ist das für ein Gott, der nur Wohlgefallen hat, wenn die Menschen sich vor ihm kasteien! Ein
ganz einfaches, klares, einleuchtendes Verfahren: Der liebe
Gott setzt die Voraussetzung für den Sündenfall; nachdem es
mit Hilfe des Teufels endlich geklappt hat, bedient er sich einer
Jungfrau, um einen Menschen zu gebären, der durch seinen
Tod die Menschheit erlöst! Der Mohammedanismus könnte einen doch vielleicht noch für seinen Himmel begeistern. Aber
wenn ich mir den faden christlichen Himmel vorstelle! Da hat

man einen Richard Wagner auf der Erde gehabt, und drüben hört man Halleluja und sieht nichts als Palmwedel, Kinder im Säuglingsalter und alte Menschen. Ein Insulaner verehrt wenigstens noch Naturkräfte. Das Christentum ist das Tollste, das je ein Menschengehirn in seinem Wahn hervorgebracht hat, eine Verhöhnung von allem Göttlichen. Ein Neger mit seinem Fetisch ist ja einem, der an das Wunder der Verwandlung ernstlich glaubt, turmhoch überlegen.

Im Dritten Reich diskutiert: War Jesus Jude oder Arier?

Jesus Christus war ein Arier

Schon vor Hitlers Geburt erschienen Buchtitel wie JESUS DER ARIER UND DIE JESUANISCHE WELTANSCHAUUNG. Tatsächlich gab es seit dem 19. Jahrhundert eine umstrittene Strömung, die an einer Entjudaisierung von Jesus arbeitete und auch DIE BIBEL IM DRITTEN REICH von 1935 stellte zum Beispiel die Frage: War Jesus nicht auch Arier?

Goebbels' Meinung zum Jesusstreit

Michael in dem von JOSEPH GOEBBELS verfassten gleichnamigen Roman:

Christus kann gar kein Jude gewesen sein, das brauche ich erst gar nicht wissenschaftlich zu beweisen. Das ist so ... Christus ist der erste Judengegner von Format.

Die Jünger

Widar Wälsung vertrat die Ansicht, dass sowohl Jesus als auch seine Jünger Galiläer und damit Arier gewesen waren. Nur Judas zählte er nicht dazu. Aus seiner Schrift WAR JESUS EIN JUDE? Jesus im Lichte der Rassenfrage, 2. Aufl., 1934:

… Auch der Vergleich der geistigen Grundlagen zeigt eine klaffende Kluft zwischen Jesusgeist und Judengeist, Jesus Christus ist geistig kein Jude, sondern das Gegenteil.

Auch die Jünger Jesu waren reine Idealisten. Sie ließen Haus und Hof im Stiche, entsagten ihrer Familie, ihrem Vermögen, um Jesu und seiner Lehre, ihrem neuen Ideal nachzufolgen. Sie waren bis auf einen Galiläer: Judas Ischariot. Sie hielten Jesu die Treue, dieser aber verriet ihn um schnödes Geld.

KPD

Die Kommunistische Partei Deutschlands (KPD) wurde 1933
sofort verboten. Doch für manche ging der Kampf im Unter-
grund weiter.

Organisation des Bezirks Berlin der KPD 1934
Bezirksleitung: 8 Mitglieder
Sekretariat: Robert Stamm, Polit. Leiter
                 Richard Gladewitz, Org.
                 Anton Ackermann, Agit./Prop.

           29 Unterbezirke
          363 Straßenzellen
           69 Betriebszellen

Zusammenarbeit mit:
verbotenen Arbeitersportorganisationen (4500 Mitglieder)
verbotenen Organisationen des KJVD (800 Mitglieder)

Propaganda gegen den NS-Staat
   Im Herbst 1934 erschienen in Berlin trotz Verbot 78 Un-
terbezirks-, Stadtteil- und Betriebszeitungen, zum Beispiel:

Friedrichshainer Rote Fahne	1500 Exemplare
Der Kommunist, Lichtenberg	1000 Exemplare
Wahrheit, Prenzlauer Berg	500 Exemplare
Der Ausweg, Tempelhof	200–300 Exemplare
Spandauer Echo	300 Exemplare
Neuköllner Sturmfahne	700–800 Exemplare

Widerstand

Rote Kämpfer, Rote Kapelle, Roter Stoßtrupp, Sopade, Sozialistische Arbeiterpartei Deutschlands, Neu Beginnen, Bekennende Kirche, Weiße Rose, Edelweißpiraten, Kreisauer Kreis, jüdische Widerstandsgruppen, Widerstand Leistende in Konzentrationslagern, Ludwig Beck (1880–1944), Friedrich von Bodelschwingh (1877–1946), Dietrich Bonhoeffer (1906–1945), Georg Elser (1903–1945), Wessel Freiherr Freytag von Loringhoven (1899–1944), Clemens August Graf von Galen (1878–1946), Carl Goerdeler (1884–1945), Fritz Große (1904–1957), Heinrich Grüber (1891–1975), Werner von Haeften (1908–1944), Ulrich von Hassel (1881–1944), Robert Havemann (1910–1982), Franz Jacob (1906–1944), Alfred Jung (1908–1944), Jakob Kaiser (1888–1961), Julius Leber (1891–1945), Albrecht Ritter Mertz von Quirnheim (1905–1944), Martin Niemöller (1892–1984), Friedrich Olbricht (1888–1944), Hans Scholl (1918–1943), Sophie Scholl (1921–1943), Berthold Schenk Graf von Stauffenberg (1905–1944), Claus Schenk Graf von Stauffenberg (1907–1944), Carl-Heinrich von Stülpnagel (1886–1944), Ernst Thälmann (1886–1944), Erwin von Witzleben (1881–1944), Peter Graf Yorck von Wartenburg (1904–1944) sind Beispiele für Gruppen, Institutionen und Einzelpersonen, die Widerstand leisteten. Die große Mehrheit der deutschen Bevölkerung leistete allerdings keinen Widerstand gegen das NS-Regime.

Mögliche Unterscheidungen von Widerstand:
- ▶ kommunistischer Widerstand
- ▶ sozialistischer Widerstand
- ▶ sozialdemokratischer Widerstand
- ▶ gewerkschaftlicher Widerstand
- ▶ bürgerlicher (konservativer) Widerstand
- ▶ kirchlicher, christlicher Widerstand

- ▶ militärischer Widerstand
- ▶ Widerstand der Verfolgten
- ▶ Widerstand aus dem Exil

Widerstandsgruppen

ausländischer Arbeiter und Kriegsgefangener zwischen März und September 1944 nach Meldungen der Geheimen Staatspolizei (Gestapo):

Gebiet der Ge-stapo-Leitstelle	Datum	Bezeichnung der Organisation	Beteiligt/festgenommen
Karlsbad	März		20 kgf. sowj. Offiziere
Münster	März	»komm. Zelle«	
Wien	März	»Anti-Hitler-Bewegung«	49 Ostarbeiter
Karlsruhe	März-Juli	BSW	über 300 Festnahmen
Innsbruck	April	»Illegale Gruppe«	79 Festnahmen
Nürnberg	April		49 Ostarbeiter u. sowj. Kgf.
Düsseldorf	Mai	»Komitee Kampf gegen den Faschismus«	67 Ostarbeiter
Braunschweig	Mai	»Sowjetruss. komm. Sabotagegruppe«	21 Ostarbeiter
Bromberg	Mai	»Komm. Ostarbeiter-Gruppe«	211 Ostarbeiter
Köln	Mai	»Sowjetruss. Propaganda-organisation«	26 Ostarbeiter
Nürnberg	Juni	»Komm. Organisation«	65 kgf. sowj. Offizie-re, 27 Ostarbeiter, 13 Ostarbeiterinnen
Hannover	Juni	»Komm. Widerstands-Bewegung«	123 Ostarbeiter

Halle	Juni	»Komm. Organisation unter Ostarbeitern«	46 Ostarbeiter
Hamburg	Juni	»Sowjetruss. Zentral-Komitee gegen den Faschismus«	138 Ostarbeiter u. Kgf.
Karlsbad	Juni	»Bolschew. Partisanen- Organisation«	107 Festnahmen
Kassel	Juni		4 Kgf. sowj. Offiziere
Leipzig	Juni	»Internationales antifaschistisches Komitee«	33 Ausländer 12 deutsche Komm.
München	bis Juni	BSW	314 Ostarbeiter u. sowj. Kgf.
Ebelsbach	Juni	»Revolutionskomitee« im Lazarett Ebelsbach	305 sowj. Kgf. u. Ostarbeiter.
Reichenberg	Juni		21 Festnahmen
Leipzig	Juli	»Komm.-antifaschistische Organisation«	39 Ostarbeiter 5 Deutsche
Chemnitz	Juli	»Sowjetruss. Arbeiter-Komitee«	59 Ostarbeiter 132 Festnahmen
Metz	Juli	»Illegale Kommunist. Partei der russischen Kgf. u. Ostarbeiter an der Saar«	16 sowj. Kgf. u. Ostarbeiter
Nürnberg	August	»Komitee der Roten Fahne«	28 sowj. Kfg. u. Ostarbeiter
Innsbruck	August	Komm. Organisation	14 Ostarbeiter
Wien	August	Komm. Organisation	Ostarbeiter, Kgf., Verbindung zur KPÖ
Königsberg	August	Illegale Organisation	20 sowj. Kgf. und Ostarbeiter
Berlin	September	Terrororganisation unter Ostarbeitern	?
Frankfurt/Main	September	Spionageorganisation	2 Ostarbeiter
Saarbrücken	September	Komm. Organisation	40 sowj. Kgf. u. Ostarbeiter
Chemnitz	September	»Tschechische Widerstandsgruppe und Sowj. Arbeiterkomitee«	27 Tschechen 2 Deutsche
Dresden	September	Komm. Gruppe	9 Ostarbeiter

Dortmund	September	»Volkskomitee des Kampfes gegen den Faschismus«	155 Ostarbeiter
Darmstadt	September	Bolschew. Propaganda-Gruppe	9 Ostarbeiter
Salzburg	September		30 sowj. Kgf.
Danzig	September	Komm. Organisation	sowj. Kgf.
Salzburg	September		24 sowj. Kgf.

Terror gegen die Juden

»Alltägliches« im Dritten Reich bedeutete nicht nur einkaufen, Kinofilme oder arbeiten. Vor allem für die Juden war der Alltag gezeichnet von Terror und Verfolgung. Wie sehr sich für die jüdische Bevölkerung die Situation zuspitzte, kann man sehr gut an den Deutschlandberichten der SPD erkennen. Im Auftrag des SPD-Exilvorstands in Prag bzw. Paris erschien von 1934 bis 1936 der DEUTSCHLAND-BERICHT DER SOPADE. In den Jahren 1937 bis 1940 lautete der Titel der Hefte DEUTSCHLAND-BERICHTE DER SOZIALDEMOKRATISCHEN PARTEI DEUTSCHLANDS [Sopade]. Im Mittelpunkt der Berichterstattung standen die allgemeine Situation sowie konkrete Vorfälle im Dritten Reich.

Diese Berichte kamen durch ein geheimes Berichterstattersystem zustande. Unter anderem gaben Informanten aus dem nationalsozialistischen Deutschland dem Exilvorstand im Ausland ihre Beobachtungen wieder. Auch auf das Schicksal der Juden wurde immer wieder hingewiesen. Natürlich vermochten diese manchmal durch Zufall entstandenen und subjektiven Berichte nur schlaglichtartig Details des nationalsozialistischen Terrors gegen die Juden aufzuzeigen. Das ganze Ausmaß des Unrechts konnten sie nicht vermitteln. Dies gilt auch für den in der Bevölkerung vorhandenen Antisemitismus, der insgesamt in den folgenden Auszügen kaum oder nur beschönigt zum Ausdruck kommt.

Auszüge aus den Berichten:

März 1935
Nordbayern:

In Furth i.W. hat man die Glasfabrikanten Luitpold und Bruno Oppenheimer, zwei Juden, die aus Fürth stammen, verhaftet, weil sie Luxuswohnungen haben, während ihre Arbeiter in unwürdigen Fabrikwohnungen hausen müssen. Alle Leute wissen, daß woanders die Fabrikwohnungen nicht besser sind als in Furth, aber dort werden die Unternehmer nicht verhaftet, weil es sich um Arier handelt. Im Volke sagt man darum auch: »Vielleicht sind die zwei Juden verhaftet worden, weil sie den anderen einige Aufträge weggeschnappt haben.«

Juli 1935

Maueraufschrift in Berlin:

»Wenn Goebbels nicht mehr weiter kann, dann fängt er mit den Juden an.«

Südwestdeutschland:

Die Besitzer von Gaststätten werden gezwungen – mit Boykottandrohungen und »anderen Folgen« – Schilder anzubringen mit der Aufschrift: »Hier sind Juden unerwünscht«. Die meisten Gaststätten haben diese Schilder schon. Viele hängen sie an versteckten Plätzen auf. In einem Café in Kassel fand ein jüdischer Stammgast eines Tages auch dieses Plakat vor. Er stellte die Wirtin zur Rede, weil sie ihm noch nichts gesagt habe, daß er ein ihr unerwünschter Gast sei. Die Wirtin bat dutzendemale um Entschuldigung und sagte dem Gast, er solle doch bleiben, das Schild habe sie nehmen müssen.

August 1935

Pfalz:

Der Kampf gegen die Juden wird in Pirmasens jetzt so scharf geführt, wie dies noch nie der Fall war. Am Eingang der Zeppelinstraße ist ein großes Transparent angebracht: »Diese Straße führt auch nach Palästina«. Am Café Luitpold ist eins angebracht mit der Aufschrift: »Deutschland das Herz, Juda die Faust«. Vor den jüdischen Geschäften, die weit unter den üblichen Preisen verkaufen und sehr viel bieten, stehen die Nazis und belästigen die Leute, die hineingehen wollen. Es wird auch photographiert. Die Sympathie der Bevölkerung ist aber bei denen, die trotzdem in die Geschäfte hineingehen.

Nordwestdeutschland:

In allen Städten und Dörfern des Bezirks Hannover sind an den Zufahrtsstraßen von der Leitung der NSDAP und von den Behörden Schilder angebracht, welche folgende Inschriften haben: »In diesem Orte leben Juden auf eigene Gefahr« oder »Wir wollen keine Juden sehen«; ferner »Juden sind unerwünschte Gäste«, »Deutscher Volksgenosse, denke daran, Juda ist Dein Erbfeind«, »Wer beim Juden kauft, ist ein Volksverräter«. Diese Schilder sind zum erheblichen Teil so massiv angebracht, daß jeder erkennt, daß sie auf höhere Anweisung hin aufgestellt wurden. Zum großen Teil stehen diese Schilder auf Gemeinde- oder Staatsgrundstücken. Auch an den städtischen Uhren und ähnlichen behördlichen Einrichtungen wurden diese Schilder angebracht. In leerstehenden Läden wird ganz offiziell von der Parteileitung das Plakat: »Die Juden sind unser Unglück« und das antikatholische Plakat »Deutsches Volk horch auf« angeklebt.

Bezeichnend ist aber, daß sehr angesehene arische Familien ostentativ freundschaftlichen Verkehr mit jüdischen Familien unterhalten. Das Volk bemitleidet die Juden. Man sagt, daß die Nazis wieder einmal von großen Schwierigkeiten ablenken wollen. Im Emdener Stadtgarten ist ein »Stürmerkasten« errichtet worden. Oben steht in großen Lettern: »Kauft nicht beim Juden« und »Die Juden sind unser Unglück«. Eines Morgens war das »nicht« und im zweiten Satz das »Un« von Unglück überpinselt.

Über eine Versammlung mit Julius Streicher in Hamburg:

Nun versuchte es Streicher mit einer anderen Walze. Er sprach die Hoffnung aus, daß recht viele Gebildete im Saale wären, sie könnten dann aus seinem Munde erfahren, was sie wert seien, die Herren Studienräte, Stahlhelmer, Geheimräte usw. Nämlich gar nichts. Und wenn sie glaubten, daß sie im neuen Staat wieder an erster Stelle stehen könnten, dann irrten sie sich gewaltig. So ging es eine ganze Zeit lang. Dann kamen die ausländischen Berichterstatter und die Auslandspresse an die Reihe, die in der gemeinsten Weise angepöbelt wurden: »Ich behaupte hier, daß ein Teil der ausländischen Berichterstatter Lügner und Schweinehunde sind. Wohlgemerkt, ich habe gesagt, ein Teil und ich sage hier, daß wir mit den Juden in Deutschland machen, was wir wollen und für nötig halten. Das Ausland hat sich nicht um uns zu kümmern. Wir kümmern uns auch nicht darum, wenn in Amerika Neger gelyncht werden, oder wenn man in England Katholiken verfolgt ...« Bei diesen Ausführungen wurde geklatscht.

September 1935

Mannheim:

Wir begnügen uns damit, die Schlagzeilen einer einzigen Nazizeitung, des »Hakenkreuzbanners«, Mannheim, von August/September wiederzugeben:

1.8. »Ein Heidelberger Jude als Rasseschänder.«
3.8. »Jüdischer Arzt mit seinem Judenliebchen eingesperrt.«
10.8. »Jüdischer Rasseschänder festgenommen.«

13.8. »Jüdische Sadisten und Rasseschänder.«
22.8. »Rasseschänder werden ausgerottet!«
23.8. »Wieder mehrere jüdische Volksverseucher in Haft.«
26.8. »Rassenschänder in Schutzhaft.«
28.8. »Rasseschänder Moch in Schutzhaft.«
5.9. »Zwei jüdische Scheusale.«
10.9. »Rassenschänder werden ausgerottet.«
11.9. »Rasseschänder!«
17.9. »Jude vergewaltigt zwölfjähriges Mädchen.«
18.9. »Fünf Rasseschänder nach Kislau gebracht.«
20.9. »Zwei Rasseschänder zur Strecke gebracht.«

Januar 1936

Nach anderen Städten haben nun auch die Kinobesitzer in Goslar Juden den Besuch ihrer Theater verboten; die Gemeinde Horrweiler in Hessen hat den Juden den Zuzug untersagt; der Berliner Polizeipräsident ließ zwei getarnte jüdische Kinos schließen; in Offenbach wurde wegen »verschmutzter Betriebsräume« eine jüdische Metzgerei geschlossen; Aachen hat den judenfreien Nutzviehmarkt eingeführt; die jüdischen Besitzer eines Warenhauses in Iserlohn wurden mit ihren Frauen in Schutzhaft genommen, weil sie sich wegen der von den Nazis geforderten Schließung der Lebensmittelabteilung an ihre jüdische Organisation gewandt hatten; das Kaufhaus Barasch in Magdeburg wurde wegen sittlicher Verfehlungen jüdischer Angestellter geschlossen; allen jüdischen Künstlern wurde das Führen von Pseudonymen verboten; Reichspost und Reichsbahn haben die kostenlose Anbringung von Stürmerkästen zugelassen.

In den jüdischen Kreisen ist die Stimmung außerordentlich niedergedrückt und pessimistisch. Man hat sich innerlich vollständig darauf eingestellt, daß man in Deutschland eine minderwertige Rasse ist und zieht sich freiwillig in ein Ghetto zurück, auch wo man es gar nicht nötig hat. Man geht in kein Café und Theater, auch wenn man gar nicht jüdisch aussieht. Es wird nie anders werden, sagen die Juden. Alles ist in eine völlige Dumpfheit und Hoffnungslosigkeit verfallen. Es wird überhaupt nicht mehr über etwas anderes gesprochen als darüber, ob der und der Volljude oder Mischling ist, ob man drin bleiben oder herausgehen solle, ob die und die Heirat noch möglich ist oder nicht. Es ist erschreckend, mit anzusehen, wie früher lebenslustige junge Leute überhaupt keinen anderen Gesprächsstoff mehr kennen.

August 1936

Bayern:

Der Umsatz der jüdischen Geschäfte geht von Tag zu Tag mehr zurück. Es kommt vor, daß sich tagsüber nicht ein Kunde in das Geschäft wagt und erst abends bei Einbruch der Dunkelheit durch Hintertüren einige Geschäfte mit alten Kunden getätigt werden können. Um den jüdischen Geschäften den letzten Stoß zu versetzen, will man jetzt die arischen Großerzeuger anhalten, daß ihre Reisenden keine jüdischen Geschäfte mehr besuchen.

Dezember 1936

Im Verlag Kohlhammer erschien ein Verzeichnis jüdischer Verfasser juristischer Schriften und im offiziellen deutschen Rechtsverlag ein »Verzeichnis juristischer und nationalökonomischer Schriften jüdischer Autoren«. – In München erschien in zweiter Auflage »Das musikalische Juden-ABC«, in dem alle Komponisten und Musiker jüdischer Abstammung verzeichnet sind. Aus den Katalogen großer deutscher Musikverleger sind sämtliche Namen jüdischer Komponisten und Musiklehrer ausgeschieden worden.

Juli 1937

Mitteldeutschland:

Der Judenterror ist wohl regional sehr verschieden. Wir leiden z. B. nicht ganz so sehr darunter wie die Juden in Bayern. Aber auch wir wissen: das ist nur eine Frage der Zeit. Wenn das Regime durchhält, dann ist die Judenfrage in einigen Jahren für ganz Deutschland erledigt.

Die Bevölkerung ist im Grunde nicht – zumindest nicht aktiv – antisemitisch. Die Schreier bestimmen den Ton. Wenn man mit dem Einzelnen spricht, begegnet man in der Regel Achtung und Sympathie.

Februar 1938

Bayern:

Schon 1933 wurde den Juden in Nürnberg verboten, die Badeanstalten, und zwar Fluß- und Hallenbäder, zu besuchen. Sie durften nur noch in die städtischen Brausebäder gehen. Im Dezember 1937 ist diese Erlaubnis zurückgezogen worden. Oberbürgermeister Hebel hat in der Ratsherrensitzung wörtlich erklärt: »Man kann keinem Deutschen zumuten, daß er eine Wanne besteigt, in der sich vorher ein Jude befunden hat.«

Sachsen:

Die Juden müssen sich fast ganz aus dem Sportleben zurückziehen. Ist hie und da noch ein Jude als Wintersportler im Erzgebirge zu sehen, so wird er angerempelt, so daß es die Juden in den meisten Fällen vorziehen, zu verschwinden. Wenn nicht alle Zeichen trügen, soll eine neue Pogromstimmung erzeugt werden.

Eine Bäuerin wollte in ein jüdisches Kleidergeschäft gehen. Da trat ihr ein Hitlerjunge entgegen und schrie sie an: »Sie sind eine Volksverräterin!« Die Bäuerin drehte sich um und gab dem Jungen eine Ohrfeige, dann ging sie ruhig in den Laden. Der

Junge war so erschrocken, daß er zuerst nicht von der Stelle kam. Dann rannte er weg und holte Verstärkung. Als die Bauersfrau nach einiger Zeit wieder aus der Tür kam, waren 8 Jungens da, die über sie herfielen und sie von oben bis unten vollspuckten. Die Frau lief zum nächsten Polizisten und berichtete ihm empört, was ihr geschehen war. Der Polizist zuckte die Achseln und sagte: »Da kann ich auch nix machen, waschen Sie sich halt wieder ab.« Die Frau schimpfte, das Publikum stand herum und lachte.

Juli 1938

Das Schicksal der deutschen Juden ist seit der Angliederung Österreichs in ein neues Stadium getreten. Die Nationalsozialisten haben aus den österreichischen Erfahrungen den Schluß gezogen, daß ein rasches Vorantreiben der Judenverfolgungen dem System nicht schaden könne, daß die Entfesselung aller antisemitischen Instinkte in den Reihen der Anhängerschaft, die Duldung des offenen Pogroms weder wirtschaftliche Schwierigkeiten noch einen erheblichen Prestigeverlust in der Welt nach sich ziehe.

Man wird sich damit abfinden müssen, daß die Suche nach rein rationalen Beweggründen an eine Grenze stößt. Einige der Gesetze und Verfügungen, die wir im folgenden aufzählen, können nur von einem wütenden Rassenhaß diktiert sein, der sich jeder vernunftmäßigen Deutung entzieht. Die Sucht, ohne Unterlaß auf Besiegte und Wehrlose einzuschlagen, eine Sucht, die der Nationalsozialismus übrigens nicht nur den Juden gegenüber an den Tag legt, ist für den objektiven Beobachter unfaßbar. Es bleibt nichts anderes übrig, als ihr Vorhandensein festzustellen, und ihre jeweiligen Wirkungen zu registrieren.

Es wird überhaupt viel Gewicht darauf gelegt, die Kinder in dem anerzogenen Judenhaß dauernd zu bestärken. Julius Streicher hat ein zweites Bilderbuch herausgegeben: »Der Giftpilz«, Bilder von Fips, Erzählungen von Hiemer. Unter anderem enthält es eine Geschichte: »Wie zwei Frauen von Judenanwälten betrogen wurden.« Streicher selbst kündigt das Buch im »Stürmer« (Nr. 13/1938) mit den Worten an:

»Was in die Herzen der frühen Jugend hineingelegt wird, geht mit durchs ganze Leben. So, wie das Kirchenchristentum schon in das Kind unablässig Dinge hineinhämmert, die es bis zum Abschiednehmen aus dieser Welt als religiöses Glaubensgut begleiten, so soll auch der deutsche Mensch schon in seiner frühen Jugend ein erstes Wissen vom Teufel in Menschengestalt beigebracht erhalten.«

Schlesien:

Wie stark die Judenverfolgungen auf die Juden selbst gewirkt haben, geht allein aus der Tatsache hervor, daß in Breslau während der Verhaftungswelle männliche Juden zu Hunderten auf den jüdischen Friedhof flüchteten und dort Nächte hindurch hinter den Grabsteinen ihrer Angehörigen blieben, weil sie hier noch den einzigen Platz sahen, wo sie das Recht hatten, sich aufzuhalten. Es haben sich dabei erschütternde Szenen abgespielt.

In Ohlau, einem kleinen Provinzort in der Nähe Breslaus, gibt es keinen Friseur mehr, der einen Juden rasieren oder ihm die Haare schneiden würde. Die Juden müssen sich die Haare gegenseitig schneiden. So entwickelte sich bereits eine Art neues Ghetto.

November 1938

Wenn man heute fragt, welche Rechte den deutschen Juden noch geblieben sind, so kann die Antwort nur lauten: keine. Nicht das Recht auf Wohnung – deutsche Gerichte haben mehrfach entschieden, daß die Hausgemeinschaft mit jüdischen Mietern den arischen Hausbewohnern nicht zugemutet werden könne –, nicht das Recht auf Nahrung – in zahlreichen Orten ist der Lebensmittelverkauf an Juden verboten –, nicht das Recht auf Arbeit – die Juden sind nach und nach aus allen Berufen entfernt worden –, nicht das Recht auf kärglichsten Besitz, auf körperliche Integrität, auf Verteidigung gegen gesetzlose Angriffe, nicht einmal das Recht darauf, das Land mit einem ordnungsgemäßen Paß und eigenen Reisemitteln zu verlassen.

Das Regime hat versucht, im Ausland den Eindruck zu erwecken, als seien die seit dem 10. November tobenden Pogrome die Folgeerscheinungen des Grynszpan-Mordes. In Wahrheit wurde seither nur das Tempo beschleunigt und jede Rücksicht auf das Ausland fallen gelassen.

Rheinland-Westfalen:

Die brutalen Maßnahmen gegen Juden haben große Entrüstung in der Bevölkerung ausgelöst. Man äußerte sich recht offen und viele Arier wurden deswegen verhaftet. Als bekannt wurde, daß man eine jüdische Frau aus dem Wochenbett weggeholt hatte, äußerte sogar ein Polizeibeamter, das sei zu viel. »Wohin soll denn Deutschland mit diesen Methoden steuern?« Er wurde daraufhin selbst verhaftet. Auch manche Nazis wurden abgeführt, weil sie die antijüdischen Maßnahmen kritisiert hatten.

Dezember 1938

Berlin:

Die Haltung der Bevölkerung war nicht ganz einheitlich. Bei dem Brand der jüdischen Synagoge in der Fasanenstraße konnte man eine große Anzahl von Frauen beobachten, die sagten: »Das ist ganz richtig so, bloß schade, daß keine Juden mehr drin sind, das wäre doch das Beste, um die ganze Bagage auszuräuchern.« – Niemand wagte, gegen diese Äußerungen

Stellung zu nehmen. Als ich aber am selben Tag mit einem Taxi-Chauffeur während der Fahrt ins Gespräch kam, meinte der Mann, das habe die SA gemacht. »Die sind doch herumgezogen wie die Wilden.« – Auf meinen vorsichtigen Einwand, daß das ja auch wirklich nicht nötig gewesen wäre, und daß man sich anderer Methoden hätte bedienen können, um die Judenfrage zu lösen, antwortete er: »Weiß Gott, das ist die größte Schweinerei, die ich je erlebt habe. Aber man muß ja die Fresse halten.«

Februar 1939

»Man bleibe uns vom Leibe mit Humanität« (Adolf Hitler in der Sitzung des Großdeutschen Reichstags am 30. Januar 1939)

In Deutschland vollzieht sich gegenwärtig die unaufhaltsame Ausrottung einer Minderheit mit den brutalen Mitteln des Mordes, der Peinigung bis zum Wahnwitz, des Raubes, des Überfalls und der Aushungerung. Was den Armeniern während des Krieges in der Türkei geschah, wird im Dritten Reich langsamer und planmäßiger an den Juden verübt.

Das Ausland wehrt sich dagegen, die bis auf den letzten Pfennig und das letzte Schmuckstück ausgeraubten deutschen Juden aufzunehmen. An den Grenzen ist ein immerwährender Menschenschmuggel im Gange. Freiwillig geflüchtete Juden oder solche, die von der SA gewaltsam über die Grenzen geschoben werden, wandern in den Nachbarländern teils ins Gefängnis, teils werden sie nach Deutschland zurückgeschickt und ihren Peinigern aufs neue ausgeliefert. – Da vor der Entlassung aus einem Konzentrationslager gewöhnlich der Nachweis gefordert wird, daß der Häftling binnen weniger Tage, häufig binnen 48 Stunden, Deutschland verlassen wird, kommt es zu unsinnigen Fluchtreisen, bei denen zwar die erste Etappe – hinaus aus Deutschland –, nicht aber das Ziel bekannt ist. Auf den Meeren irren Schiffe mit jüdischen Passagieren umher, die nirgends an Land gelassen werden. Die Gefängnisse der demokratischen Nachbarstaaten füllen sich mit Emigranten, die Deutschland zwangsweise verlassen mußten und deren einzige Schuld darin besteht, daß kein anderes Land sie aufnehmen will. Selbstmorde verzweifelter jüdischer Menschen werden nicht nur aus Deutschland, sondern aus der ganzen Welt gemeldet.

Ostpreußen:

Die Synagoge ist bis auf den Grund niedergebrannt, man hat lediglich die Umfassungsmauern stehen lassen. Die Feuerwehr war alarmiert und hat die umliegenden Häuser geschützt.

Später hat man auf dem jüdischen Friedhof in Elbing alle Grabgitter und auch die Friedhofsumzäunung entfernt. Man hat das Altmetall den Nazisammlungen zur Verschrottung abgeliefert. Zu diesen Arbeiten waren SA-Leute abkommandiert. Selbstverständlich wurden auf dem Friedhof Grabsteine umgeworfen, schwer beschädigt und zum Teil sogar fortgetragen.

Juli 1939

Einer der Naziwürdenträger in einer bayerischen Stadt erzählte mir, daß eine ihm bekannte christlich-arische Familie vor fast 20 Jahren ein Baby adoptiert habe. Jetzt stelle sich heraus, daß der Junge Halbjude sei. Die Adoptiveltern mußten sich von dem Jungen trennen. Als Halbarier ist der Junge verpflichtet, im deutschen Heere zu dienen, aber er darf nicht bei seinen Adoptiveltern leben und darf weder eine Arierin noch eine Jüdin heiraten.

Bericht aus Dachau:

Ein österreichischer Jude, der während des November-Pogroms nach Dachau gebracht und dort über ein halbes Jahr in

Haft gehalten worden ist, berichtet über seine Erlebnisse im Konzentrationslager:

Nach dem Namensaufruf standen wir viele Stunden umher. Kleine Trupps wurden abgeholt, ins Bad geführt, eingekleidet und auf ihre Blocks verteilt. Früh gegen 8 Uhr waren wir angekommen, nachmittags gegen drei hieß es: »Wer etwas zu essen mit hat, darf essen.« Für 2000 Leute wurde ein einziger Kübel Wasser gebracht. Bis abends 6 Uhr standen wir so. Einige fielen um und wurden mit Wasser angeschüttet. Unter uns war der junge Mann, der von der Wiener Gestapo so zugerichtet worden war und von dem ich anfangs schon erzählt habe. Der ist umgefallen und war sofort tot. Ein bekannter Wiener Arzt, der auch mit uns gemeinsam verhaftet worden war, hatte Gelegenheit, ihn rasch zu untersuchen. Er stellte u. a. mehrere Rippenbrüche fest. Die SS-Leute luden den Leichnam auf einen Wagen und führten ihn fort. Einer von den zwei Irrsinnigen aus unserem Wagen lief frei auf dem Hof herum. Er ging auf den Ausgang zu und verstand offenbar gar nicht, warum die Wachen ihn anriefen. Er ist von einem Maschinengewehrturm aus erschossen worden.

Endlich führte man uns in den Duschraum. Wir wurden gewogen, gemessen und der üblichen flüchtigen »ärztlichen Untersuchung« unterzogen. Dann erhielten wir die Monturen. Juden und auch die sudetendeutschen Häftlinge, bekamen die sogenannten »Sommermonturen«, Hemd, dünnen Wollsweater, Drillichhose. Im übrigen hat jeder Gefangene sein Zeichen. Ich will sie hier aufzählen, weil man daran gleichzeitig die Zusammensetzung der Belegschaft erkennt:

Es gibt auf die Spitze gestellte Dreiecke in verschiedenen Farben, und zwar bedeutet:

rot	politischer Häftling
violett	Bibelforscher
blau	Rückwanderer

weiß mit schwarzem Rand	Rassenschänder
rosa	Homosexueller
schwarz	von der Gemeinde als arbeitsscheu Eingelieferter
braun	Asozialer
grün	Krimineller

Die Juden tragen ein rotes Dreieck auf der Spitze, darunter ein gelbes auf der Basis. Über dem Dreieck ein Streifen in gleicher Farbe bedeutet: rückfällig; ein roter Punkt in weißem Feld: fluchtverdächtig, ein roter Punkt auf weißem Feld: Strafkompagnie.

Anmerkung: Im Juli 1939 wiesen die DEUTSCHLAND-BERICHTE auch auf das tragische Schicksal jüdischer Flüchtlingsschiffe wie zum Beispiel die St. Louis hin.

Flüchtlingsschiffe:
In eine andere Art »Niemandsland« geraten die jüdischen Flüchtlinge, und zwar abermals zu vielen Tausenden, auf hoher See. Aus allen Häfen gejagt, außerstande, ihre verzweifelnde menschliche Fracht wo immer in der Welt an Land zu setzen, kreuzen die »Geisterschiffe« auf den Meeren. Lebensmittel, Trinkwasser und Kohle werden knapp, die Passagiere werden von ansteckenden Krankheiten befallen, die Selbstmorde mehren sich. Hilferufe werden nach allen Seiten gefunkt, aber nur selten wird Hilfe gewährt.

Mit dem Einmarsch deutscher Truppen in Frankreich verstummten die zu dieser Zeit in Paris herausgegebenen DEUTSCHLAND-BERICHTE der SPD. Für die Juden begann jetzt das dunkelste Kapitel ihrer Geschichte. Verschleppung, Ausbeutung als Häftlinge in den Konzentrationslagern und schließlich Vernichtung.

Bemerkenswerterweise hatte der NEUE VORWÄRTS, die zu dieser Zeit in Paris erscheinende Exilzeitung der SPD, schon beizeiten auf eine drohende Massenvernichtung der Juden hingewiesen:

Aus einem Artikel der Zeitung NEUER VORWÄRTS vom 20.11.1938:

Was sich in Deutschland vollzieht, ist eine Menschheitsschmach. Es ist eines jener großen Massenverbrechen, an die nachfolgende Generationen sich nicht mehr erinnern wollen, weil ihnen sonst Weltgeschichte als eine Kette sinnloser Greuel erscheinen könnte. Es leben in Deutschland noch 600.000 Juden. Diese Kollektivität ist vom Tode gezeichnet. Die Männer des Systems haben die Vernichtung der noch in Deutschland lebenden Juden beschlossen. Man kann nicht mitten im 20. Jahrhundert, im Herzen von Europa, 600.000 Menschen vernichten? Man kann es doch! Es gehört zur Geheimwissenschaft des Dritten Reiches, daß andere Völker sterben können, daß man sie also vernichten kann, wenn man sich über alle geistigen und ethischen Konventionen hinwegsetzt, die dem im Wege stehen. Es gehört ferner zu dieser Geheimwissenschaft, daß solche Verbrechen ungehemmt und ungestraft begangen werden können, wenn die wenigen, die sie planen, nur dafür Sorge tragen, daß furchtbare Tatbestände geschaffen werden, die die Masse der besseren Menschen einschüchtern.

Hitler-Gegner,
die einst NS-Aktivisten waren

ERICH LUDENDORFF
unternahm 1923 mit Hitler den Marsch auf die Feldherrnhalle, wurde 1924/25 Mitglied der Reichsführerschaft der NS-Freiheitsbewegung und kandidierte 1925 für die NSDAP erfolglos für das Amt des Reichspräsidenten. Er befürwortete später eine von christlichen Einflüssen freie deutsche Religion, kämpfte gegen Juden, Freimaurer sowie Katholiken, die er als überstaatliche Mächte ansah, und bekämpfte zeitweilig sogar die NSDAP sowie Hitler, dem er eine mangelnde Abgrenzung zur katholischen Kirche attestierte. Er starb 1937.

ARTUR DINTER
NSDAP-Mitglied Nr. 5, gründete die »Deutsche Volkskirche«, geriet wegen seiner religiösen Aktivitäten in Konflikt mit Hitler. 1928 wurde er aus der Partei ausgeschlossen, dann folgte der Ausschluss aus der Reichsschrifttumskammer. Er starb 1948.

WALTER STENNES
SA-interner Oppositioneller 1930/31, lehnte die legal angestrebte Regierungsübernahme der NSDAP durch Teilnahme an Wahlen ab, wollte stattdessen einen gewaltsamen Machtwechsel herbeiführen. Nach seiner Absetzung wurde er Militärberater bei Chiang Kai-schek in China. 1949 Rückkehr nach Deutschland, wo er 1989 starb.

ERNST RÖHM
Stabschef der SA, verlangte gegen Hitlers Willen nach der Machtergreifung 1933 eine radikale zweite Revolution, um zum Beispiel bürgerliche Kräfte aus Politik und Wirtschaft zu vertreiben. Röhm wurde 1934 im Auftrag Hitlers erschossen.

GREGOR STRASSER
1921 NSDAP-Beitritt, wendete sich gegen die traditionellen rechten Gruppen in Deutschland. Er geriet in Konflikt mit Hitler, scheiterte beim Versuch, den linken NS-Flügel abzuspalten und trat 1932 von allen Parteiämtern zurück. 1934 wurde er erschossen.

OTTO STRASSER
seit 1925 NSDAP-Mitglied. Er forderte eine Sozialisierung der Industrie, hatte stark ausgeprägte prosowjetische und antiwestliche Züge, trat 1930 aus der Partei aus, verließ 1933 Deutschland und kämpfte gegen Hitler. Ab 1955 lebte Strasser wieder in Deutschland. Sein 1969 veröffentlichtes Buch nannte er MEIN KAMPF. Er starb 1974.

Falscher Feind

HEINRICH HIMMLER gab laut JOHST folgende Geschichte zum besten:
Es ist 1926 oder 1927 (es war 1927 zur Landtagswahl, d. Verf.) gewesen, als ich vom Führer zum Wahlleiter für einen Wahlkampf in Mecklenburg bestimmt wurde. Ortsgruppen oder Stützpunkte gab es damals in den meisten Orten überhaupt nicht. Oft genug klebte ich unsere Plakate selbst, hockte an der Kasse und setzte den Redner als ersten in den Saal, damit ich den mehr als mißtrauischen Mecklenburgern reinen Herzens erklären konnte: Es sind schon Leute drinnen! Eines guten Abends nun hatten wir ganze 10 bis 12 Personen zusammengetrommelt, die keineswegs genügten, um den großen Saal von seiner gähnenden Leere zu erlösen. Wir beschlossen also, die Versammlung in das Gastzimmer zu verlegen. Leider hatten wir insofern die Rechnung ohne den Wirt

gemacht, als in dieser Stube ein total besoffener Viehhändler das Feld beherrschte. Er bediente ununterbrochen das Grammophon und ließ dauernd das sogenannte Erhardt-Lied spielen. Ich bot der Wirtin an, diesen Burschen persönlich an die Luft zu setzen in meiner Eignung als Kassier, Versammlungsleiter und Saalschutz. Sie verharrte aber auf ihrem Standpunkt, daß wir in diesem Raum nur Gäste wären wie jedermann, uns gehöre eben der Saal. Schließlich einigten wir uns auf ein Nebenzimmer.

Parteigenosse Dietrich aus Coburg begann seine Rede vom Stapel zu lassen. Nach kurzer Zeit wollte der Viehhändler eine Karte. Ich ließ ihn herein, nicht ohne ihm klarzumachen, daß er im hohen Bogen expediert würde, wenn er sich zu mausig mache.

Was hatte mein guter Rat schon geholfen. Nach der dritten Verwarnung wegen ständiger Zwischenrufe warf ihn der gute Dietrich mit nerviger Faust hinaus; die Versammlung nahm ihren Fortgang. Zur weiteren Betreuung unseres alkoholfreudigen Helden hatte ich einen Parteigenossen abkommandiert. Mit runden Augen vernahmen wir später die Kunde, daß die beiden gemeinsam weitergezecht hätten und daß der Besoffene sich nur darüber verwundert habe, daß ein derartiger Prachtkerl, wie sein neuer Kumpan, einer solchen Partei angehören könne.

»Hier sollten Sie Mitglied sein!« trumpfte er auf und zog sein rotes Parteibuch der NSDAP heraus.

Er hatte uns in seinem Rausch nicht als Parteigenossen erkannt und als treuer Nazi die Versammlung der vermeintlichen Gegner nach besten Kräften zu sprengen versucht.

Spanien und Spanier

ADOLF HITLER am 5.9.1942 in kleinem Kreis

Spanien ist an sich ein Land, das man lieben muß. Eine Nation mit kolossaler Grandezza im Frieden! Persönlich ungemein tapfer im Krieg! Ich habe noch nicht einen Deutschen gesehen, der über die Spanier anders geurteilt hätte. In Hannover war einer der ersten Ortsgruppenführer ein Mann, der aus Spanien gekommen ist; er hatte nur den einen Wunsch, wieder zurückzukehren nach Spanien! Noch keinen habe ich gesprochen, der nicht Respekt vor den Spaniern gehabt hätte!

Reichskanzler waren

im Jahr 1919	Phillip Scheidemann (SPD)	130 Tage
seit 1919	Gustav Bauer (SPD)	277 Tage
im Jahr 1920	Hermann Müller (SPD)	76 Tage
seit 1920	Konstantin Fehrenbach (Zentrum)	313 Tage
seit 1921	Joseph Wirth (Zentrum)	549 Tage
seit 1922	Wilhelm Cuno (parteilos)	263 Tage
im Jahr 1923	Gustav Stresemann (DVP)	99 Tage
seit 1923	Wilhelm Marx (Zentrum)	372 Tage
seit 1925	Hans Luther (parteilos)	334 Tage
seit 1926	Wilhelm Marx (Zentrum)	713 Tage
seit 1928	Hermann Müller (SPD)	637 Tage
seit 1930	Heinrich Brüning (Zentrum)	789 Tage
im Jahr 1932	Franz von Papen (Zentrum)	170 Tage
seit 1932	Kurt von Schleicher (parteilos)	55 Tage
seit 1933	Adolf Hitler (NSDAP)	4.474 Tage
im Jahr 1945	Joseph Goebbels (NSDAP)	1 Tag

Umfrage 1949

Nach dem Krieg gemachte Umfragen lassen vermuten, dass der Geist des Dritten Reiches in manchen Köpfen weiterlebte.

Auf die Frage des Hamburger Nachrichtenmagazins DER SPIEGEL nach dem »größten Politiker der Vergangenheit« nannten im Jahr 1949 die Leser folgende 10 Namen am häufigsten:

3937	Bismarck
773	Churchill
580	Stresemann
515	Hitler
172	Stalin
153	Talleyrand
149	Metternich
109	Richelieu
109	Roosevelt
103	Ghandi

Umfrage 1950

Im Jahr 1950 stellte das ALLENSBACHER INSTITUT die Frage: Welcher große Deutsche hat Ihrer Ansicht nach am meisten für Deutschland geleistet? Die Antworten:

1)	Otto von Bismarck	35%
2)	Adolf Hitler	10%
3)	Friedrich der Große	7%

Person of the Year

Das amerikanische Magazin TIME zeichnet regelmäßig Personen aus, die den größten Einfluss auf die Ereignisse eines Jahres haben. Für das Jahr 1938 wählte TIME Adolf Hitler aus. Listet man alle Deutschen auf, die jemals »Man oft the Year« bzw. »Person oft he Year« waren, so ergibt sich folgende Liste.

Adolf Hitler	1938
Konrad Adenauer	1953
Willy Brandt	1970
Angela Merkel	2015

Attentate auf Adolf Hitler

Die Liste ist umstritten, da sie auch behauptete und zweifelhafte Attentatsversuche aufführt.

1921–1932	4 Anschläge, darunter ein Giftanschlag im Hotel »Kaiserhof« 1932.
1933	10 Anschläge, darunter der eines unbekannten SA-Mannes am Obersalzberg und der Gruppe Karl Lutter in Königsberg.
1934	4 Anschläge, darunter der von Beppo Römer, Berlin, und Helmuth Mylius, Berlin.
1935	Dr. Paul Josef Stuermer, Berlin.
	Gruppe Marwitz, Berlin.
1936	Helmut Hirsch, Nürnberg.
1937	Josef Thomas, Berlin.
	Unbekannter SS-Mann im Berliner Sportpalast.

1938	Otto Strasser mit Emigrantengruppe (mehrere Versuche, auch schon 1937).
	Friedrich Wilhelm Heinz, Stoßtrupp Reichskanzlei.
	Alexander Foote, München.
	Maurice Bavaud, Obersalzberg und München (mehrere Versuche).
1938/39	Noel Mason-MacFarlane, Berlin.
1939	Georg Elser, München.
	Erich Kordt, Berlin.
1940	Erwin von Witzleben, Paris.
1941/43	Nikolaus von Halem, Beppo Römer, Berlin (mehrere Versuche).
1943	Hubert Lanz, Hans Speidel, Hyazinth Graf von Strachwitz, Walki (Rußland).
	Friedrich König und Freiherr von Boeselager, Smolensk.
	Henning von Tresckow, Fabian von Schlabrendorff.
	Unbekannter Pole, Wolfsschanze.
	Rudolph Christoph Freiherr von Gersdorff, Berlin.
	Axel Freiherr von dem Bussche-Streithorst, Wolfsschanze.
1944	Ewald von Kleist, Wolfsschanze.
	Eberhard von Breitenbuch, Obersalzberg
	Claus Schenk Graf von Stauffenberg, Wolfsschanze und Berlin (mehrere Versuche).
1945	Albert Speer, Berlin.

Mitgliederhöchststand

Einige deutsche Parteien des 20. Jahrhunderts und ihre Mitgliederhöchststände:

Jahr	Partei	Mitglieder
1933	KPD	360.000
1945	NSDAP	8.500.000
1976	SPD	1.000.000
1989	SED	2.400.000
1991	CDU	750.000

NSDAP

Die Wahlergebnisse in der Weimarer Republik zeigen: Die NSDAP fing als unscheinbare Splitterpartei an und wurde innerhalb weniger Jahre zu einer Volkspartei; allerdings erreichte sie bis zur Machtübernahme nie die absolute Mehrheit.

NSDAP-Stimmen		in Prozent
1926	Landtagswahl in Sachsen	1,6
1927	Landtagswahl in Thüringen	3,5
	Landtagswahl in Mecklenburg-Schwerin	1,8
	Bürgerschaftswahl in Hamburg	1,5
	Landtagswahl in Braunschweig	3,7
1928	Bürgerschaftswahl in Hamburg	2,2
	Reichstagswahl	2,6
	Landtagswahl in Preußen	1,8
	Landtagswahl in Bayern	6,1
	Landtagswahl in Württemberg	1,8

	Landtagswahl in Oldenburg	7,5
	Landtagswahl in Anhalt	2,1
1929	Landtagswahl in Lippe	3,3
	Landtagswahl in Sachsen	5,0
	Landtagswahl in Mecklenburg-Schwerin	4,0
	Landtagswahl in Baden	7,0
	Bürgerschaftswahl in Lübeck	8,1
	Landtagswahl in Thüringen	11,3
1930	Landtagswahl in Sachsen	14,4
	Reichstagswahl	18,3
	Landtagswahl in Braunschweig	22,2
	Bürgerschaftswahl in Bremen	25,4
1931	Landtagswahl in Schaumburg-Lippe	27,0
	Landtagswahl in Oldenburg	37,2
	Bürgerschaftswahl in Hamburg	25,9
	Landtagswahl in Hessen	37,0
1932	Landtagswahl in Mecklenburg-Strelitz	23,9
	Landtagswahl in Preußen	36,3
	Landtagswahl in Bayern	32,5
	Landtagswahl in Württemberg	26,4
	Landtagswahl in Anhalt	40,9
	Bürgerschaftswahl in Hamburg	31,2
	Landtagswahl in Oldenburg	48,4
	Landtagswahl in Mecklenburg-Schwerin	49,0
	Landtagswahl in Hessen	44,0
	Reichstagswahl	37,3
	Landtagswahl in Thüringen	42,5
	Reichstagswahl	33,1
	Bürgerschaftswahl in Lübeck	33,0
1933	Landtagswahl in Schaumburg-Lippe	39,6
	Reichstagswahl	43,9
	Landtagswahl in Preußen	43,2

Erfassung der NSDAP-Mitglieder

Im Jahr 1927 stellte jemand, der es wissen musste, fest, dass alle Parteimitglieder erfasst waren. HITLERS PRIVATSEKRE-TÄR Rudolf Heß schrieb:

Unsere Zentralkartothek ist mustergültig. Man kann täglich mit einem Griff den jeweiligen Mitgliedsstand der Gesamtor-ganisation und jeder Unter-Organisation feststellen. Neben ei-ner Namenskartothek, in der sämtliche Mitglieder ohne Rück-sicht auf den Wohnort namentlich eingeordnet sind und aus der man sofort feststellen kann, ob irgendeine Person Mitglied ist oder nicht, läuft eine zweite Kartothek, in welcher die Mit-glieder nach Ortsgruppen und Gauen geordnet sind. Als dritte Kartothek ist eine Berufskartothek in Aussicht genommen, die einmal bei Neuaufbau des Staates von großer Bedeutung sein wird. Die Arbeit, die in der Kartothek steckt, vor allem, da stän-dig Zu- und Abgänge stattfinden, ist natürlich eine gewaltige. Aber sie lohnt. – Da die Ortsgruppenführer für jedes ihrer Mit-glieder einen bestimmten Betrag an die Zentrale abzuliefern haben, ist es begreiflicherweise ausgeschlossen, daß zu viel Mitglieder gemeldet werden.

Laut dem nationalsozialistischen SCHULUNGSBRIEF ver-zeichneten vor dem Jahr 1933 Danzig, Schwaben und Unter-franken die wenigsten NSDAP-Mitglieder. Die meisten NSDAP-Mitglieder gab es vor 1933 in:

Sachsen	10,3 %
Schlesien	7,4 %
Berlin	6,5 %
Brandenburg	6,4 %
Schleswig-Holstein	6,1 %

Mitgliedsnummern

Nach dem Hitlerputsch vom 8./9. November 1923 verboten, gründete sich die NSDAP am 27. Februar 1925 erneut. Mitgliedsnummern gab man jetzt fortlaufend aus:

März	1925	1
Juli	1925	10.000
September	1925	20.000
Januar	1926	30.000
Juni	1926	40.000
Dezember	1926	50.000
April	1927	60.000
November	1927	70.000
April	1928	80.000
Juni	1928	90.000
Oktober	1928	100.000
September	1929	150.000
Februar	1930	200.000
Juni	1930	250.000
September	1930	300.000
November	1930	350.000
Januar	1931	400.000
Februar	1931	450.000
April	1931	500.000
Juni	1931	550.000
August	1931	600.000
Oktober	1931	650.000
November	1931	700.000
Dezember	1931	800.000
Januar	1932	850.000
Februar	1932	900.000
März	1932	950.000
April	1932	1.000.000
Januar	1933	1.435.530
März	1933	1.500.000
Mai	1933	3.262.698

Mitgliedern, die eine Nummer zwischen 1 und 100.000 führten und ihre Mitgliedschaft nie unterbrochen hatten, wurde auf eigenen Antrag das Goldene Parteiabzeichen verliehen. Laut Parteistatistik gab es am 1.5.1935 genau 22.282 Träger dieser Auszeichnung.

Da nach Austritten, Tod usw. freiwerdende Nummern nicht neu besetzt wurden, zeigen die Mitgliedsnummern nicht die Zahl der Mitglieder an. Die Fluktuation war relativ stark, sie betrug regional bis zu 15 Prozent, sodass die tatsächliche Mitgliederzahl niedriger zu veranschlagen ist. Rasant stieg die Zahl der Mitglieder in den ersten Monaten nach der Machtergreifung 1933. Die Parteileitung verhängte anschließend eine jahrelange Aufnahmesperre.

Im Jahr 1939 zählte die NSDAP etwa 5.300.000, im Jahr 1942 etwa 7.100.000 und im Jahr 1945 fast 8.500.000 Mitglieder.

Parteimitglieder

Anteil der NSDAP-Mitglieder nach Berufsgruppen (Stand 30.4.1937). In der Nationalsozialistischen Arbeiterpartei waren:

29,4 %	Lehrer
18,7 %	Beamte (ohne Lehrer)
14,9 %	Selbständige
12,0 %	Bauern
12,0 %	Angestellte
5,1 %	Arbeiter
7,3 %	Erwerbstätige insgesamt
3,8 %	Bevölkerung insgesamt

Obwohl die Partei das Wort »Arbeiterpartei« im Namen führte, war der hohe Anteil der Lehrer in der Nationalsozialistischen Deutschen Arbeiterpartei kein Widerspruch, denn der
Begriff »Arbeiter« entsprach nicht etwa der traditionellen Definition. Für die Nationalsozialisten waren fast alle Deutschen
entweder »Arbeiter der Stirn« oder »Arbeiter der Faust«.

Reichsparteitage

Die NSDAP veranstaltete in ihrer Geschichte insgesamt zehn
Parteitage. Sie fanden seit 1927 stets in Nürnberg und ab
1933 alljährlich im September statt. Ab 1933 standen die Parteitage unter verschiedenen Leitsprüchen. Das Motto lautete:

1933	Reichsparteitag des Sieges
1934	Reichsparteitag der Einheit und Stärke/ Triumph des Willens
1935	Reichsparteitag der Freiheit
1936	Reichsparteitag der Ehre
1937	Reichsparteitag der Arbeit
1938	Reichsparteitag Großdeutschlands
1939	Reichsparteitag des Friedens (ausgefallen)

Reichsparteitage aus der Sicht eines Finnen

Auf Einladung der Reichsschrifttumskammer besuchte der
finnische Schriftsteller OLAVI PAAVOLAINEN im Jahr 1936
den Reichsparteitag in Nürnberg. Noch am Ende desselben
Jahres erschien in Finnland sein Buch KOLMANNEN VAL-

Der für das Jahr 1939 angekündigte »Reichsparteitag des Friedens« fiel kriegsbedingt aus.

TAKUNNAN VIERAANA. In seinem Werk gibt der »zu Gast im Dritten Reich« geladene Finne persönliche Eindrücke von der nationalsozialistischen Kultveranstaltung wieder. – In Nürnberg marschierten Hundertausende Uniformierte aus unterschiedlichen Organisationen auf. Ausführlich schildert PAAVOLAINEN das Auftreten der Männer vom Reichsarbeitsdienst:

Der Morgen ist kühl, was die 80.000 Zuschauer schon empfindlich gespürt haben, ehe die flachen, schwarzen Kabrioletts des Führers und seiner Gefolgsleute von Begeisterungsrufen begleitet vor die Ehrentribüne fahren. Der Vorbeimarsch von 45.000 Männern in dunkelbraunem Loden und deren Aufstellung kann beginnen. Das dauert zwei Stunden ... Junge Männer aus allen Bevölkerungsschichten ... Spiegelblank geputzte Spaten anstelle eines Gewehrs geschultert und singend wie nur die Deutschen es können! ... Hinter mir sagt jemand leise: Und das soll man nun beschreiben! ... Einzelne Männer kann man auf dem Feld nicht mehr unterscheiden, alle sind zu einer dunkelbraunen Masse in Reihen verschmolzen (zweimal die ganze finnische Armee, denkt der Betrachter verblüfft) ...

45.000 blank geschliffene Spaten blinken auf einmal im Morgenlicht auf den Schultern; 45.000 Spatenschneiden blitzen auf einmal auf die Erde; 45.000 linke Hände schlagen auf einmal auf die rechte Hand zum Griff der Spaten ... Dieses originelle »militärische« Spielchen wird in märchenhafter Exaktheit durchgeführt. Jubel und Begeisterung der Zuschauer findet kein Ende, als sie das bekannte Klatschen der Hände hören! Aber noch immer ist die gegenüber vom Podest des Führers an der Seite des Feldes liegende Fläche leer, die sich um den dort errichteten Arbeitsdienst-Altar mit dem goldenen Kennzeichen bildet, zwei Ähren mit einem Spaten gekrönt.

Die durch das Warten erzielte effektive Wirkung ist ganz enorm. Das Publikum, von dem Gesehenen bereits völlig faszi-

niert, ist auf Reden vorbereitet; es schreckt auf, als auf dem weit hinter dem Feld gelegenen Wäldchen plötzlich der Gesang einer Mannestruppe hörbar wird, dumpf rhythmisch, drohend und doch zugleich hell. Von der Ehrentribüne ist es bis zum Wald ein halber Kilometer, und trotzdem hört man schon jetzt den bebenden, symptomatischen Refrain: Wir sind die neue Zeit! – Auf dem Hauptweg nähert sich zwischen Staubwolken eine marschierende Front halbnackter Männer. Da kommen die Arbeitsdienstschulen »im Aufzug wie sie arbeiten«. Singend marschieren die Männer den Mittelgang entlang zur Tribüne des Führers und nehmen in ihrer fremd wirkenden gebräunten Nacktheit als dekorative Truppe um den Altar herum gespreizte Ehrenposition ein. Hinter ihnen schwankt ein roter Fahnenwald … Aus Nebenportalen strömen große Hakenkreuzfahnen auf das Feld, deren Träger vor der Front anhalten und mit ihren wehenden Fahnen einen Gruß inszenieren.

Das Wetter war sehr kühl, und diese Jungen vom Arbeitsdienst waren wirklich Helden, wie sie mit nacktem Oberkörper in tadelloser Haltung zwei Stunden lang die Kälte ertrugen. Hätte es sich um irgendeine militärische Aufführung von Soldaten gehandelt, wäre wohl kein einziger pflichtbewusster Kommandeur so brutal gewesen, eine solche Spielerei mit der Gesundheit der Männer auf sein Gewissen zu nehmen! In dieser so vollständigen Missachtung der Vorsicht wegen dekorativer Propaganda lag etwas Dekadentes und »Künstlerisches«! …

Das Fest war eigentlich eher bestürzend als stimmungsvoll. Und trotzdem:

Wenn Hitler in diesem Moment gestorben wäre, er wäre schon am nächsten Tag tatsächlicher Gott gewesen.

Die Schlussklimax ist so gewaltig, dass die als letzte Nummer geplante Rede von Heß schon allein wegen der herrschenden unglaublichen Stimmung wegfällt. Die Orgel verkündet den Beginn: Kampf gegen Tod und Teufel. Hitler selbst ist völlig in Ekstase versunken, während des Horst-Wessel-Liedes steht er mit gekreuzten Armen da, den Blick gegen die himmlische blaue Hallendecke gerichtet …

Die NSDAP und deren Organisationen

Mitgliederstand am 1.9.1939
Nationalsozialistische Deutsche Arbeiterpartei
   (NSDAP)   5.310.000

Gliederungen

Sturmabteilung (SA)	1.329.448
Schutzstaffel (SS)	235.526
Nationalsozialistisches Kraftfahr-Korps (NSKK)	350.000
Hitler-Jugend (HJ) u.	
Bund Deutscher Mädel (BDM)	8.700.000
NS-Frauenschaft	1.400.000
NS-Deutscher Studentenbund	27.700
NS-Deutscher Dozentenbund	15.000

Angeschlossene Verbände

Deutsche Arbeitsfront (DAF)	22.127.793
NS-Deutscher Ärztebund	30.000
NS-Rechtswahrerbund	104.171
NS-Lehrerbund	300.000
NS-Volkswohlfahrt (NSV)	14.187.834
NS-Kriegsopferversorgung	1.600.000
Reichsbund der Deutschen Beamten	1.700.000
NS-Bund Deutscher Technik	140.000

Betreute Verbände

Deutsches Frauenwerk	4.000.000
NS-Reichsbund für Leibesübungen	3.613.000
NS-Flieger-Korps	230.000
NS-Altherrenbund	75.000
NS-Reichskolonialbund	1.200.000
NS-Reichskriegerbund	2.307.250
NS-Reichsbund ehem. Berufssoldaten	130.000

Das Parteiprogramm

Das 1920 verabschiedete und für »unabänderlich« erklärte Parteiprogramm spielte in der praktischen Politik der Nationalsozialisten keine große Rolle. Alle orientierten sich eher an Hitlers direkten Anweisungen und Anordnungen. Für diese war das Programm natürlich die Grundlage, und schon dreizehn Jahre, bevor die Nationalsozialisten an die Macht kamen, wurde zum Beispiel in Punkt 4 offen gefordert, Juden aus dem Kreis deutscher Staatsangehöriger auszuschließen.

Die NSDAP hatte zu München eine besondere Beziehung. Hier hatte Hitler am 24. Februar 1920 im Hofbräuhaus das Programm der Partei verkündet:

Das Programm der Deutschen Arbeiterpartei ist ein Zeit-Programm. Die Führer lehnen es ab, nach Erreichung der im Programm aufgestellten Ziele neue aufzustellen, nur zu dem Zweck, um durch künstlich gesteigerte Unzufriedenheit der Massen das Fortbestehen der Partei zu ermöglichen.

1. Wir fordern den Zusammenschluß aller Deutschen auf Grund des Selbstbestimmungsrechtes der Völker zu einem Groß-Deutschland.

2. Wir fordern die Gleichberechtigung des deutschen Volkes gegenüber den anderen Nationen, Aufhebung der Friedensverträge von Versailles und St. Germain.

3. Wir fordern Land und Boden (Kolonien) zur Ernährung unseres Volkes und Ansiedlung unseres Bevölkerungsüberschusses.

4. Staatsbürger kann nur sein, wer Volksgenosse ist. Volksgenosse kann nur sein, wer deutschen Blutes ist, ohne Rücksichtnahme auf Konfession. Kein Jude kann daher Volksgenosse sein.

5. Wer nicht Staatsbürger ist, soll nur als Gast in Deutschland leben können und muß unter Fremdengesetzgebung stehen.

6. Das Recht, über Führung und Gesetze des Staates zu bestimmen, darf nur dem Staatsbürger zustehen. Daher fordern wir, daß jedes öffentliche Amt, gleichgültig welcher Art, gleich ob im Reich, Land oder Gemeinde, nur durch Staatsbürger bekleidet werden darf. Wir bekämpfen die korrumpierende Parlamentswirtschaft einer Stellenbesetzung nur nach Parteigesichtspunkten ohne Rücksichten auf Charakter und Fähigkeiten.

7. Wir fordern, daß sich der Staat verpflichtet, in erster Linie für die Erwerbs- und Lebensmöglichkeit der Staatsbürger zu sorgen. Wenn es nicht möglich ist, die Gesamtbevölkerung des Staates zu ernähren, so sind die Angehörigen fremder Nationen (Nicht-Staatsbürger) aus dem Reiche auszuweisen.

8. Jede weitere Einwanderung Nicht-Deutscher ist zu verhindern. Wir fordern, daß alle Nicht-Deutschen, die seit 2. August 1914 in Deutschland eingewandert sind, sofort zum Verlassen des Reiches gezwungen werden.

9. Alle Staatsbürger müssen gleiche Rechte und Pflichten besitzen.

10. Erste Pflicht jedes Staatsbürgers muß sein, geistig oder körperlich zu schaffen. Die Tätigkeit des Einzelnen darf

nicht gegen die Interessen der Allgemeinheit verstoßen, sondern muß im Rahmen des Gesamten und zum Nutzen aller erfolgen.

Daher fordern wir:

11. Abschaffung des arbeits- und mühelosen Einkommens. Brechung der Zinsknechtschaft.
12. Im Hinblick auf die ungeheuren Opfer an Gut und Blut, die jeder Krieg vom Volke fordert, muß die persönliche Bereicherung durch den Krieg als Verbrechen am Volke bezeichnet werden. Wir fordern daher restlose Einziehung aller Kriegsgewinne.
13. Wir fordern die Verstaatlichung aller (bisher) bereits vergesellschafteten (Trusts) Betriebe.
14. Wir fordern Gewinnbeteiligung an Großbetrieben.
15. Wir fordern einen großzügigen Ausbau der Alters-Versorgung.
16. Wir fordern die Schaffung eines gesunden Mittelstandes und seine Erhaltung, sofortige Kommunalisierung der Groß-Warenhäuser und ihre Vermietung zu billigen Preisen an kleine Gewerbetreibende, schärfste Berücksichtigung aller kleinen Gewerbetreibenden bei Lieferung an den Staat, die Länder oder Gemeinden.
17. Wir fordern eine unseren nationalen Bedürfnissen angepaßte Bodenreform, Schaffung eines Gesetzes zur unentgeltlichen Enteignung von Boden für gemeinnützige Zwecke. Abschaffung des Bodenzinses und Verhinderung jeder Bodenspekulation.
18. Wir fordern den rücksichtslosen Kampf gegen diejenigen, die durch ihre Tätigkeit das Gemeininteresse schädigen. Gemeine Volksverbrecher, Wucherer, Schieber usw. sind mit dem Tode zu bestrafen, ohne Rücksichtnahme auf Konfession und Rasse.

19. Wir fordern Ersatz für das der materialistischen Weltordnung dienende römische Recht durch ein deutsches Gemeinrecht.

20. Um jedem fähigen und fleißigen Deutschen das Erreichen höherer Bildung und damit das Einrücken in führende Stellung zu ermöglichen, hat der Staat für einen gründlichen Ausbau unseres gesamten Volksbildungswesens Sorge zu tragen. Die Lehrpläne aller Bildungsanstalten sind den Erfordernissen des praktischen Lebens anzupassen. Das Erfassen des Staatsgedankens muß bereits mit dem Beginn des Verständnisses durch die Schule (Staatsbürgerkunde) erzielt werden; Wir fordern die Ausbildung besonders veranlagter Kinder armer Eltern ohne Rücksicht auf deren Stand oder Beruf auf Staatskosten.

21. Der Staat hat für die Hebung der Volksgesundheit zu sorgen durch das Programm der Schutz der Mutter und des Kindes, durch Verbot der Jugendarbeit, durch Herbeiführung der körperlichen Ertüchtigung mittels gesetzlicher Festlegung einer Turn- und Sportpflicht, durch größte Unterstützung aller sich mit körperlicher Jugend-Ausbildung beschäftigenden Vereine.

22. Wir fordern die Abschaffung der Söldnertruppe und die Bildung eines Volksheeres.

23. Wir fordern den gesetzlichen Kampf gegen die bewußte politische Lüge und ihre Verbreitung durch die Presse. Um die Schaffung einer deutschen Presse zu ermöglichen, fordern wir, daß:

a) sämtliche Schriftleiter und Mitarbeiter von Zeitungen, die in deutscher Sprache erscheinen, Volksgenossen sein müssen,

b) nichtdeutsche Zeitungen zu ihrem Erscheinen der ausdrücklichen Genehmigung des Staates bedürfen. Sie dürfen nicht in deutscher Sprache gedruckt werden,

c) jede finanzielle Beteiligung an deutschen Zeitungen oder deren Beeinflussung durch Nicht-Deutsche gesetzlich verboten wird, und fordern als Strafe für Übertretungen die Schließung eines solchen Zeitungsbetriebes sowie die sofortige Ausweisung der daran beteiligten Nicht-Deutschen aus dem Reich.

Zeitungen, die gegen das Gemeinwohl verstoßen, sind zu verbieten. Wir fordern den gesetzlichen Kampf gegen eine Kunst- und Literatur-Richtung, die einen zersetzenden Einfluß auf unser Volksleben ausübt, und die Schließung von Veranstaltungen, die gegen vorstehende Forderungen verstoßen.

24. Wir fordern die Freiheit aller religiösen Bekenntnisse im Staat, soweit sie nicht dessen Bestand gefährden oder gegen das Sittlichkeits- und Moralgefühl der germanischen Rasse verstoßen.

Die Partei als solche vertritt den Standpunkt eines positiven Christentums, ohne sich konfessionell an ein bestimmtes Bekenntnis zu binden. Sie bekämpft den jüdisch-materialistischen Geist in und außer uns und ist überzeugt, daß eine dauernde Genesung unseres Volkes nur erfolgen kann von innen heraus auf der Grundlage: Gemeinnutz vor Eigennutz.

25. Zur Durchführung alles dessen fordern wir: Die Schaffung einer starken Zentralgewalt des Reiches. Unbedingte Autorität des politischen Zentralparlaments über das gesamte Reich und seine Organisationen im allgemeinen. Die Bildung von Stände- und Berufskammern zur Durchführung der vom Reich erlassenen Rahmengesetze in den einzelnen Bundesstaaten.

Die Führer der Partei versprechen, wenn nötig unter Einsatz des eigenen Lebens für die Durchführung der vorstehenden Punkte rücksichtslos einzutreten.

24. Februar 1920

Zu diesem Programm hat Adolf Hitler am 13. April 1928 folgende Erklärung verlautbart:

Erklärung.

Gegenüber den verlogenen Auslegungen des Punktes 17 des Programms der NSDAP von seiten unserer Gegner ist folgende Feststellung notwendig:

Da die NSDAP auf dem Boden des Privateigentums steht, ergibt sich von selbst, daß der Passus »Unentgeltliche Enteignung« nur auf die Schaffung gesetzlicher Möglichkeiten Bezug hat, Boden, der auf unrechtmäßige Weise erworben wurde oder nicht nach den Gesichtspunkten des Volkswohls verwaltet wird, wenn nötig, zu enteignen. Dies richtet sich demgemäß in erster Linie gegen die jüdischen Grundspekulationsgesellschaften.

München, 13. April 1928   gez. Adolf Hitler

Guttentag oder »Heil-Hitler«

Nach dem Jahr 1933 wurde »Heil Hitler« zum offiziellen Gruß aller Deutschen erklärt. Er war von höchster Stelle lanciert worden und sollte Wendungen wie »Grüß Gott«, »Guten Abend« oder »Guten Tag« ablösen. So kam es, dass sogar ein ganzer Ort unter der Hand umbenannt wurde: Das im Oberschlesischen gelegene Guttentag erhielt vom Volksmund ironisch den neuen Namen »Heil-Hitler«.

Ein Jahr Hitler

DAILY TELEGRAPH vom 1.2.1934

Heute muß anerkannt werden, daß in Deutschland ein starker und entschlossener Reiter fest im Sattel sitzt, ein Mann, der sich seines Weges so sicher ist, als ob er ihn früher schon einmal zurückgelegt hat. Überdies, soweit Worte überhaupt Gewißheit geben können, ist der Weg, den sich der Meister Deutschlands vorgezeichnet hat, ein Weg des guten Willens gegenüber seinen Nachbarn; sofern sie Deutschland die Zugeständnisse machen, die es verlangt. Auch sind Hitlers Worte nicht ohne bedeutende politische Taten geblieben. Der kürzlich mit Polen abgeschlossene Pakt wäre noch vor sechs Monaten für unmöglich gehalten worden …

Beleidigung des Führers als Scheidungsgrund

FRANKFURTER ZEITUNG vom 10.5.1935

Wir berichteten bereits über eine Entscheidung des Reichsgerichts (IV 230/34), wonach eine schwere Beleidigung des Führers und Reichskanzlers durch einen Ehegatten für den anderen Ehegatten grundsätzlich einen Scheidungsgrund bilden kann, wenn sie sich nämlich so ehezerrüttend auswirkt, daß dem anderen Ehegatten die Fortsetzung der Ehe nicht mehr zuzumuten ist. In dem betreffenden Ehescheidungsprozeß wurden von dem auf Scheidung klagenden Ehemann mehrere Scheidungsgründe geltend gemacht, darunter auch eine angeblich beleidigende Äußerung der beklagten Ehefrau über den Führer und Reichskanzler. Für den Fall, daß sich die übrigen ehelichen Verfehlungen der Frau nicht als stichhaltig erweisen, verlangt das Reichsgericht eine eingehende Nachprüfung der im Prozeß bisher offengelassenen Frage, ob die Ehefrau den Führer und Reichskanzler tatsächlich beleidigt hat. In rechtsgrundsätzlicher Beziehung fährt das Reichsgericht an dieser entscheidenden Stelle des Urteils fort: »Es ist durchaus möglich, daß in dieser nichtverjährten und nichtverziehenen Beleidigung des Führers je nach den Umständen eine schwere Eheverfehlung der Frau gefunden werden könnte, wenn die Beleidigung des Führers die Gefühle des Ehemannes aufs schwerste verletzen mußte und verletzt hat.«

Schrammelmusik

7.9.1936 MARTIN BORMANN an Joseph Goebbels

Als ich vergangenen Sonnabend gegen 19.20 Uhr das Radio anstellte, hörte ich zuerst Schrammelmusik und dann zu meinem allergrößten Erstaunen die Stimme des Ansagers mit etwa folgenden Worten: »Und nun Herr Anton Drexler, möchten wir von Ihnen als dem Gründer der NSDAP noch etwas anderes hören als Schrammelmusik! Würden Sie uns wohl aus den Gründungstagen der Bewegung etwas erzählen?« Daraufhin stotterte Herr Drexler einiges zusammen und die Sendung wurde vom Ansager einige Zeit später mit den Worten geschlossen: »Sie hörten Schrammelmusik von dem Gründer der NSDAP, Anton Drexler.«

Kommentar zu dem Verhalten des Pg. Drexler erübrigt sich; der Führer wünscht aber, daß ein nochmaliges Auftreten des Drexler im Rundfunk keinesfalls erlaubt wird.

Meinungen über Schminke

JOSEPH GOEBBELS Tagebucheinträge am 8. und 9. Juni 1936
Der Führer geht herrlich aus sich heraus. Entwickelt wunderbare Ideen und Zukunftspläne. Edda Mussolini sehr von ihm begeistert. Sie ist ganz der Papa, spielt ihn wohl auch etwas. Aber sonst sehr sympathisch. Nur schrecklich angemalt. Wie fast alle Italienerinnen ...

Ich unterhalte mich lange mit Edda Mussolini. Sie ist eingenommen von Deutschland. Verehrt schwärmerisch ihren großen Vater. Mit Recht! Aber den Italienern ist nicht zu trauen ...

Edda Mussolini ist zu uns sehr nett. Wenn sie sich nur nicht so anmalen wollte. Aber doch nicht ganz unsympathisch ...

Noch lange mit dem Führer allein. Er mag angestrichene Frauen nicht. Rechnet es Magda hoch an, daß sie eine klare, einfache Frau geblieben ist. Deshalb hat auch Edda Mussolini ihn nicht beeindruckt. Das sind keine Frauen, die der Nation gesunde Kinder schenken ...

Die First Lady des Dritten Reiches

Im Dritten Reich gab es mehrere First Ladies. Solange Hitler nicht verheiratet war, teilten sich die Rolle der First Lady Görings Frau Emmy und Goebbels' Frau Magda. Als Adolf Hitler dann in der Nacht vom 28. auf den 29. April 1945 seine langjährige Freundin heiratete, war für ganz kurze Zeit Eva Hitler, geb. Braun, die First Lady des Dritten Reiches. Die First Lady nannte man damals noch ERSTE DAME.

EMMY GÖRING: Die als Emmy Sonnemann geborene bekannte deutsche Schauspielerin heiratete Hermann Göring und lebte mit ihm auf »Carinhall« in der Schorfheide. Sie starb 1973 in München.

MAGDA GOEBBELS: War schon mit dem 20 Jahre älteren Multimillionär Günther Quandt verheiratet gewesen. Nach ihrer Scheidung heiratete sie 1931 Joseph Goebbels und ging am 1. Mai 1945 im Alter von 43 Jahren zusammen mit ihrem Mann und den sechs gemeinsamen Kindern in den Tod.

EVA BRAUN: Die 17-jährige Eva lernte Hitler 1929 in München kennen. Sie war seine Geliebte sowie einen Tag lang seine Ehefrau und beging mit ihm am 30. April 1945 Selbstmord.

Der braune Abt

1.2.1937 BAYERISCHER MINISTERPRÄSIDENT SIEBERT an Führeradjutant Wiedemann

… erfahre ich nun, daß Abt Schachleiter eine neue Gehirnblutung erlitten hat und sein Zustand äußerst bedenklich ist. Es kann jede Stunde mit seinem Ableben gerechnet werden …

Abt Schachleiter hat mir seine Wünsche für den Fall seines Ablebens mündlich bekanntgegeben und unterm 8. Dezember schriftlich bestätigt. Er wünscht und bittet darum, auf dem Waldfriedhof in München in der Nähe Ernst Pöhners beigesetzt zu sein. Seine Aufbahrung möchte in der Allerheiligen-Hofkirche erfolgen. Dort soll an seinem Sarge das Requiem gehalten werden ohne Ansprache. Die Patres von Skt. Ottilien in München sollen bei den Funktionen während des Requiems die liturgischen Gesänge übernehmen, jedoch ohne Orgel.

Nach der Absolution ad tumbam sollen die kirchlichen Funktionen beendet sein und seine Überführung auf den Waldfriedhof erfolgen. Dort wünscht der Abt noch eine stille Einsegnung; er wünscht aber ausdrücklich, daß auch auf dem Waldfriedhof eine Ansprache oder eine Rede des Geistlichen nicht gehalten wird. Nach der Einsegnung geht der Geistliche vom Grabe weg; dann wünscht Abt Schachleiter, daß dem Führer sein Dank und seine Treue bis in den Tod bekundet werde.

Anmerkung: Ernst Pöhner (1875–1925): Ultranationalistischer, extrem antisemitischer, ehemaliger Polizeichef Münchens, der nach seiner Beteiligung am Hitlerputsch vom 8./9. November 1923 im anschließenden Prozess als Hauptangeklagter verurteilt wurde.

Nächtliche Beleuchtung

27.7.1938 FÜHRERADJUTANT WIEDEMANN an Gauleiter Sprenger (Frankfurt am Main)

Der Führer hat bei seiner letzten nächtlichen Fahrt am Rhein beanstandet, daß die verschiedenen Denkmäler und Ruinen (Niederwald-Denkmal, Pfalz bei Caub usw.) nicht angestrahlt werden. Ich darf Sie bitten, die notwendigen Maßnahmen zu veranlassen.

Frauensache

8.2.1939 MARTIN BORMANN an Robert Ley

Zu Ihrer Unterrichtung teile ich Ihnen mit, daß der Führer, soweit irgend möglich, die Bedienung durch Kellner in allen Gaststätten abgeschafft wissen will. Die Tätigkeit eines Kellners ist nach der Auffassung des Führers nicht die richtige Arbeit für einen Mann, sondern vielmehr die gegebene Arbeit für Frauen und Mädchen.

Rauchverbot

29.4.1939 Anordnung 30/39 REICHSSCHATZMEISTER
Der Führer hat angeordnet, daß das von mir für meine Dienststellen bereits erlassene Rauchverbot nunmehr erweitert wird.
Ich gebe daher bekannt, daß in sämtlichen Diensträumen der Nationalsozialistischen Deutschen Arbeiterpartei, ihrer Gliederungen und angeschlossenen Verbände das Rauchen untersagt ist.

Struwwelhitler

Nach Herausgabe des erfolgreichsten deutschen Kinderbuchs STRUWWELPETER (1844) erschienen schon bald Umdichtungen und Parodien. Auch in England. Bereits vor dem Ersten Weltkrieg verkörperte »Swollen-Headed William« – wie Wilhelm II. in der britischen Propagandaausgabe hieß – deutsche Machtgier und Angriffslust. In einer Geschichte ließ man den deutschen Kaiser als »Wilhelm-Guck-in-die-Luft« über eine britische Dogge stolpern. Zu seinen Erkennungszeichen gehörten Helm, Bierkrug, preußischer Adler und bluttriefende Hände. Doch die deutsche Kriegspropaganda antwortete. Sie erfand im Jahr 1915 den »Bombenpeter«. Im Jahr 1941 setzte sich das Ganze mit dem englischen STRUWWELHITLER fort. Heß ist »flying Rudolf«, Mussolini wird zum »Musso-Guck-in-die-Luft«, Paulinchen zu »Gretchen and the Gun«.

Hitler tritt mehrfach auf. Zum Beispiel als »Zappel-Adolf« oder in Anlehnung an den bösen Friedrich als »cruel Adolf«:

The story of cruel Adolf	Die Geschichte vom grausamen Adolf
Here is cruel Adolf, see!	Grausam steht der Adolf da,
A horrid wicked boy was he;	Schrecklich wie der Bube war;
He made a purge to serve his end,	Verfolgte seine Weltmachtziele
And shot up all his oldest friends.	Und mordete der Freunde viele.
He killed the little neutral birds	Er tötete neutrale Vögel,
And always broke his plighted words.	Und steter Wortbruch war ihm Regel
He crushed poor Pussy, tore each pact	Zermalmte Pussy, zerriß jeden Pakt
And screamed until his voice was cracked,	Und schrie, bis die Stimme ihm übergeschnappt.
And urged with blows poor Madame France	Frankreichs Mariann' wurde mächtig geschlagen
To help him on her neighbour dance.	Und dann ging's den Nachbarn an den Kragen.

Hitlers Geburtstag am 20. April

Schon lange vor der Machtergreifung feierten treue Anhänger stets Hitlers Geburtstag. Im Dritten Reich bekam der 20. April zwar niemals den Status eines gesetzlichen Feiertags, »Führers Geburtstag« wurde aber immer feierlich begangen. Auch lange nach Beendigung des Kriegs schien das Dritte Reich in so manchem Kopf weiterzuleben, zuweilen sogar in öffentlichen Räumen – was verboten war. Auf den Staatsmann, Adolf mit Vornamen, Sohn der österreichischen Heimat, glühender Sozialist und großdeutscher Patriot, lautete in bestimmten Kreisen in Österreich in den 1950er- und 1960er-Jahren die Geburtstagslaudatio am 20. April. Juristisch wähnte man sich aus dem Schneider, denn gemeint war »natürlich« – wer hätte gezweifelt? – der sozialdemokratische, österreichische Bundespräsident Adolf Schärf (SPÖ), der am 20. April 1890 das Licht der Welt erblickt hatte.

Hitlers Patenstadt

20.7.1938 MAGISTRAT LINZ an Reichsstatthalter Wien
    Anläßlich der Wiedervereinigung der Ostmark mit dem Deutschen Reiche am 13. März l. J. hat der Führer und Reichskanzler nach dem triumphalen Empfang, den ihm die Bevölkerung von Linz bereitet hat, in einem kleinen Kreis oberösterreichischer Kämpfer der NSDAP und in meiner Gegenwart erklärt, daß er die Patenschaft über die Stadt Linz übernehme, in der er einen Teil seiner Jugend als unbekannter Student verbracht hat.
    Mit dieser Erklärung hat der Führer eine noch engere, persönliche und einzigartige Verbindung mit der Stadt Linz hergestellt.
    Ich bitte, diese Erklärung des Führers rechtswirksam zur Kenntnis nehmen zu wollen und der Stadt Linz die ehrenvolle aber auch sie verpflichtende Sonderbezeichnung zu verleihen, die sie vor den übrigen Gemeinden besonders hervorhebt;
    »Linz, die Patenstadt des Führers«.

Wahlzettel

1.11.1938 HANS-HEINRICH LAMMERS an Staatssekretär Stuckart (Reichsinnenministerium)

Betrifft: Wahlzettel für die Ergänzungswahlen zum Großdeutschen Reichstag.

Die mir übersandten Entwürfe von Wahlzetteln habe ich dem Führer vorgelegt. Der Führer hat sich mit ihnen nicht einverstanden erklärt. Er wünscht auch für die Wahlen in den sudetendeutschen Gebieten Wahlzettel, die es einem Wähler ermöglichen, auch mit Nein zu stimmen, ohne daß das nach außen erkennbar wird, also Zettel, auf denen die positive oder negative Abgabe der Stimme durch Ankreuzen zum Ausdruck gebracht werden kann …

Tempo 80

30.12.1938 FÜHRERADJUTANT BRÜCKNER an Martin Bormann

Der Führer mußte in letzter Zeit öfters beanstanden, daß das Deutschlandlied allgemein seitens der Musikzüge zu rasch gespielt wird. Das Deutschlandlied ist ein Weihelied und soll das Tempo 80 keinesfalls überschreiten; während das Horst-Wessel-Lied als revolutionäres Kampflied lebhafter im Tempo gespielt werden muß.

Abschiedsbrief

25.11.1940 Obermedizinalrat DR. EDUARD BLOCH (z. Zt. Wien) an Hitler

Bevor ich die Landesgrenze überschreite, um mich nach New York einzuschiffen, wo mein einziges Kind in harter Arbeit den Lebensunterhalt für die Familie zu erwerben bestrebt ist, fühle ich mich verpflichtet, Euerer Excellenz innigsten Dank auszusprechen für den mir in den letzten zwei Jahren gütigst gewährten Schutz.

Wenn ich auch in materieller Armut von Linz scheide, so bin ich mir bewußt, in selbstloser exacter Weise stets meine Pflicht erfüllt zu haben.

Genehmigen Euere Excellenz den Ausdruck meiner steten Dankbarkeit und tiefsten Ergebenheit.

Anmerkung: Dr. Eduard Bloch war der jüdische Hausarzt von Hitlers Mutter.

Nobelpreis-Ersatz

Deutsche sollten auf Wunsch der Nationalsozialisten »für alle Zukunft« keinen Nobelpreis mehr annehmen. An dessen Stelle trat 1937 der Nationalpreis. Der Deutsche Nationalpreis für Kunst und Wissenschaft war die höchste Friedensauszeichnung und wurde nur auf den Reichsparteitagen 1937 und 1938 verliehen.

Preisträger:
LUDWIG TROOST, Architekt (1878–1934),
    nach dem Tod verliehen
ALFRED ROSENBERG, Politiker, Parteiideologe (1893–1946)

AUGUST BIER, Chirurg (1861–1949), zur Hälfte

FERDINAND SAUERBRUCH, Chirurg (1875–1951),
zur Hälfte

WILHELM FILCHNER, Forschungsreisender (1877–1957)

FRITZ TODT, INGENIEUR, Politiker (1891–1942)

FERDINAND PORSCHE, Autokonstrukteur (1875–1951)

ERNST HEINKEL, Flugzeugkonstrukteur (1888–1958),
zur Hälfte

WILLY MESSERSCHMITT, Flugzeugkonstrukteur
(1898–1978), zur Hälfte

Paradefrauen

Drei Jahre vor seinem Tod rühmte Hitler sich seiner Damenbekanntschaften. Er schwärmte: Vier Paradefrauen habe ich gehabt: Frau Troost, Frau Wagner, Frau Scholtz-Klink und Leni Riefenstahl. Alle erreichten ein stattliches Alter.

GERDY TROOST
wurde 1904 in Stuttgart unter dem Namen Gerhardine Andersen geboren, arbeitete in den Holzkunstwerkstätten ihres Vaters in Bremen, kam mit 20 Jahren nach München und heiratete den 26 Jahre älteren Prof. Paul Ludwig Troost. Durch ihren Mann lernte sie 1930 Hitler kennen und trat in die NSDAP ein. Nach dem Tod ihres Mannes (1934) leitete sie das Münchner Architekturatelier zusammen mit Prof. Leonard Gall weiter. In dieser Zeit bekam der Königliche Platz (Königsplatz) ein neues Gesicht, und es entstanden das Haus der Deutschen Kunst sowie mehrere Parteibauten. Gerdy Troost starb 2002 im Alter von 98 Jahren in Bad Reichenhall.

WINIFRED WAGNER

wurde 1897 unter ihrem Mädchennamen Williams im englischen Hastings geboren, kam als Vollwaise nach Berlin und heiratete mit 18 Jahren Richard Wagners Sohn Siegfried. Sie trat in die NSDAP ein und übernahm nach dem Tod ihres 28 Jahre älteren Mannes die Leitung der Bayreuther Festspiele. Winifred Wagner, Ehrenbürgerin der Stadt Bayreuth, starb 1980 im Alter von 83 Jahren ebendort.

GERTRUD SCHOLTZ-KLINK

wurde 1902 als Gertrud Treusch im badischen Adelsheim geboren, heiratete mit 19 Jahren den Schullehrer Eugen Klink und trat der NSDAP bei. Nach dem Tod ihres Mannes heiratete sie den Landarzt Günther Scholtz. Sie übernahm 1934 als Reichsfrauenführerin die oberste Leitung aller NS-Frauenorganisationen. Gertrud Scholtz-Klink starb 1999 im Alter von 97 Jahren in Bebenhausen, Tübingen.

LENI RIEFENSTAHL

wurde 1902 in Berlin geboren, arbeitete als Tänzerin, Schauspielerin, Regisseurin und Fotografin. Sie gründete im Jahr 1931 die Filmfirma »Riefenstahl-Produktion«, drehte 1934 über den Reichsparteitag der NSDAP den Film »Triumph des Willens« und 1936 einen Film über die Olympischen Spiele. Leni Riefenstahl starb 2003 im Alter von 101 Jahren in Pöcking.

Haribo macht Kinder froh

Die Firma Haribo gibt es seit dem Jahr 1920. Bis in das Jahr 1939 gedieh der Bonner Süßwarenhersteller prächtig und konnte seine Mitarbeiterzahl auf bis zu 400 Personen steigern. Dann änderten sich die Zeiten. Rohstoffe fingen an knapp zu werden. Aber Haribo stellte nicht nur Gummibären und andere Fruchtgummis her, sondern auch »Pharmazeutika« wie Pastillen und andere Lakritzwaren. Anders als in Finnland, wo zum Beispiel die Firma Leaf während des Krieges einen minderwertigen Lakritz-Ersatz aus Stoffen wie Kartoffeln, Rübenkraut, Zuckerrüben und schwarzem Farbstoff herstellte, lief in Deutschland die Produktion von echtem Lakritz aus der begehrten Süßholzwurzel weiter. Haribo war zum kriegswichtigen Betrieb erklärt worden und erhielt Sonderlieferungen. Lakritz sagte man nach, es dämpfe das Hungergefühl und beruhige den Magen sowie die Nerven. Solche Eigenschaften waren im Krieg hochgeschätzt.

Ein großer Wurf war Haribo aber schon um das Jahr 1935 gelungen. Ein Werbetexter hatte den Spruch »Haribo macht Kinder froh« geprägt. Und der war bald fast so bekannt wie Schalke 04. Der Slogan stand auf den Lieferwagen, die Fruchtgummis sowie Lakritz ausfuhren, und man konnte den Spruch natürlich auch überall auf den vielen Süßwarenkartons von Haribo lesen. Erst im Jahr 1962 traten noch die Worte »… und Erwachsene ebenso« dazu. Heute zählt der Slogan zu den bekanntesten Werbesprüchen Deutschlands.

Jägermeister

Die Jahreszahl 1878 auf dem Etikett von Jägermeister bezieht sich nicht auf die Entstehungszeit des Kultgetränks, sondern nur auf die Gründung des Unternehmens. In Wolfenbüttel entstand zunächst eine Essigfabrik und eine Weingroßhandlung.

In finanzieller Hinsicht sah es eine Zeitlang finster aus. Der Betrieb dümpelte mehr schlecht als recht vor sich hin. Die Situation verbesserte sich schlagartig, als im Jahr 1935 die erste industriell gefertigte Spirituose des Unternehmens auf

Reichsjägermeister Hermann Göring. Medaille aus dem Jahr 1935 von Karl Goetz.

den Markt kam. Mit dem neuen Kräuterlikör – ein geschmackliches Feuerwerk aus bitteren und süßlichen Komponenten – gelang der ganz große Wurf. Das mit Hilfe des Graphikers Günther Clausen erschaffene Etikett ließ erkennen, welche Zielgruppe vor allem ins Visier genommen wurde: Jäger und trinkfreudige Zeitgenossen, die sich von der Jagdromantik vereinnahmen ließen. Das Etikett bekam einen Hubertushirschkopf mit Kreuz und erhielt den umlaufenden Spruch: Das ist des Jägers Ehrenschild, daß er beschützt und hegt sein Wild, weidmännisch jagt wie sich's gehört, den Schöpfer im Geschöpfe ehrt.

Bei der Namenswahl soll dem Firmenchef Curt Mast, der selbst begeisterter Jäger war, geraten worden sein, für den Kräuterlikör »ein modernes, populäres Schlagwort« der Epoche zu wählen. Als Namen standen Jägermeister und Reichsjägermeister zur Verfügung.

Ähnlich wie die Reichsautobahn auch gerne einfach Autobahn genannt wurde, entschied man sich auch im Fall des Likörs für die kürzere Variante. Das Warenzeichen »Jägermeister« wurde unter der Nummer 474481 zum 30. März 1935 vom Reichspatentamt erteilt. Der Kräuterlikör kam sehr gut

179

an. Vom Jahr 1938 auf 1939 verzeichnete man eine Verdoppelung des Umsatzes.

Der Name Jägermeister klang in den Ohren von Jägern so vertraut wie das aus dem Jagdhorn geblasene »Halali«. Denn zu dieser Zeit ging auf der untersten Ebene der Kreisjägermeister auf die Pirsch, etwas höher folgte der Gaujägermeis-

Links: Erstentwurf von Günther Clausen, 1934.
Rechts: Jägermeister-Etikett, 1937

ter, darüber der Landesjägermeister. An der Spitze von allen aber stand der oberste Jägermeister, der sogenannte Reichsjägermeister. Alle Inhaber von Jagdscheinen waren im Reichsbund »Deutsche Jägerschaft« zusammengeschlossen und unterstanden der Aufsicht des Reichsjägermeisters Hermann Göring.

Im Laufe der Zeit verpasste das Unternehmen seiner Marke – unter Beibehaltung des alten Looks – gekonnt einen Imagewechsel. Das Kind aus dem Dritten Reich gilt heute weltweit als trendy. Der aus 56 Kräutern und Wurzeln hergestellte Kräuterlikör erfreut sich internationaler Beliebtheit; er wird in 120 Ländern vermarktet.

FC Schalke 04 im Dritten Reich Rekordmeister

Keine andere Fußballmannschaft war zur Zeit des Dritten Reiches so erfolgreich wie der FC Schalke 04. Innerhalb von neun Jahren hieß der Deutsche Meister sechsmal Schalke. Zum ersten Mal in ihrer Vereinsgeschichte holten die Spieler den Titel im Jahr 1934 und dann in den Jahren 1935, 1937, 1939, 1940 und 1942. Nach Kriegende klappte das nur noch einmal (1958), seitdem nie mehr.

Berufe

Bevor er politisch aktiv wurde beziehungsweise eine politische Karriere machte, war:

Leiter der Deutschen Arbeitsfront
ROBERT LEY, Chemiker bei Bayer in Leverkusen

Propagandaminister
JOSEPH GOEBBELS, Schriftsteller, Poet, Schreibkraft bei der Dresdner Bank in Köln

Reichsmarschall
HERMANN GÖRING, Pilot bei der Svenska Lufttrafik A.-B., BMW-Vertreter

Reichsaußenminister
JOACHIM VON RIBBENTROP, Spirituosen- und Weinhändler in Berlin

Führer und Reichskanzler
ADOLF HITLER, Kunstmaler in Wien und München

Reichsführer-SS
HEINRICH HIMMLER, Diplomlandwirt

Stellvertreter des Führers
RUDOLF HESS, Student in München

Reichsleiter
MARTIN BORMANN, Landwirtschaftlicher Inspektor in Mecklenburg

Reichswirtschaftsminister
WALTHER FUNK, Journalist

Parteiideologe
ALFRED ROSENBERG, Student in Riga und Moskau

Stürmer-Herausgeber
JULIUS STREICHER, Volksschullehrer

Akademische Weihen

Ein Teil der NS-Führer war promoviert:

Name	Universität	Dissertations-Thema
DR. ROBERT LEY (Leiter der Deutschen Arbeitsfront)	Münster, 1920	Beiträge zur Kenntnis gemischter Glyceride (in Butterfett).
DR. JOSEPH GOEBBELS (Reichsminister für Volksaufklärung und Propaganda)	Heidelberg, 1921	Wilhelm von Schütz als Dramatiker. Ein Beitrag zur Geschichte des Dramas der Romantischen Schule.
DR. FRITZ TODT (Generalinspektor für das Deutsche Straßenwesen und Reichsminister für Bewaffnung und Munition)	TU München, 1931	Die Fehlerquellen beim Bau von Landstraßen aus Teer und Asphalt.
DR. HJALMAR SCHACHT (Reichsbankpräsident und Reichsfinanzminister)	Kiel, 1899	Der theoretische Gehalt des englischen Merkantilismus.
DR. WILHELM FRICK (Reichsinnenminister)	Heidelberg, 1901	Promovierte ohne Einreichung einer Dissertation zum Dr. jur. (entsprach bis 1904 der Regel).

Nachwuchs: Kunst und Kinder

FRANKFURTER ZEITUNG vom 6.1.1937

Wie die Reichskammer der Bildenden Künste mitteilt, hat das Rassenpolitische Amt der NSDAP die Bemerkung gemacht, daß in der Öffentlichkeit vielfach Darstellungen aus unserer Zeit auftauchten, die bildlich oder sinnbildlich die deutsche Familie bedauerlicherweise noch mit einem oder zwei Kinder zeigten. Der Nationalsozialismus bekämpfe mit Nachdruck das Zwei-Kinder-System, da es das deutsche Volk unrettbar dem Untergang zuführe. Er vertrete die Forderung nach mindestens vier Kindern in jeder Familie, um die heutige Bevölkerungszahl wenigstens zu halten. Wo immer die künstlerischen Notwendigkeiten es erlaubten – und das werde in der Mehrzahl der Fälle möglich sein –, solle auch der bildende Künstler ... sich das Ziel setzen, im Rahmen der künstlerischen Gestaltungsmöglichkeiten wenigstens vier deutsche Kinder zu zeigen, wenn eine »Familie« dargestellt werde.

Mutterkreuz

Da deutsche kinderreiche Mütter den gleichen »Einsatz von Leib und Leben« wie Soldaten im »Donner der Schlachten« gezeigt hätten, wurde im Jahr 1938 das EHRENKREUZ DER DEUTSCHEN MUTTER, kurz Mutterkreuz, gestiftet.

Die Anzahl der Kinder, die für diese Auszeichnung erforderlich waren, betrug:

0 bis 3 Kinder	kein Mutterkreuz
4 bis 5 Kinder	bronzenes Mutterkreuz
6 bis 7 Kinder	silbernes Mutterkreuz
8 und mehr Kinder	goldenes Mutterkreuz

Anzahl der Kinder einiger hoher Funktionäre des Dritten Reiches

	Anzahl	Namen:
Martin Bormann	9	Adolf Martin, Ilse, Ehrengard, Irmgard, Rudolf, Heinrich Hugo, Eva Ute, Fred Hartmut, Volker
Karl Dönitz	3	Ursula, Klaus, Peter
Hans Frank	5	Sigrid, Norman, Brigitta, Michael, Niklas
Wilhelm Frick	5	1. Ehe: Hans, Walter, Anneliese. 2. Ehe: Renate, Dieter Wilhelm
Joseph Goebbels	6	Helga, Hilde, Helmut, Holde, Hedda, Heide
Hermann Göring	1	Edda
Rudolf Heß	1	Wolf Rüdiger
Heinrich Himmler	3	Gudrun unehelich: Helge, Nanette-Dorothea
Adolf Hitler	0	—
Robert Ley	5	1. Ehe: Renate. 2. Ehe: Wolf, Lore, Gloria unehelich: Robert
Joachim von Ribbentrop	5	Rudolf, Bettina, Adolf, Ursula, Barthold
Baldur von Schirach	4	Angelika, Klaus, Robert, Richard
Albert Speer	6	Albert, Hilde, Friedrich, Margret, Arnold, Ernst
Julius Streicher	2	Lothar, Elmar

Entlarvender Tagebucheintrag zur Sterilisation von Behinderten

JOSEPH GOEBBELS Tagebucheintrag am 4. Dezember 1936
    Dann einen Film aus Irrenanstalten zur Begründung des Sterilisationsgesetzes. Grauenhaftes Material. Mit tollen Aufnahmen. Das Blut gefriert einem bloß beim Anschauen. Da ist die Unfruchtbarmachung nur ein Segen. Darum sind auch unsere Kirchen so dagegen. Die brauchen unsere Idioten, teils als Gläubige, teils um an ihnen ihre Nächstenliebe zu erproben. Furchtbare Geistesverirrung! Aber wir schreiten darüber hinweg, zur Tagesordnung …

Saalschlacht im Berliner Wedding

Immer wieder kam es zur Zeit der Weimarer Republik bei politischen Veranstaltungen zu Saalschlachten. Die Sturmabteilung – kurz S.A. oder SA – war als Kampforganisation der NSDAP dafür bekannt, hart gegen politische Gegner vorzugehen. Der nationalsozialistische Autor Wilfrid Bade schildert in seinem im Jahr 1933 erschienenen »Tatsachenbericht« DIE S.A. EROBERT BERLIN von einer Versammlung seiner Partei im roten Berliner Wedding:

Die S.A. arbeitet wie ein auserlesener, genau eingearbeiteter, prachtvoller Sturmtrupp. Schulz und (Karl) Schindler haben sich längst auf die Tribüne geschwungen und von hier aus fegen sie Bierglas um Bierglas hinunter. Dann erwischt der S.A.-Mann Schulz zu seinem Entzücken einige Dutzend Flaschen und jetzt steht da wieder nicht der S.A.-Mann Schulz, sondern der Unteroffizier Schulz aus der dritten Kompanie, der Spezialist für Handgranatenwerfen. Flasche um Flasche saust aus seinen wohlgeübten Händen. Und so sehr hat ihn das geheimnisvolle Entzücken der Schlacht gepackt und hingerissen, daß Karl neben ihm zu seiner Verblüffung hört, daß Schulz vor jedem Wurf unverständliche Zahlen vor sich hinschreit: »Einundzwanzig«, »zweiundzwanzig«, »dreiundzwanzig«, und dann fegt die Flasche in flacher Kurve durch den Saal. Karl, der ein Kind war, als Krieg war, weiß nicht, daß es die Schutzformel ist, wenn man scharfe Handgranaten wirft. Auf »dreiundzwanzig« muß sie aus den Händen sein, soll sie nicht dem Werfer in die eigene Fresse springen. –

Blutlachen, Menschenbündel, zerschmetterte Tische. Die ersten Kommunisten jagen aus dem Saale. Die ersten Verwundeten schleppen sich hinaus. Draußen vor den Pharus-Sälen dampft eine riesige Menschenmenge und zittert vor Erregung. Sie hört das Toben und das Brüllen, sie hört das Splittern und Krachen, sie sieht blutende Kommunisten herauskommen. Und jetzt bricht auch hier draußen unter dem freien Himmel die Hölle los. Es scheint, als ob hunderttausend Weiber zu heulen und zu kreischen begännen. Es mag dieser mörderische Kampf eine Viertelstunde gedauert haben, da weiß die S.A., daß es ihr gelungen ist. Immer mehr Kommunisten jagen aus dem Raum und wenn einer von ihnen, der bewußtlos am Boden lag, jetzt aufwacht, sieht er, daß es in diesem Saal nur noch Hakenkreuzler gibt. Und er hebt sich auf und schleppt sich schleunigst hinaus. Jetzt wird die andere Seite der Schlacht sichtbar. Der Saal ist ein einziges, furchtbares Trümmerfeld. Die Treppe, die zur Tribüne führt, das Podium, die Tische, die wenigen, ganzgebliebenen Stühle, der Boden, alles ist rot von Blut. Ein furchtbarer Geruch liegt über diesem verlassenen Schlachtfeld, auf dem jetzt Sanitäter umhereilen. Zehn S.A.-Männer müssen weggebracht werden, schwerverletzt. Und während draußen auf der Straße die Kommune rasend tobt, steht drinnen auf dem Podium plötzlich S.A.-Führer Daluege, der die Versammlung leitet, an seinem Platz und sagt mit eiserner Ruhe: »Die

Versammlung wird fortgesetzt! Das Wort hat der Referent!«
Niemals werden es die vergessen, die es miterlebt haben: inmitten von Blut und Tod, inmitten einer grauenhaften Land-
schaft von zerfetzten Kronleuchtern, zerfetzten Tischen, zerfetzten Stühlen, inmitten eines Sees von Scherben und Splittern beginnt Doktor Joseph Goebbels zu der Versammlung
von Nationalsozialisten zu sprechen.

Der Witz im Dritten Reich

[Es] ist die Entlarvung einer Legende gelungen: der Legende
vom »Flüsterwitz« im Nationalsozialismus – von dem politischen Witz, den man sich nur unter vorgehaltener Hand erzählte, weil auf ihn KZ-Haft, wenn nicht gar die Todesstrafe stand.
Die Legende geht auf die Forschung der 50er und 60er Jahre
zurück, die das Dritte Reich als ein monolithisches, alle Lebens-
bereiche kontrollierendes »totalitäres Regime« charakterisier-
te. Die »Flüsterwitze« dienten als Beispiel für einen breiten
deutschen Widerstand gegen das Regime, und die angeblich
so brutale Verfolgung der Witzeerzähler galt als Beweis für die
»totale« Unterdrückung der Bevölkerung. Auch die Überwin-
dung der Totalitarismustheorie und das zunehmende Interesse
an der Alltagsgeschichte in den 70er und 80er Jahren haben
die Legende nicht entlarvt. Aber sie wurde auch nie bewiesen.
Alle Autoren, die sich überhaupt mit dem Thema beschäftig-
ten, haben auf historische – das heißt quellenkritische – Methoden verzichtet ... Über die Höhe des Strafmaßes entschied
nicht der Witz selbst, sondern die Beurteilung des Erzählers
durch die Verfolgungsinstanzen. Bei Frauen wurde das Delikt
weniger hart geahndet als bei Männern. Aber nur ein Bruchteil
der von der Gestapo Vorgeladenen wurde überhaupt weiter
verfolgt. Und: Die sogenannten Flüsterwitze wurden in der Re-

gel nicht hinter vorgehaltener Hand, sondern vor einer kleineren, selbst größeren Öffentlichkeit – Arbeitsstelle, Kneipe, Straßenbahn – erzählt ... Meist machten sich die Witzeerzähler über die Machthaber lustig oder schafften sich ein Ventil für ihre Wut über unangenehme Zustände, statt diese in Taten – sprich Widerstand – umzusetzen ... [Es wurde nachgewiesen], daß die Führung des NS-Staates die Witze ... in erstaunlich hohem Maße tolerierte und für politische Zwecke instrumentalisierte. Goebbels Wort vom »Stuhlgang der Seele« ist also ernstzunehmen.

Zitiert aus Prof. Wolfgang Wippermanns Vorwort zu dem Werk DER POLITISCHE WITZ IN DER NS-ZEIT AM BEISPIEL AUSGESUCHTER SD-BERICHTE UND GESTAPO-AKTEN von Meike Wöhlert, Frankfurt am Main 1997.

Witze über Göring

Über den Reichsmarschall und »zweiten Mann im Staat« kursierten zahlreiche Witze. Er bot reichlich Angriffsfläche. Göring war dick, hatte eine Schwäche für Orden, Juwelen sowie Uniformen und freute sich am Glanz der Macht. Er soll viele Witze mit Humor genommen haben und sogar eine Göring-Witzesammlung besessen haben. Allerdings konnte Göring keine Witze leiden, die seine Potenz in Frage stellten:

Bei einer Reise durch den Teutoburger Wald erblickt Hermann Göring in der Ferne ein großes Bauwerk. Auf seine Frage, was das sei, wird erwidert: »Das ist das Hermannsdenkmal.« Darauf Hermann Göring geschmeichelt lächelnd mit repräsentativer Bescheidenheit: »Oh, das wäre für die paar Tage nicht nötig gewesen.«

In Carinhall, seinem Landsitz in der Schorfheide, beobachtete Göring während des Krieges durch das Küchenfenster die

Frau eines Forstarbeiters, die auf dem Herd Kartoffeln ohne Fett briet. Dafür schwenkte sie eifrig eine Hakenkreuzfahne über der Pfanne. Hermann erkundigte sich, ob dies etwa ein besonderer Zauber sei. »Nein«, sagte die Frau, »ich versuche nur etwas, denn unter dieser Fahne sind schon viele fett geworden.«

Hermann wollte ja eigentlich gar nicht seine Emmy heiraten. Warum nicht? Hermann hätte wohl lieber eine Ordensschwester geheiratet. Aber er war gezwungen, Emmy zu heiraten, weil er eben eine Schachtel für seine vielen Orden brauchte.

Anmerkung: Göring hatte in zweiter Ehe die bereits etwas ältere Schauspielerin Emmy Sonnemann geheiratet.

Als Emmy nachts erwachte, sah sie, wie ihr Hermann eifrig im Wäscheschrank wühlte und dabei dauernd murmelte. »Was machst du nur, Hermann, zählst du etwa deine Wäsche?« »Keineswegs«, erklärte Hermann, »ich befördere nur meine Unterhemden zu Oberhemden.«

Edda = Edda dankt dem Adjutanten!
        Ewig Dank dem Adjutanten!
        Anmerkung: Man bezweifelte Görings Vaterschaft und unterstellte, dass der Name seiner Tochter Edda eine tiefere Bedeutung habe.

Man bespricht im Reichsluftfahrtministerium die geplanten Feierlichkeiten anläßlich der bevorstehenden Niederkunft Emmy Görings. General Milch bittet Göring um Vorschläge: »Was gedenken Exzellenz zu tun, wenn es ein Mädel wird?« – »Dann werden hundert Flieger über Berlin kreisen!« – »Und wenn es ein Junge wird?« – »Dann werden tausend Flieger über Berlin kreisen.« »Und wenn gar nichts kommt?« – »Dann fliegt mein Adjutant.«

Wenn Emmy von Hermann ein Kind bekommt, was ist das? Ein Triumph des Willens. Und wenn Hermann glaubt, das Kind sei von ihm, was ist das? – Ein Triumph des Glaubens.

»Hermann heeßt er:
Rechts Lametta, links Lametta.
Und der Bauch wird imma fetta.
Und in Preußen ist er Meester –
Hermann heeßt er!«

Anmerkung: Abwandlung des bekannten Liedes »Hermann heeßt er«, gesungen von Claire Waldoff.

1935 schickt Hitler von Papen nach Rom, den Papst für den Nationalsozialismus zu gewinnen. Doch von Papen hat keinen Erfolg. Auch Goebbels ist nicht sehr erfolgreich, er bringt nur eine kleine Spende mit. Da wird Göring auf den Weg geschickt. Drei Tage später empfängt Hitler ein Telegramm von Göring aus Rom: Auftrag ausgeführt. Papst tot. Vatikan brennt. Tiara paßt. Dein Heiliger Vater.

Ein Engländer sieht in Berlin Unter den Linden große, bärtige Waldmänner herumlaufen, die abenteuerlich aussehen. Er fragt, was das für Leute seien. Ein Berliner antwortet:»Det sind de ollen Jermanen, die Jöring in der Schorfheide ausjesetzt hat.«

Anmerkung: Auf seinem Landsitz in der Schorfheide setzte Göring verschiedene seltene Tiere aus.

Witze über Heß

Rudolf Heß war Hitlers Partei-Stellvertreter. Er setzte auch noch nach Ausbruch des Zweiten Weltkriegs auf eine deutsch-englische Aussöhnung. Nach seinem geheimnisvollen Flug nach Großbritannien wurde der »Stellvertreter des Führers« in der Presse offiziell als geistig verwirrter Idealist hingestellt. Über Heß kursierten mehrere Witze:

Heß wird Churchill vorgestellt. Churchill fragt: »Sie sind also der Verrückte?« Worauf Heß antwortete: »O nein, nur sein Stellvertreter.«

Das Flugzeug, mit dem Heß flog, hatte unter den Tragflächen die Inschrift NSV (Nicht schießen, verrückt!) und DAF (Die anderen folgen).
Anmerkung: NSV eigentlich NS-Volkswohlfahrt, DAF eigentlich Deutsche Arbeitsfront.

Der Stellvertreter des Führers war der einzige, dem die Invasion der Insel gelang.

Zwei Inhaftierte treffen sich: »Warum bist du denn hier?« – »Ich habe am 5. Mai gesagt: »Heß ist verrückt«. Und du?« – »Ich habe am 15. Mai gesagt: »Heß ist nicht verrückt.«
Anmerkung: Der Heß-Flug fand am 10. Mai 1941 statt

Es singt und spielt das ganze Land,
Wir fahren gegen Engelland.
Doch wenn dann wirklich einer fährt,
Dann wird er für verrückt erklärt.
Anmerkung: Anspielung auf das im Zweiten Weltkrieg populäre England-Lied. Refrain am Ende: »Denn wir fahren, denn wir fahren / denn wir fahren gegen Engelland«

Witze über Goebbels

Joseph Goebbels war von Hitler zum »Reichsminister für Volksaufklärung und Propaganda« ernannt worden. Er kontrollierte und zensierte Funk, Film, Presse, Literatur, Musik und Kunst. Goebbels galt als begabter und gefürchteter Redner. Sein rechter Fuß war wegen einer in der Kindheit durchlittenen Knochenmarksentzündung verkümmert und zwang ihn zu einem schleifenden Gang. Der kleinwüchsige Goebbels liebte den Geschlechtsverkehr mit häufig wechselnden Partnerinnen, unter anderem aus dem Bereich des Films. Dies alles bot Anlass zu zahllosen Witzen über ihn:

Goebbels ist Weltmeister im Seitensprung.

Die Schauspielerin Lida Baarova tritt mit ihrer Zofe vor's Haus. Es sieht plötzlich nach Regen aus, so daß sie die Zofe hinein schickt mit den Worten: »Ich habe meinen Knirps vergessen, er liegt auf dem Bett. Bitte holen Sie ihn.« Die Zofe kommt kurz darauf zurück und meldet: »Der Herr Propagandaminister liegt noch im Bett.«

In Berlin müssen Frauen und Mädchen jetzt um 10 Uhr abends von der Straße verschwunden sein. Warum denn das? Goebbels ist als Nachtjäger eingesetzt worden.

Welcher Unterschied besteht zwischen (dem Naturfilmer) Bengt Berg und Joseph Goebbels? Bengt Berg filmt die Vögelwelt.

Goebbels besucht Elendsquartiere. In einer Wohnung trifft er nur einen elfjährigen Jungen an, von dem er sich erklären läßt, wie die Familie wohnt. Es sind nur zwei Betten vorhanden. »In det eene schlafen meine Eltern. Un in det andere schläft meine Schwester mit mich.« – »Mit mir«, verbessert Goebbels lächelnd. »Mit Sie? Naja, sie will ja so gern zum Film!«

Humpelstilzchens Märchenstunde.

Lügen haben ein kurzes Bein.

Goebbels wird an der Himmelspforte abgewiesen und in die Hölle geschickt. Um ihm den Weg zu erleichtern, läßt ihn Petrus durch ein Fernrohr einen Blick in die Hölle tun. Er sieht eine einladende Bar, teure Getränke und schöne Mädchen. Als er in der Hölle ankommt, ist alles ganz anders, ein Ort der Schrecken und Qualen. Auf seine Frage, was denn passiert sei, antwortet der Teufel nur achselzuckend: »Propaganda!«

Friedrich der Große, Napoleon und Hindenburg unterhalten sich über Kriegführung einst und jetzt. Friedrich ist von der Luftwaffe begeistert: »Wenn ich so viele Flugzeuge gehabt hätte wie Göring, dann wäre der Siebenjährige Krieg in vier Monaten beendet gewesen!« Hindenburg imponieren besonders Hitlers Panzer: »Wenn ich so viele Panzer gehabt hätte, wie Hitler, dann wäre nie ein Russe nach Ostpreußen hereingekommen!« Da ergreift Napoleon das Wort: »Ich hätte nur den Dr. Goebbels haben sollen, dann hätte das französische Volk nie erfahren, daß ich den russischen Feldzug verloren habe!«

Witze über Hitler, das Leben im Dritten Reich, usw.

Wie sieht der ideale Deutsche aus?
Blond wie Hitler,
Groß wie Goebbels,
Schlank wie Göring und
Keusch wie Röhm.

Tünnes und Schäl gehen übers Feld, und der Tünnes gleitet plötzlich im Unflat aus, so daß er fast zu Fall kommt. Zackig reißt er die rechte Hand hoch und brüllt: »Heil Hitler!« – »Biste jeck?« fragt der Schäl besorgt. »Wat machste denn für Kappes? Et es doch kein Mensch in der Näh'!« – »Ick mach' et jenau nach de Vorschrift«, antwortet der Tünnes, »denn et heißt doch: Trittst du in ein Geschäft hinein, so soll dein Jruß ›Heil Hitler‹ sein.«

Was ist der Unterschied zwischen Adolf Hitler und der Sonne? Die Sonne geht im Osten auf, Hitler geht im Osten unter.

Was ist der Unterschied zwischen einem Leberkranken und Adolf Hitler? Der eine leberleidend, der andere leider lebend.

Zwei Irrenärzte begegnen einander. Sagt der eine: »Heil Hitler!«, sagt der andere »Heil du ihn doch!«

Es wird erwogen, ob nicht die bürgerlichen Zeitungen ihren Text enger drucken sollen, damit man nicht so viel zwischen den Zeilen lesen kann.

Welches Land hat die größte Flotte? Deutschland. Es besitzt nicht nur 80 Millionen Kohldampfer, sondern auch den größten Zerstörer.

»Mein Vater ist SA-Mann, mein ältester Bruder in der SS, mein kleiner Bruder in der HJ, die Mutter in der NS-Frauenschaft und ich im BDM.« – »Ja seht ihr euch denn bei dem vielen Dienst auch einmal?« – »O ja, wir treffen uns alle jedes Jahr in Nürnberg auf dem Reichsparteitag.«

Witze über Abkürzungen

Der praktizierte Abkürzungsfimmel – Aküfi – sorgte im Dritten Reich schnell für Witze. Der Volksmund machte sich lustig, indem er auch für ganz normale Wendungen eine Abkürzung einsetzte. Zum Beispiel bedeutete Knif »kommt nicht in Frage« und Kakfif hieß »kommt auf keinen Fall in Frage«.

Häufig ließ man aber auch bekannten Abkürzungen eine neue Bedeutung zukommen:

NSDAP = Nur solange die Armee pariert
Na, suchst du auch Pöstchen?
Nimm schnell deinen alten Pinsel
(Anspielung auf Hitlers frühere Tätigkeit als Kunst- und Aquarellmaler)

Nous sommes des Allemands provisoires
(Im Elsass gebräuchlich)

NSKK = NS-Kellerkrieger
Nur Säufer – keine Kämpfer

NSBO = Noch sind Bonzen oben

BDM = Bubi drück mich!
Bedarfsartikel deutscher Männer
Bald deutsche Mütter

SA + SS = SASS
(Die Gebrüder Sass aus Berlin gingen als gefürchtete Geldräuber in die deutsche Kriminalgeschichte ein.)

Brief der Tochter an ihre Mutter: KdF. BDM. NSV! Mutter: »Was bedeutet das?« Tochter: »Kannst dich freuen. Bin deutsche Mutter. Nun suche Vati!«

Die gewaltige NS-Organisation wird weiter ausgebaut. Nach der SA und SS erfaßte man die Jüngeren in der HJ, die noch Jüngeren im Jungvolk, die noch Jüngeren werden in den NS-Kindergärten geschult, und jetzt sollen auch die Säuglinge organisiert werden. Sie tragen dann den Titel: AA-Männer!

Die Weinbaugebiete

Die heutigen deutschen Weinbaugebiete heißen:

Ahr, Baden, Franken, Hessische Bergstraße, Mittelrhein, Mosel, Nahe, Pfalz, Rheingau, Rheinhessen, Saale-Unstrut, Sachsen, Württemberg

Die Weinbaugebiete des Dritten Reiches hießen:

Ahr, Baden, Bodensee, Franken, Bergstraße, Grünberg (Schlesien), Lahn, Mittelrhein, Mosel-Saar-Ruwer, Nahe, Rheingau, Rheinhessen, Rheinpfalz, Saale-Unstrut, Sachsen, Württemberg, ab 1938 kamen dazu: Nieder-Donau, Wien, Steiermark, Burgenland

Wer verträgt am meisten?

ADOLF HITLER am 5.8.1942 in kleinem Kreis
   Ich bin neulich erstaunt gewesen, was die Finnen trinken können! Ich glaube, je weiter man nach dem Norden hinaufkommt, desto mehr vertragen die Leute.

Anmerkung: Hitler war im Juni 1942 nach Finnland geflogen. Sein finnischer Verbündeter Feldmarschall Mannerheim hatte 75. Geburtstag gefeiert.

Die Aufgaben vom Auswärtigen Amt

ADOLF HITLER im Gespräch mit dem Vortragenden Legationsrat HEWEL (Auswärtiges Amt), Admiral VON PUTTKAMER und Generalfeldmarschall KEITEL am 30.10.1941

HITLER: Wir halten uns einen großen Nachrichten-Apparat, genannt Auswärtiges Amt, und man erfährt nichts! Wir wissen nicht was sich über dem Graben – es sind nur 37 km von uns – begibt. Im Grunde genommen muß man sagen, das riesige Geld ist schlecht angelegt! Der einzige Apparat, der Devisen kriegt – andere kriegen Wische – müßte das doch herausbringen! ...

Den Hochmutsteufel müßte man austreiben! Bei Euch werden die Absätze gemessen, wie hoch sie sind. Wenn bei uns ein Diplomat in einem Hotel dritter Klasse absteigen oder in einer Droschke fahren würde, gnade Gott! Oft wäre es interessanter, wenn einer am Ende einer Tafel statt weiter oben sitzen würde. Die jungen Leute reden leichter von der Leber weg als die alten Bonzen!

HEWEL: Aber, Mein Führer, früher war das so!

HITLER: Sie verteidigen Ihren Laden mit einer Hingabe, die bewunderungswürdig ist. Warum hat man nur diese großen diplomatischen Vertretungen? Was sie bei uns tun, weiß ich: Sie schneiden Zeitungsartikel aus und kleben sie auf ... So eine Gesandtschaft müßte vor allem ein halbes Dutzend junger Attachés haben, die sich sofort an einflußreiche Weiber heranmachen. Das ist der einzige Weg, etwas zu erfahren ...

Es hat doch niemand fertiggebracht von diesem Auswärtigen Amt, die wirklich zugängliche Tochter des früheren amerikanischen Botschafters Dodd so richtig in Beschlag zu nehmen. Die vom Auswärtigen Amt sind doch dazu da! Das wäre das richtige gewesen! Dieses Mädel, die mußte nach kurzer Zeit vollständig eingesponnen sein! Sie ist eingesponnen worden, aber leider von lauter anderen. Nun wundert's mich nicht! Die Senilität war zu groß, um auf dem Gebiet noch auftreten zu können! Wenn wir so allmählich Industrielle gekriegt haben, dann nur über die Töchter oder die Söhne. Den alten Dodd, der ja ein Trottel war, den hätten wir über die Tochter kriegen können. Aber unsere Geheimen Vortragenden Räte, Wirklichen und nicht Wirklichen Legationsräte, die wir da drin gehabt haben!

KEITEL: War sie denn wenigstens hübsch?

VON PUTTKAMER: Widerwärtig!

HITLER: Ja, das muß man überwinden, lieber Freund, da muß man schon so was in Kauf nehmen, für was werden die Leute bezahlt! Wäre es anders, so wäre es ja kein Dienst mehr, sondern Wollust und damit zu verurteilen! Und es bestünde wieder die Gefahr, daß er sich mit ihr verheiratet!

Besondere Hotels

Hotel »Elephant« in Weimar

9.10.1938 REICHSSTATTHALTER SAUCKEL (Weimar) an Gauleiter Bürckel (Saarbrücken)

Ich habe vom Gau Thüringen aus, wie bekannt, das historische Hotel »Haus Elephant« in Weimar übernommen und ein vollständig neues, modernstes, in seiner Außen- und Innenarchitektur nationalsozialistischem Baustil und Geschmack entsprechendes neues Haus errichten lassen …

Im alten »Haus Elephant« hat der Führer und Reichskanzler allein 26-mal Wohnung genommen. Daher ist ihm auch das neue Haus gewissermaßen gewidmet. Er wird bei der in den nächsten Wochen stattfindenden Einweihung dieses Hauses, zu der ich Sie schon heute ebenfalls herzlich einlade, anwesend sein. Ich möchte nun gewissermaßen für den Führer selbst, bzw. für dessen besondere Gäste, einen Weinvorrat anlegen. Sie würden mich sehr zu Dank verpflichten, wenn Sie aus Ihrem Gaugebiet eine Anzahl besonders edler Flaschenweine zu diesem Zweck als Spende zur Verfügung stellen würden.

Hotel »Vier Jahreszeiten« in München

17.2.1936 Befehl des CHEFS RASSE- UND SIEDLUNGS-HAUPTAMT-SS

Der Reichsführer-SS [Heinrich Himmler] wünscht, daß alle SS-Führer bei einem Aufenthalt in München in dem Hotel »Vier Jahreszeiten« absteigen.

Für Veranstaltungen der Partei in München ist für alle Gäste des Reichsführers-SS für die Zukunft das Hotel »Vier Jahreszeiten« zu berücksichtigen.

Hotel »Exelsior« in Berlin,
Hotel »Auf der Wartburg« in Eisenach

6.12.1938 g. Befehl des FÜHRERS DER 73. SS-STANDARTE (Ansbach)

Der Reichsführer-SS hat nochmals befohlen, daß den SS-Führern ausdrücklich verboten wird, im Hotel »Exelsior« Berlin zu wohnen und dort Mahlzeiten einzunehmen. Dieses Verbot gilt ebenfalls für das Hotel »Auf der Wartburg« bei Eisenach, das den gleichen Besitzer hat.

Für dieses Verbot ist neben der Tatsache, daß der Besitzer des Hotels, Kommerzienrat Elschner, Hochgrad-Freimaurer war, maßgebend, daß er während der Kampfzeit den Führer einmal aufgefordert hat, innerhalb einer Viertelstunde sein im Hotel genommenes Zimmer zu verlassen, da er Rücksicht auf seine übrige Kundschaft nehmen müsse.

Führer-Wetter

Olavi Paavolainen in seinem im Jahr 1936 in Finnland erschienen Buch:

In Nürnberg scheint die Sonne nach vielen regenreichen Wochen; wunderbares Wetter, Führer-Wetter. Wie einst Kaiser Wilhelm mit seinem »Kaiser-Wetter« ist auch Hitler dafür bekannt, dass das Wetter niemals seine Paraden und Feste verdirbt …

In einer Reportage zum Aufmarsch des Arbeitsdienstes stehen im offiziellen Völkischen Beobachter die folgenden bezeichnenden Zeilen zum früher erwähnten Führer-Wetter:

»Und jetzt folgt ein Schauspiel, das uns, denen es erlaubt war, den Führer öfter zu treffen, schon von früher gut bekannt ist und dessen Beschreibung belacht oder mit einem Achselzucken abgetan werden kann, wenn das jemand möchte: Über Nürnberg hängen am Morgen dunkle Regenwolken, es ist nicht ein einziges Stückchen blauer Himmel zu sehen. Aber mit dem Augenblick, als die Fahnen Hitler erreichen, ging die Sonne auf! Die hat noch nicht das ganze Feld beleuchtet, im Südteil war noch Schatten, aber dort, wo der Führer stand, herrschte Sonne und klares Licht.«

Kommunistinnen und Nationalsozialistinnen

ADOLF HITLER am 2.11.1941 im Beisein von Himmler

Die Kommunisten und wir, das waren die einzigen, die auch Frauen gehabt haben, die nicht gewichen sind, wenn geschossen wurde. Es sind die braven Menschen, mit denen allein man einen Staat halten kann.

Hitler-Jugend

Der Hitler-Jugend gehörten 1933 schon 2,3 Mio. und ein Jahr später 3,6 Mio. deutsche Jugendliche an. Nach Einführung einer Jugenddienstpflicht (Gesetz vom 25.3.1939) erhöhte sich die Mitgliederzahl auf 8,7 Mio.

Gliederung und Aufbau

Deutsches Jungvolk	Jungen 10–14 Jahre (= Pimpfe)
Hitler-Jugend (HJ)	Jungen 14–18 Jahre
Jungmädelbund	Mädchen 10–14 Jahre
Bund Deutscher Mädel (BDM)	Mädchen 14–18 Jahre

Deutsches Jungvolk	**Hitler-Jugend**
Gebiet	Gebiet
Bann	Bann
Stamm / ab 1938 Jungstamm	Unterbann / ab 1938 Stamm
Fähnlein	Gefolgschaft
Jungzug	Schar
Jungenschaft	Kameradschaft

Jungmädelbund	**Bund Deutscher Mädel**
Obergau	Obergau
Untergau	Untergau
Jungmädelring	Mädelring
Jungmädelgruppe	Mädelgruppe
Jungmädelschar	Mädelschar
Jungmädelschaft	Mädelschaft

HER
ZU
UNS!

Hinein in die Hitler-Jugend

Reichsparteitag Nürnberg

Pimpfe

Die in der Hitler-Jugend (HJ) organisierten 10–14 Jahre alten
Jungen hießen Pimpfe. Für Pimpfe galt:
▶ Immer zuerst grüßen

In Uniform:
▶ Rauchen verboten
▶ Kein Mitführen von Waffen aller Art
▶ Kein Besuch von Vergnügungsstätten
▶ Nach 20 Uhr Gaststätte verboten
▶ Betteln um Geld verboten
▶ In der Brusttasche Mitgliedsausweis, Gesundheitspaß,
  Verbandspäckchen, Bleistift und Papier mitführen
▶ Abbrennen von Lager- und Sonnenwendfeuern selber ver-
  boten

- ▶ Bei Übernachtungen Streichhölzer abgeben
- ▶ Erklettern von Telegraphenmasten und Überschreiten von Eisenbahndämmen verboten
- ▶ Baden im Dienst nur in Schwimmbädern
- ▶ Trampen verboten

Jahresparolen der Hitler-Jugend

1933	das Jahr der Einigung
1934	das Jahr der Schulung
1935	das Jahr der Ertüchtigung
1936	das Jahr des Deutschen Jungvolks
1937	das Jahr der H-J-Heimbeschaffung
1938	das Jahr der Verständigung
1939	das Jahr der Gesundheitspflicht
1940	das Jahr der Bewährung
1941	das Jahr der Aufbauarbeit in den neugewonnenen Gebieten
1942	das Jahr des Landdienstes und Osteinsatzes
1943	das Jahr des Kriegseinsatzes der Hitler-Jugend
1944	das Jahr der Kriegsfreiwilligen
1945	das Jahr der Fronthilfe und des Kriegseinsatzes

Zeltlager

Im Zeltlager war der Tag von 6.30 Uhr am Morgen bis zum abendlichen Zapfenstreich um 21.00 Uhr genau eingeteilt. Das Muster eines Tagesplans für Pimpfe (10–14-Jährige) in der Hitler-Jugend, wie es vom »Amt für körperliche Ertüchtigung« in der Reichsjugendführung herausgegeben wurde, sah folgendermaßen aus:

6.30	Wecken
6.35 – 6.50	Geländelauf und Gymnastik
6.50 – 7.20	Waschen, Anziehen, Zeltordnung
7.25	Zeltbesichtigung
7.30	Flaggenhissen
7.40 – 8.10	Frühstück
8.20 – 9.00	Weltanschaulicher Vortrag
9.45 – 11.45	1. Abteilung: Leibesübungen, Spiele ohne Geräte, Keulenwerfen, Übungen mit Geräten, Kampfspiele
	2. Abteilung: Geländesport, Geländekunde, Zielerkennen, Tarnen, Geländeausnutzung, Entfernungsschätzen
	3. Abteilung: Luftgewehrschießen, Waffenlehre, Schießlehre, Zielübungen
12.00	Mittagessen
bis 14.15	Mittagsruhe
14.30 – 16.30	1. Abteilung: Geländesport (wie am Vormittag)
	2. Abteilung: Luftgewehrschießen (wie am Vormittag)
	3. Abteilung: Leibesübungen (wie am Vormittag)
16.30 – 17.00	Kaffee
17.00 – 18.30	Baden
18.50	Flaggeneinholen
19.00	Abendessen, anschließend Lagerabend am Lagerfeuer
21.00	Zapfenstreich

Europäischer Jugendverband

Im Jahr 1942 gründeten in Wien europäische Jugendführer im Namen von 44 Millionen 10- bis 18-jährigen Jugendlichen den EUROPÄISCHEN JUGENDVERBAND. Neben der deutschen Hitler-Jugend (HJ) und der italienischen Gioventù Italiana del Littorio (GIL) kamen die nationalistischen Jugendvertreter aus:

Belgien (flämische u. wallonische Abt.)
Bulgarien
Dänemark
Finnland
Kroatien
Niederlande
Norwegen
Rumänien
Slowakei
Spanien
Ungarn

Beobachter kamen aus Japan und Portugal.

Der Stellvertreter von Jesus Christus war Hitler-Junge

From Hitler Youth to Papa Ratzi titelte im Jahr 2005 das britische Boulevard-Blatt »The Sun«. – Tatsächlich hatte in Deutschland die am 25. März 1939 eingeführte Jugenddienstpflicht fast alle deutschen Jungen und Mädchen zu Mitgliedern der Hitler-Jugend gemacht. Auch Joseph Ratzinger war im Jahr 1941 in die HJ aufgenommen worden. Gegen Ende des Krieges war es seine Aufgabe, dabei zu helfen, mit einer Flugabwehrkanone feindliche Flugzeuge vom Himmel zu holen. Er versicherte später, selbst keinen Schuss abgefeuert zu haben.

Das Konklave – die Wahlversammlung der Kardinäle – wählte im Jahr 2005 Joseph Ratzinger zum Papst. Er nahm den Namen Benedikt XVI. an. Nach katholischem Verständnis ist der Papst auch Vicarius Jesu Christi.

So gesehen war in den Jahren von 2005 bis 2013 ein ehemaliger Hitler-Junge der Stellvertreter Christi auf Erden.

Prognosen

Als der Zweite Weltkrieg zu Ende ging und auch noch danach, gaben führende Nationalsozialisten folgende Prognosen ab:

HERMANN GÖRING (1946): In 50 oder 60 Jahren werden in ganz Deutschland Standbilder Hermann Görings zu sehen sein. Vielleicht kleine Standbilder, aber eines in jedem Hause.

JOSEPH GOEBBELS (1943): Wir werden als die größten Staatsmänner aller Zeiten in die Geschichte eingehen, oder als ihre größten Verbrecher.

ADOLF HITLER (1945): Aus dem Opfer unserer Soldaten und aus meiner eigenen Verbundenheit mit ihnen bis in den Tod wird in der deutschen Geschichte so oder so einmal wieder der Same aufgehen zur strahlenden Wiedergeburt der nationalsozialistischen Bewegung ...

ROBERT LEY (1945): Meine Idee, dessen bin ich gewiß, wird geläutert und gereinigt trotzdem siegen.

JOACHIM VON RIBBENTROP (1945): Die Völker werden zukünftig sowieso ihre Meinungsverschiedenheiten friedlich regeln, da ein Krieg durch die Atombombe zu gefährlich geworden ist.

Die Nürnberger Prozesse

NEW YORK TIMES vom 8.6.1945

Ein Angriffskrieg ist für sich bereits ein Verbrechen, für das die Schuldigen bestraft werden sollten. Dieses Prinzip, das gestern Richter Robert H. Jackson, US-Chefberater bei der Verfolgung der Kriegsverbrecher, vorgetragen hat, existiert zur Zeit im internationalen Recht nicht. Richter Jackson schlägt vor, diesen Grundsatz gegen die Hauptkriegsverbrecher anzuwenden.

Das Londoner Statut legte für den Nürnberger Prozess (1945/1946) folgende Strafpunkte fest:

1. Verschwörung gegen den Frieden
2. Verbrechen gegen den Frieden
3. Verbrechen gegen das Kriegsrecht
4. Verbrechen gegen die Menschlichkeit

Intelligenzquotient (IQ)

Die IQ's der Gefangenen in Nürnberg wurden 1945 nach der
Wechsler-Bellevue-Methode berechnet. Hiernach hat ein
Mensch durchschnittlich einen IQ von 90–110. Die Gefangenen
erzielten folgende Ergebnisse:

1. Reichswirtschaftsminister (bis 1937)
   Reichsbankpräsident (bis 1938)
   HJALMAR SCHACHT   IQ 143

2. Reichskommissar der besetzten Niederlande
   ARTHUR SEYSS-INQUART   IQ 141

3. Reichsmarschall
   HERMANN GÖRING   IQ 138

4. Großadmiral
   KARL DÖNITZ   IQ 138

5. Vizekanzler, Botschafter
   FRANZ VON PAPEN   IQ 134

6. Großadmiral
   ERICH RAEDER   IQ 134

7. Generalgouverneur von Polen
   HANS FRANK   IQ 130

8. Chefkommentator des Rundfunks
   HANS FRITZSCHE   IQ 130

9. Reichsjugendführer, Gauleiter von Wien
   BALDUR VON SCHIRACH   IQ 130

10. Reichsaußenminister
    JOACHIM VON RIBBENTROP   IQ 129

11. Chef des Oberkommandos der Wehrmacht
    WILHELM KEITEL   IQ 129

12. Architekt
   Reichsminister für Bewaffnung und Munition
   ALBERT SPEER   IQ 128

13. Chef des Wehrmachtführungsstabes
   ALFRED JODL   IQ 127

14. Reichsminister für die besetzten Ostgebiete
   ALFRED ROSENBERG   IQ 127

15. Reichsprotektor von Böhmen und Mähren
   KONSTANTIN VON NEURATH   IQ 125

16. Reichswirtschaftsminister (ab 1938)
   Reichsbankpräsident (ab 1939)
   WALTHER FUNK   IQ 124

17. Reichsinnenminister
   WILHELM FRICK   IQ 124

18. Hitlers Partei-Stellvertreter
   RUDOLF HESS   IQ 120

19. Generalbevollmächtigter für den Arbeitseinsatz
   FRITZ SAUCKEL   IQ 118

20. Chef des Reichssicherheitshauptamtes (ab 1943)
   ERNST KALTENBRUNNER   IQ 113

21. Gauleiter von Franken
   Herausgeber vom »Stürmer«
   JULIUS STREICHER   IQ 106

Gerichtspsychologe Gustave M. Gilbert notierte in sein Tagebuch: Die IQ's zeigen, daß die Nazi-Führer, mit Ausnahme von Streicher, überdurchschnittlich intelligent waren (IQ 90–110), was nur die Tatsache bestätigt, daß die erfolgreichsten Menschen auf jedem Gebiet menschlicher Tätigkeit – sei es in Politik, Industrie, Militärwesen oder Kriminalität – meist über der Durchschnittsintelligenz liegen.

Anklage in Nürnberg

Einige Reaktionen zur Anklage vor dem Internationalen Militärtribunal (IMT):

HERMANN GÖRING: Der Sieger wird immer der Richter und der Besiegte stets der Angeklagte sein!

JOACHIM VON RIBBENTROP: Die Anklage ist gegen die verkehrten Personen gerichtet.

RUDOLF HESS: I can't remember.

ERNST KALTENBRUNNER: Ich fühle mich keiner Kriegsverbrechen schuldig, ich habe nur meine Pflicht als ein Abwehr-Organ getan, und ich weigere mich, als Ersatz für Himmler zu dienen.

ALFRED ROSENBERG: Ich muß eine Anklage auf »Verschwörung« zurückweisen. Die antisemitische Bewegung war nur eine Schutzmaßnahme.

HANS FRANK: Ich betrachte diesen Prozeß als ein gottgewolltes Weltgericht, das bestimmt ist, die schreckliche Leidenszeit unter Adolf Hitler zu untersuchen und zu beenden.

WILHELM FRICK: Die gesamte Anklage beruht auf der Annahme einer fingierten Verschwörung.

FRITZ SAUCKEL: Die Kluft zwischen dem Ideal einer sozialistischen Gesellschaft, das mir vorschwebte und als früherer Seemann und Arbeiter verteidigte, und den schrecklichen Geschehnissen in den Konzentrationslagern hat mich tief erschüttert.

ALBERT SPEER: Der Prozeß ist notwendig. Eine Mitverantwortlichkeit für solch grauenvolle Verbrechen gibt es sogar in einem autoritären Staat.

HJALMAR SCHACHT: Ich verstehe überhaupt nicht, warum ich angeklagt worden bin.

WALTHER FUNK: Nie in meinem Leben habe ich bewußt etwas getan, was zu einer derartigen Anklage berechtigen könnte. Wenn ich mich durch Irrtum oder Unwissenheit jener Taten schuldig gemacht habe, die in der Anklageschrift stehen, dann ist meine Schuld eine menschliche Tragödie und kein Verbrechen.

FRANZ VON PAPEN: Die Anklageschrift hat mich entsetzt, erstens wegen der Verantwortungslosigkeit, mit der Deutschland in diesen Krieg und die weltweite Katastrophe gestürzt wurde, und zweitens wegen der Anhäufung von Verbrechen, die einige meiner Landsleute begangen haben. Das letztere ist psychologisch unerklärlich. Ich glaube, daß Gottlosigkeit und die Jahre des Totalitarismus die Hauptschuld daran tragen. Durch diese wurde Hitler im Laufe der Jahre ein pathologischer Lügner.

KONSTANTIN VON NEURATH: Ich war immer gegen Bestrafung ohne Möglichkeit einer Verteidigung.

BALDUR VON SCHIRACH: Das ganze Unglück kam von der Rassenpolitik.

ARTHUR SEYSS-INQUART: Letzter Akt der Tragödie des Zweiten Weltkrieges, hoffe ich!

JULIUS STREICHER: Dieser Prozeß ist ein Triumph des Weltjudentums.

WILHELM KEITEL: Für einen Soldaten sind Befehle Befehle!

ALFRED JODL: Ich bedaure die Mischung gerechtfertigter Anklage und politischer Propaganda.

KARL DÖNITZ: Keiner dieser Anklagepunkte betrifft mich im geringsten. – Eine amerikanische Marotte!

HANS FRITZSCHE: Es ist die schrecklichste Anklage aller Zeiten. Nur eines wird noch schrecklicher: die Anklage, die das deutsche Volk für den Mißbrauch seines Idealismus erheben wird.

KZ-Film

Als die Alliierten im Jahr 1945 Deutschland befreiten, bot sich der Weltöffentlichkeit ein furchtbares, apokalyptisches Bild: Leichenberge sowie vom Hunger ausgemergelte Menschen in den Konzentrationslagern. Zuerst waren es die Soldaten, dann die Politiker der Alliierten und neutralen Staaten sowie die Publizisten gewesen, die von den schockierenden Zuständen Kenntnis genommen hatten. Am 29.11.1945 wurde dann den Hauptangeklagten des Internationalen Militärtribunals (IMT) in Nürnberg ein Film über die Konzentrationslager vorgeführt. Einige Reaktionen:

HANS FRANK: Grausig! ... Schrecklich!

RUDOLF HESS: Ich glaube es nicht!

JULIUS STREICHER: Ich glaub' das nicht!

HANS FRITZSCHE: Keine Macht des Himmels oder der Erde – wird diese Schande von meinem Land nehmen! – nicht in Generationen – nicht in Jahrhunderten!

BALDUR VON SCHIRACH: Ich weiß nicht, wie Deutsche derartige Dinge tun konnten!

WILHELM FRICK: Ich vermute, das Abreißen der Verbindungen in den letzten Monaten – die Bombenangriffe und das Durcheinander –, ich weiß es nicht.

WALTHER FUNK: Grauenvoll! Grauenvoll!

ARTHUR SEYSS-INQUART: Es geht einem an die Nieren. Aber ich halte durch.

KARL DÖNITZ: Wie können Sie mich beschuldigen, von diesen Dingen etwas gewußt zu haben? Sie fragen, warum ich nicht zu Himmler ging und die Konzentrationslager überprüfte? Das ist wahrhaftig absurd! Er hätte mich genauso hinausgeworfen wie ich ihn, wenn er angekommen wäre, um die Marine zu kontrollieren!

FRITZ SAUCKEL: Erwürgen würde ich mich mit diesen Händen, wenn ich dächte, ich hätte das Geringste mit jenen Morden zu tun gehabt! Es ist eine Schande!

HJALMAR SCHACHT: Wie können Sie es wagen, mich zu zwingen, hier mit diesen Verbrechern zu sitzen und einen Film über die Schandtaten in den Konzentrationslagern mit anzusehen! Sie wissen, daß ich ein Gegner Hitlers war und selber im Konzentrationslager landete. Es ist unverzeihlich!

ALFRED JODL: Es ist erschütternd! Glauben Sie mir – das Schändlichste dabei ist, daß so viele Jugendliche aus Idealismus in die Partei eintraten.

WILHELM KEITEL: Es ist schrecklich! Wenn ich derartige Dinge sehe, schäme ich mich, ein Deutscher zu sein!

JOACHIM VON RIBBENTROP: Hitler hätte sich nicht einmal einen solchen Film ansehen können. Ich verstehe es nicht. Ich glaube nicht einmal, daß Himmler derartige Dinge hat befehlen können. Ich verstehe es nicht.

ALFRED ROSENBERG: Es ist eine grauenvolle Sache, auch wenn die Russen das gleiche machten. Schrecklich – schrecklich – schrecklich!

HERMANN GÖRING: Es war ein so angenehmer Nachmittag, bis man diesen Film zeigte. Mein Telefongespräch über die Österreich-Affäre wurde vorgelesen und alle lachten mit mir darüber. Und dann kam dieser grauenhafte Film und verdarb einfach alles.

Kommentare zum Todesurteil

HANS FRANK: Tod durch den Strang. Ich verdiente es und erwartete es ... Ich bin froh, daß ich in den letzten paar Monaten Gelegenheit hatte, mich zu verteidigen und über alles nachzudenken.

WILHELM FRICK: Hängen. Ich erwartete nichts anderes.

HERMANN GÖRING: Tod!

ALFRED JODL: Tod – durch den Strang! Das zumindest habe ich nicht verdient! Das Todesurteil, na ja! Jemand muß dafür geradestehen. Aber das ... Das habe ich nicht verdient!

ERNST KALTENBRUNNER Tod!

WILHELM KEITEL: Tod – durch den Strang! ... Das, dachte ich, würde mir wenigstens erspart bleiben!

JOACHIM VON RIBBENTROP: Tod! Tod! Jetzt kann ich meine schönen Memoiren nicht mehr schreiben! Tsk! Tsk! So viel Haß! Tsk! Tsk!

ALFRED ROSENBERG: Den Strang! Den Strang! Das wollten Sie doch, nicht wahr?

FRITZ SAUCKEL: Ich bin zum Tode verurteilt worden ... Ich finde das Urteil ungerecht. Ich bin nie selber grausam gewesen. Ich wollte immer das Beste für die Arbeiter. Aber ich bin ein Mann! Und ich kann es tragen!

ARTHUR SEYSS-INQUART: Tod durch den Strang! ... Nun, im Hinblick auf die ganze Situation habe ich nie mit etwas anderem gerechnet. Es ist schon richtig.

JULIUS STREICHER Natürlich Tod! Genau das, was ich erwartete! Sie müssen es alle die ganze Zeit gewußt haben.

Nachfolger-Eid

Hitler hatte bei Kriegsausbruch Göring zu seinem ersten und Heß zu seinem zweiten Nachfolger bestimmt. Nachdem Heß im Mai 1941 nach Großbritannien geflogen war, um England als Verbündeten zu gewinnen, unterzeichnete Hitler im Juni 1941 einen Erlass, der im Falle seines Todes Göring als alleinigen Nachfolger vorsah. Kurz darauf ordnete Hitler zusätzlich an, dass bei seinem und Görings Ausfall unter bestimmten Voraussetzungen der Senat des Großdeutschen Reiches einen neuen Führer wählt. Dieser neue Führer hätte dann folgenden Eid ablegen sollen:

Ich erkläre, daß mein ganzes Sinnen und Trachten, daß meine Ehre und daß mein Leben allein dem deutschen Volke und dem Reich gehören werden.

Ich versichere, daß ich in aller Welt und unter Aufbietung aller Kräfte die Rechte und Lebensnotwendigkeiten des deutschen Volkes wahren, seinen Lebensraum immer und unter allen Umständen sichern und die Unversehrtheit des Großdeutschen Reichs von Innen und von Außen niemals antasten lassen werde.

Ich bürge dafür, daß die NSDAP als Träger und Garant des deutschen Volks- und Reichsgedankens allezeit im Geiste Adolf Hitlers wirken wird.

Ich gelobe, allen deutschen Volksgenossen ein gerechter und uneigennütziger Führer zu sein, ihre Ehre, ihr Recht und ihr Leben ohne Unterschied zu schützen.

Ich schwöre, daß ich unerschütterlich und unter Einsatz meines Lebens zu dem Programm der NSDAP, wie es der Führer Adolf Hitler am 24. Februar 1920 verkündet hat, stehen werde.

Dies ist mein heiliger Eid.

Anmerkung: Weil Hitler sich verraten fühlte, enthob er Göring im April 1945 aller Ämter und bestimmte Goebbels zu seinem Nachfolger als Reichskanzler.

Fair/unfair

Nach dem Krieg wurde in Nürnberg vor dem Internationalen Militärtribunal den einstigen Spitzen von Staat, Partei und Wehrmacht von November 1945 bis Oktober 1946 der Prozess gemacht. Weitere Verfahren gegen belastete Personen aus Politik, Wirtschaft, Ärzteschaft etc. zogen sich bis 1949 hin. Am Anfang dieses Zeitraumes und dann wieder im Herbst 1950 wurden Deutsche befragt, ob das Verfahren fair oder unfair sei. Es handelt sich um die stärkste Veränderung demoskopischer Ergebnisse überhaupt, die bis dahin in Deutschland festgestellt wurde.

1. Meinungsumfrage 1945/46
   78 %   fairer Prozeß
   4 % bzw. 6 % unfair

2. Meinungsumfrage 1950
   38 %   fairer Prozeß
   30 %   unfair

Die Umfrageexperten in der Hohen Kommission der Alliierten waren entsetzt. Was war der Grund für den dramatischen Umschwung? Der Historiker Norbert Frei sagt dazu unter anderem: Besonders zu Beginn und zum Abschluss des Prozesses standen die Deutschen … unter der Wirkung einer massiven Informationskampagne, und der Schock über die nun erstmals in aller Deutlichkeit ans Licht gebrachten Verbrechen des Regimes sorgte dafür, dass die Urteile gegen die Hauptkriegsverbrecher zunächst auf Anerkennung stießen. Doch der Schock war naturgemäß nicht von Dauer, anderes drängte in den Vordergrund, und in dem Maße, in dem die Erinnerung an die Informationen und Bilder aus der Zeit des Prozesses verblasste, schwand auch dessen Überzeugungskraft.

Schwer, schwierig, unmöglich

Nach dem Tod von Adolf Hitler kümmerte sich für kurze Zeit LUTZ GRAF SCHWERIN VON KROSIGK um die auswärtigen Angelegenheiten des Deutschen Reiches. Er war der geschäftsführende Leiter der Regierung Dönitz in Flensburg. Dem Britischen Rundfunk gab er später ein Interview und antwortete laut UNITED PRESS-Meldung vom 15.5.1945 auf die Frage, warum Deutschland den aussichtslosen Krieg so lange weitergeführt habe:

Es ist schwer für mich, über die Gegenwart zu sprechen. Es ist schwierig, über die Zukunft zu reden, aber unmöglich, etwas über die Vergangenheit auszusagen.

Vereinigte Staaten von Europa

JOSEPH GOEBBELS Tagebucheintrag am 29. Mai 1936

Danach wieder Besprechung. Hauptsächlich Außenpolitik. Führer sieht ganz klar: Vereinigte Staaten von Europa unter deutscher Führung. Das wäre die Lösung ...

Hitlers Tod im Jahr 1940

LOOK (USA) vom 21.11.1939

Hollywoods beliebtester Astrologe Norvell las die Sterne von fünf Weltpolitikern für LOOK im Frühjahr und sagte voraus, daß noch vor Mai 1940 in Europa Krieg ausbrechen werde. Jetzt, da der Krieg ausgebrochen ist, bat LOOK Norvell erneut, die Sterne zu befragen und seine Voraussagen aufzuarbeiten. Hier sind sie:

Hitler stirbt 1940

In wenigen Monaten erwartet Hitler ein tragisches Schicksal. Er könnte einem Attentat zum Opfer fallen oder durch eine Kriegsverwundung am Hals oder in der Herzgegend, vielleicht sogar durch Selbstmord sterben. Sein Ende kommt plötzlich und gewaltsam, inmitten von Verwirrung. In Hitlers Sternenbahn ist das Frühjahr 1940 eine Periode schlimmster Heimsuchungen, doch auf keinen Fall wird er dieses Jahr überleben. Sein Nachfolger – Göring? – wird die Deutschen immer unruhiger vorfinden. Schließlich werden sie versuchen, gegen ihn zu revoltieren.

NSDAP-Organisationsstruktur des Reiches

Hoheitsträger	Hoheitsgebiet	Hoheitsgebiet umfasst
Führer	Reich	alle Gaue
Gauleiter	Gau	Anzahl Kreise
Kreisleiter	Kreis	Orte, Städte, Viertel in Großstädten
Ortsgruppenleiter	Ortsgruppe	1500 bis 3000 Haushalte bzw. mehrere Gemeinden
Zellenleiter	Zelle	4 bis 8 Blocks
Blockleiter	Block	40 bis 60 Haushalte

Gaueinteilung

Gaunamen wie Breisgau, Rheingau, Vinschgau etc. gab es schon lange vor der Zeit des Dritten Reiches. Sie sind bis in die Gegenwart erhalten geblieben. Der Begriff Gau geht auf altdeutsche Landschafts- und Stammesgliederungen zurück.

Die NSDAP benutzte diesen Begriff und teilte das ganze Reich in Gaue ein. Der Gau war nach dem Reich das oberste Hoheitsgebiet. Bis zum Jahr 1943 stieg die Zahl der Gaue auf 43 an. Einige wurden umstrukturiert und manchmal änderte sich sogar der Name.

1934	1943	Sitz der Gauleitung
Baden	Baden	Karlsruhe
Bayerische Ostmark	Bayreuth	Bayreuth
Groß-Berlin	Berlin	Berlin
Danzig	Danzig-Westpreußen	Danzig
Düsseldorf	Düsseldorf	Düsseldorf
Essen	Essen	Essen
Halle-Merseburg	Halle-Merseburg	Halle
Hamburg	Hamburg	Hamburg
Hannover-Ost	Ost-Hannover	Buchholz/ Lüneburg
Hannover-Süd	Süd-Hannover-Braunschweig	Hannover
Hessen-Nassau	Hessen-Nassau	Frankfurt a. M.
Koblenz-Trier	Moselland	Koblenz
Köln-Aachen	Köln-Aachen	Köln
Kurhessen	Kurhessen	Kassel
Kurmark	Mark Brandenburg	Berlin
Magdeburg-Anhalt	Magdeburg-Anhalt	Dessau-Ziebigk/ Dessau
Mecklenburg-Lübeck	Mecklenburg	Rabensteinfeld/ Schwerin

Mittelfranken	Franken	Nürnberg
München-Oberbayern	München-Oberbayern	München
Ostpreußen	Ostpreußen	Königsberg
Pommern	Pommern	Stettin
Rheinpfalz	Westmark	Haardt/Neustadt
Sachsen	Sachsen	Dresden
Schleswig-Holstein	Schleswig-Holstein	Altona/Kiel
Schwaben	Schwaben	Augsburg
Thüringen	Thüringen	Weimar
Unterfranken	Mainfranken	Würzburg
Weser-Ems	Weser-Ems	Oldenburg
Westfalen-Nord	Westfalen-Nord	Münster
Westfalen-Süd	Westfalen-Süd	Bochum
Württemberg	Württemberg-Hohenzollern	Stuttgart
Schlesien	Niederschlesien	Breslau-Zobten/Breslau
	Oberschlesien	Kattowitz
	Kärnten	Klagenfurt
	Niederdonau	Wien
	Oberdonau	Linz
	Salzburg	Salzburg
	Steiermark	Graz
	Tirol-Vorarlberg	Innsbruck
	Wien	Wien
	Sudetenland	Reichenberg
	Wartheland	Posen
	Auslandsorganisation (AO)	Berlin

Die Auslandsorganisation (AO) – der Dachverband aller NSDAP-Gruppen im Ausland – wurde organisatorisch als Gau geführt.

Die Welt ist deutsch

Im November 1938 erscheint in der satirischen Zeitschrift DIE BRENNESSEL eine Karikatur, die eine im Ausland grassierende Furcht vor deutscher Expansion ins Lächerliche ziehen will. Der Originaltext zur Karte lautete: Den Greueljournalisten in aller Welt, die immer wieder neue Märchen über Deutschlands »Expansions-Sucht« erfinden, sei dieses Blatt zur Unterstützung ihrer Phantasie gewidmet.

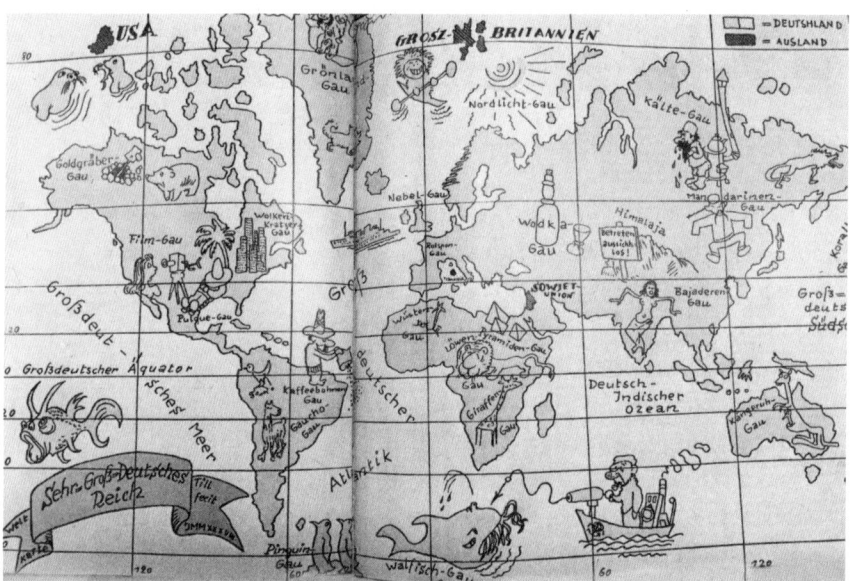

Im hohen Norden gibt es noch einige kleine Inseln, die zu den USA und Großbritannien gehören. Ein winziger Zipfel bleibt der Sowjetunion. Ansonsten: die Welt ist deutsch. Der Globus unterteilt sich in Gaue. Nordafrika heißt jetzt Wüsten-Gau, Russland ist der Wodka-Gau und wo einst Sibirien lag, erstreckt sich der Kälte-Gau. Die Weltmeere tragen Namen wie Großdeutsches Meer, Großdeutsche Südsee oder Deutsch-Indischer Ozean.

Gauleiter

Ein Gauleiter fungierte als ein von Hitler direkt ernannter Hoheitsträger der NSDAP. Viele Gauleiter waren zugleich auch Reichsstatthalter, Ministerpräsidenten oder Oberpräsidenten und verkörperten so die im Dritten Reich angestrebte »Einheit von Partei und Staat«. Einen im Krieg mit der zivilen Verteidigung beauftragten Gauleiter nannte man Reichsverteidigungskommissar. Als »Politische Leiter der NSDAP« stufte das Internationale Militärtribunal (IMT) die Gauleiter im Jahr 1946 als »verbrecherische Gruppe« ein. Insgesamt sind rund 125 Personen Gauleiter gewesen.

Das Schicksal einiger Gauleiter nach Kriegsende und in der Nachkriegszeit

FRIEDRICH KARL FLORIAN: GL im Gau Düsseldorf; 1951 aus der Internierung entlassen; arbeitet als Industrievertreter; stirbt 1975 in Düsseldorf.

ARTHUR GREISER: GL im Gau Wartheland; 1946 in Posen öffentlich gehängt.

JOSEF GROHÉ: GL im Gau Köln-Aachen; Verhaftung, U-Haft, Verurteilungen an mehreren Orten; arbeitet ab 1955 als Vertreter verschiedener Firmen; stirbt 1987 in Köln-Brück.

OTTO HELLMUTH: GL im Gau Mainfranken; Gefängnis, ab 1955 frei; praktiziert als Zahnarzt; stirbt 1968 in Reutlingen.

KONRAD HENLEIN: GL im Gau Sudetenland; schneidet sich zwei Tage nach der Kapitulation, in amerikanischer Gefangenschaft, mit einer Rasierklinge die Pulsadern auf.

FRIEDRICH HILDEBRANDT: GL im Gau Mecklenburg; 1948 im Landsberger Kriegsverbrechergefängnis von Amerikanern hingerichtet.

FRANZ HOFER: GL im Gau Tirol; Internierungshaft, verschiedene Lager und Gefängnisse; ab 1954 Niederlassung in Mühlheim-Ruhr als selbständiger Kaufmann; stirbt dort 1975.

ALBERT HOFFMANN: GL im Gau Westfalen-Süd (ab 1943); bis 1950 in Internierungshaft; Kaufmann, zuletzt Generaldirektor; stirbt 1972 bei Bremen.

KARL KAUFMANN: GL im Gau Hamburg; verhandlungsunfähig; als Kaufmann tätig; stirbt 1969 in Hamburg.

ERICH KOCH: GL im Gau Ostpreußen; stirbt nach lebenslänglicher Haft 1986 im Gefängnis in Barczewo (Polen).

HARTMANN LAUTERBACHER: GL im Gau Süd-Hannover-Braunschweig (ab 1940); Internierungshaft, 1950 Flucht nach Argentinien, arbeitet ab 1956 in einem Außenhandelsunternehmen in München, verschiedene Beratertätigkeiten im Ausland, zum Beispiel Ghana und Oman; stirbt 1988 in Seebruck am Chiemsee.

WILHELM MURR: GL im Gau Württemberg-Hohenzollern; zerbeißt im Mai 1945 eine tödliche Zyankalikapsel.

TOBIAS PORTSCHY: GL im illegalen Gau Burgenland (1935–1938); 1951 Haftentlassung, Elektrogroßhändler von »Alpenhandel Portschy & Co«; stirbt 1996 in Rechnitz/Burgenland.

BERNHARD RUST: GL im Gau Süd-Hannover-Braunschweig (bis 1940); erschießt sich nach Bekanntgabe der Kapitulation am 8.5.1945 in Berne/Oldenburg.

ERNST SAUCKEL: GL im Gau Thüringen; 1946 in Nürnberg hingerichtet.

GUSTAV SCHEEL: GL im Gau Salzburg; 1958 Entlassung aus der Internierung; betreibt eine Arztpraxis in Hamburg; stirbt dort 1979.

WILLI STÖHR: GL im Gau Westmark (1945); untergetaucht, heiratet 1993 erneut in Kanada.

JULIUS STREICHER: GL im Gau Franken; 1946 in Nürnberg hingerichtet.

ROBERT WAGNER: GL im Gau Baden; 1946 im Norden Straßburgs erschossen.

KARL WAHL: GL im Gau Schwaben; 1949 Haftentlassung; Vertreter für Weißwaren, Bibliotheksleiter; stirbt 1981 in Vaterstetten.

PAUL WEGENER: GL im Gau Weser-Ems (ab 1941); Haftentlassung 1951; Vertreter, Prokurist; stirbt 1993 in Wächtersbach.

Pionier der Arbeit

Das von Hitler im August 1940 gestiftete Ehrenzeichen »Pionier der Arbeit« wurde an denjenigen Volksgenossen eines »Nationalsozialistischen Musterbetriebes« verliehen, der den größten Anteil an der vorbildlichen Gestaltung seiner Betriebsgemeinschaft und damit der Erringung der Goldenen Fahne hatte. Es war die höchste Auszeichnung, die auf diesem Gebiet im nationalsozialistischen Staat errungen werden konnte.

Die Auszeichnung »Pionier der Arbeit« erhielten:
1940
GUSTAV KRUPP VON BOHLEN UND HALBACH
  (Unternehmer)

1941
MAX AMANN
  (Reichsleiter, Präsident der Reichspressekammer)
WILHELM OHNESORGE (Reichspostminister)
WILLY MESSERSCHMITT (Flugzeugkonstrukteur)
ROBERT BOSCH (Elektrotechniker, Unternehmer)

1942
ERNST HEINKEL (Flugzeugkonstrukteur)
FERDINAND PORSCHE (Autokonstrukteur)
WALTHER FUNK
  (Reichswirtschaftsminister und Reichsbankpräsident)

1943
KONRAD GREBE (Maschinenfahrsteiger)

1944
JULIUS DORPMÜLLER (Reichsverkehrsminister)
HERMANN RÖCHLING (Unternehmer)
ALBERT VÖGLER (Unternehmer)
CLAUDE DORNIER (Flugzeugkonstrukteur und -hersteller)
HELMUT STEIN (Ingenieur)
ERNST BECKER (Dreher)
JOHN SCHWARZER (Uhrmachermeister)
PETER KÜSTERS (Horizontalbohrer)
EUGEN WIECZOREK (Werkmeister)
ALBERT PIETZSCH (Leiter der Wirtschaftskammer Bayern)

Zuchthaus für Radiohören

DEUTSCHE ALLGEMEINE ZEITUNG vom 4.1.1940

Das Hanseatische Sondergericht verurteilte den Inhaber einer Gastwirtschaft aus dem Hamburger Hafen, Friedrich Rieck, wegen Verstoßes gegen die Verordnung über außerordentliche Rundfunkmaßnahmen vom 1. September 1939 zu drei Jahren Zuchthaus. Der Verurteilte konnte nicht bestreiten, daß er zunächst den Sender Toulouse und danach andere ausländische Sender abgehört habe, ohne Rücksicht darauf, daß auch noch Gäste in der Gaststube anwesend waren. Er benutzte dazu einen alten Apparat, der für dieses verbotene Abhören besonders geeignet war. Erschwerend kam hinzu, daß der Angeklagte sich die Sendezeiten der ausländischen Stationen genau auf kleinen Zetteln notiert hatte, die man bei seiner Festnahme vorfand. Ein vorsätzliches Weiterverbreiten der ausländischen Rundfunkmeldungen hat nach Annahme des Gerichts nicht vorgelegen.

Das neue Berlin

25.6.1940 BEFEHL HITLERS

Berlin muß in kürzester Zeit durch seine bauliche Neugestaltung den ihm durch die Größe unseres Sieges zukommenden Ausdruck als Hauptstadt eines starken, neuen Reiches erhalten. In der Verwirklichung dieser nunmehr wichtigsten Bauaufgabe des Reiches sehe ich den bedeutendsten Beitrag zur endgültigen Sicherstellung unseres Sieges.

Ihre Vollendung erwarte ich bis zum Jahr 1950.

Das Gleiche gilt auch für die Neugestaltung der Städte München, Linz, Hamburg und die Parteitagbauten in Nürnberg.

Deutsche Invasion

DAILY MIRROR (London) vom 19.6.1940

Sollte Großbritannien angegriffen werden, so muß jeder Zivilist sieben wichtige Regeln beachten. Sie werden in einer Broschüre beschrieben, die die Regierung gestern veröffentlichte. Es wird betont, daß diese Vorschriften von ebenso entscheidender Bedeutung sind wie die Befehle an die Männer der bewaffneten Streitkräfte. Hier sind diese sieben Regeln. Falls eine Invasion stattfindet –

▶ Bleibe wo du bist
▶ Glaube nicht an Gerüchte und verbreite sie nicht weiter
▶ Sei wachsam – melde der Polizei oder dem Militär unverzüglich alle verdächtigen Wahrnehmungen
▶ Gib niemals den Deutschen irgend etwas
▶ Halte dich zum Bau von Straßensperren bereit
▶ Hilf mit bei der Organisation eines Verteidigungssystems, um bei der Arbeit gegen einen plötzlichen Angriff Widerstand zu leisten
▶ Denke immer erst an Britannien und dann an dich

Das rote Apotheken-A aus dem Dritten Reich

In vielen Staaten der Welt sind es grüne oder andersfarbige Kreuze, in einigen Ländern sind es ganz andere Symbole. In Deutschland weist seit dem Jahr 1937 ein großes rotes A in Fraktur-Schrift auf eine Apotheke hin. Dieses rote A auf weißem Hintergrund entspringt einem in Berlin entschiedenen Wettbewerb. Der Gewinner hieß Ernst Paul Weise. Sein Ent-

Links das 1930 entworfene Drei-Löffel-Symbol, das schon zu Weimarer Zeiten als Apothekenzeichen eingeführt und nach 1936 vom roten Apotheken-A verdrängt wurde. Rechts das heutige Apotheken-A.

wurf trug links unten am roten A noch ein kleines weißes Kreuz. Bei der Ausführung des Apothekenzeichens rückte an dessen Stelle eine – im Dritten Reich populäre – »Lebensrune« (Elhaz-/Algiz-/Man-Rune).

Der Reichsapothekerführer versendete deutschlandweit an jede Apotheke ein kostenloses, bequem zu montierendes Aluminiumschild mit dem neuen roten A. Die Apotheker sollten es deutlich sichtbar an ihren Apotheken befestigen. Durch diese Maßnahme war der Wiedererkennungswert des roten A, laut einer Umfrage nach dem Krieg, sehr hoch geworden. Das eingeführte Apothekenzeichen sollte deshalb nicht einfach verschwinden.

Um eine Entnazifizierung kam man aber nicht herum. Problematisch war natürlich die Rune. Viele Apotheker hatten sie zunächst einfach mit roter Farbe übermalt. Anfang der 1950er-Jahre zeigten die neu angefertigten Schilder dann das liebgewordene rote A mit einem Arzneikelch und einer Schlange. In dieser Gestalt zeigt das im Dritten Reich geborene rote Fraktur-A bis heute an: Hier gibt es Medikamente – hier ist eine Apotheke.

Kneipe

DAILY MIRROR vom 17.10.1940

Ein Lastwagenfahrer nahm einen abgestürzten deutschen Piloten mit nach Newport auf der Isle of Wight. Sein Passagier fragte: »Können Sie bei der ›Alten Schmiede‹ oben auf dem Hügel halten? Ich könnte was zu trinken gebrauchen.« Harold Blow, der Lastwagenfahrer, erzählte etwas später die Geschichte. »Ich fragte ihn, wieso er wußte, wo er war. Er antwortete, daß er oft auf der Insel war und beinahe jede Handbreit davon kenne. Ich nahm ihn mit nach Hause und gab ihm zu essen, weil er sagte, daß er sehr hungrig sei. Er bedankte sich bei mir. Danach rief ich die Polizei an und das Militär holte ihn bei mir ab.«

Łódź

Die heute über 700.000 Einwohner zählende polnische Metropole Łódź trug im 20. Jahrhundert rund fünf Jahre lang einen deutschen Namen. Nach dem Angriff auf Polen und der Einverleibung eines Teils davon in das Deutsche Reich, beschlossen die neuen Machthaber im April 1940, Łódź in Litzmannstadt umzutaufen. General Karl Litzmann (1850–1936) war im Ersten Weltkrieg Sieger der Schlacht bei Łódź gewesen. Später hatte er sich hochbetagt der NS-Bewegung angeschlossen und gehörte zu den treuesten Gefolgsleuten Adolf Hitlers. Um seine Verdienste zu würdigen, bekam Łódź im Zweiten Weltkrieg den neuen Namen Litzmannstadt. Offiziell zählte Litzmannstadt hinter Berlin, Wien, Hamburg, München und Köln zu den größten deutschen Städten. Doch nicht nur die Stadt selbst bekam einen neuen Namen. Auch alle polnischen Straßennamen ersetzte man unter Hochdruck durch deutsche. Viele deutsche Bewohner waren mit den Ergebnissen jedoch nicht zufrieden. Sie nörgelten, man habe zahlreichen Straßen Namen gegeben, die für die östlichste Großstadt des Großdeutschen Reiches völlig untragbar seien.

Das amtliche Straßenverzeichnis von Litzmannstadt enthielt unter anderem folgende Namen:

Requisitenweg	Isolatorenweg	Kardanwellestraße
Spagatweg	Kurzschlußweg	Schlußlichtsteg
Koloraturweg	Kreiselpumpenweg	Manometerstraße
Kugellagerweg	Zündkerzenstraße	Pleuelstange
Dynamostraße	Boschhornstraße	Beifußstraße
Kakaoweg	Antimonweg	Zimtweg
Perlmuschelstraße	Natriumweg	Muskatweg
Aladinstraße	Stickstoffstraße	Bohnenkrautstraße
Alibabastraße	Holzessigweg	Aluminiumstraße
Schildbürgerstraße	Kokspfad	
Siebengeißleinstraße	Differentialstraße	

Polnisch verboten

NEUE ZÜRCHER ZEITUNG vom 16.6.1942

Nach einer Mitteilung des Gauleiters für Danzig/Westpreußen, Forster, soll vom 3. Jahrestag der Annexion der ehemals polnischen Gebiete, die den heute zum Deutschen Reich gehörigen Gau Danzig/Westpreußen bilden, also vom September an, die polnische Sprache verboten werden. Wer in den drei Jahren sich nicht bemüht habe, deutsch zu lernen, habe keinen Platz mehr in diesen Gebieten. Man muß annehmen, daß demnach für die polnisch sprechende Bevölkerung eine Aussiedlung ins Generalgouvernement ins Auge gefaßt wird. Ob ähnliche Maßnahmen für den ebenfalls zum großen Teil aus polnischen Gebieten gebildeten Warthegau geplant sind, ist noch nicht bekannt.

Anmerkung: »Generalgouvernement« war seit dem 26.10.1939 die deutsche Bezeichnung für die deutsch besetzten polnischen Gebiete.

Krieg, Frieden und Blutdruck

ADOLF HITLER am 26.8.1942 im Beisein von Großadmiral Raeder

... Grundsätzlich glaube ich, daß ein längerer Friede wie 25 Jahre jeder Nation schadet. Die Völker brauchen einen Blutverlust zu ihrer Regeneration wie der einzelne Mensch. Früher, bei unseren Altvordern ist das durch Kampf geschehen. Im Scherz: Später geschah das durch den Bader, heute durch den Rasierapparat. Im Mittelalter hat kein Mensch an hohem Blutdruck gelitten. Die hatten fortgesetzt alle ihre Raufereien. In Oberbayern ist jeden Sonntag Aderlaß. Jetzt ist der Blutdruck überall wieder etwas größer, weil das Rasiermesser durch den Rasierapparat ersetzt wurde. Es ist eine Schande, ich habe im Krieg nicht soviel Blut verloren wie durch das Rasieren! ...

Privatklagen im Krieg

Der Zweite Weltkrieg war der größte Land-, See- und Luftkrieg der Geschichte. Überraschenderweise nahm im Deutschen Reich in dieser Zeit die Zahl der Privatklagesachen nicht ab, sondern mancherorts erheblich zu. Im Jahr 1941 meldete zum Beispiel Hamburg eine Verdoppelung der Streitsachen. Eine starke Zunahme verzeichneten auch Kiel, Dortmund, Schwerin, Halle, Weimar, Berlin, Nürnberg und Würzburg. Als Gründe wurden unter anderem eine durch den Krieg bedingte gesteigerte Nervosität und Empfindsamkeit vermutet. Alte Feindschaften unter Hausbewohnern blühten nicht selten in der Enge des Luftschutzkellers neu auf.

Einen weiteren bedeutenden Grund für die Zunahme von Privatklagen sah man darin, dass Anwälte die Betroffenen stärker als vor dem Krieg zur Einreichung von Privatklagen veranlassten, um sich so Arbeit und Verdienst zu erhalten.

Ihrer Art nach waren die Privatklagen ganz überwiegend Beleidigungsklagen. Zur Veranschaulichung dienen nachfolgende Klagebehauptungen aus Privatklagen eines Jahres, die bei kleinen ostpreußischen Amtsgerichten erhoben wurden. Ein geheimer Lagebericht vom SD (Sicherheitsdienst des Reichsführers SS) hielt fest: Die Beispielsfälle, die aus dem übrigen Reich in großer Anzahl gemeldet worden sind, liegen auf gleicher Ebene.

Klagebehauptungen:

1. Behauptung: Der Beklagte habe gesagt, der Kläger
   unterhalte Beziehungen zur Frau des
   Beklagten
   Ergebnis: Vergleich
2. Beschimpfung: »Du katholisches Luder«
   Ergebnis: Vergleich
3. Beschimpfung: »Du alte Sau hast rumgehurt
   in allen Gräben«
   Ergebnis: 40.- Reichsmark Strafe
4. Behauptung: Der Beklagte habe die Ehefrau
   des Klägers geschlagen
   Ergebnis: Vergleich
5. Beschimpfung: »Du Lump, Stänker, Lügner, Lapps«
   Ergebnis: Vergleich
6. Beschimpfung: »Du alter Drachen, ich schlage Dich tot«
   Ergebnis: Einstellung
7. Beschimpfung: »Nummernmarie«
   Ergebnis: Einstellung
8. Behauptung: Diebstahl
   Ergebnis: Einstellung
9. Behauptung: Eine Kriegerfrau bekäme nachts
   Männerbesuch
   Ergebnis: Freispruch
10. Beschimpfung: »Verrücktes Weib«
    Ergebnis: Vergleich
11. Beschimpfung: »Alte griese Sau«
    Ergebnis: Vergleich
12. Behauptung: Grasdiebstahl
    Ergebnis: 30.- Reichsmark Strafe
13. Behauptung: versuchter Diebstahl
    Ergebnis: 10.- Reichsmark Strafe

Kriegsverlauf

Europäischer Krieg
    Sept. 1939–Juni 1941
Ausweitung zum Weltkrieg
    Juni 1941–Dez. 1941
Übergang der Initiative auf die alliierten Mächte
    Dez. 1941–Herbst 1942
Ansturm auf Deutschland und Japan
    Herbst 1942–Sommer 1944
Endkampf und Kapitulation Deutschlands und Japans
    Sommer 1944–Sept. 1945

Verbündete

Komintern

Die 1919 in Moskau gegründete Kommunistische Internationale hatte zum Ziel, die Revolution auch in andere Länder zu tragen und gefährdete bolschewistische Regierungen zu stützen. Höhepunkt des Einflusses waren die Bildung von Volksfrontregierungen, insbesondere 1934 in Frankreich, und die Teilnahme internationaler Brigaden am Spanischen Bürgerkrieg (1936–1939). Die Komintern wurde 1943 aufgelöst.

Antikomintern

Dem von Deutschland und Japan geschlossenen Antikominternpakt – einem Bündnis zur Abwehr der »Zersetzungsarbeit der Kommunistischen Internationale« – gehörten an:

seit 1936   Deutschland, Japan
seit 1937   Italien

seit 1939   Ungarn, Mandschukuo, Spanien
seit 1941   Finnland, Dänemark, Slowakei, Rumänien,
             Kroatien,
             Bulgarien, chinesische Nationalregierung
             in Nanking

Dreimächtepakt

Dem von Deutschland, Japan und Italien geschlossenen Dreimächtepakt gehörten an:

seit 1940   Deutschland, Japan, Italien
seit 1940/41   Ungarn, Rumänien, Slowakei, Bulgarien,
                Kroatien

1942 wurde der Dreimächtepakt durch ein Militärbündnis Deutschland-Japan-Italien vertieft. Japan bezeichnete die Kapitulation Deutschlands im Mai 1945 als Bruch des Dreimächtepakts.

Alliierte

Alliierte werden die militärischen Gegner Deutschlands und dessen Verbündete im Zweiten Weltkrieg genannt. Bei ihnen handelt es sich insbesondere um Großbritannien, Frankreich, die Sowjetunion (ab Mitte 1941), die USA (ab Ende 1941), Kanada, Australien und Neuseeland.

Decknamen
deutscher militärischer Maßnahmen

Sammlung von Decknamen, die im Zweiten Weltkrieg von Deutschen für militärische Operationen gebraucht wurden.

Achse	Entwaffnung Italiens
Alarich	später »Achse«
Alpenveilchen	Besetzung Albaniens
Anton	Besetzung Südfrankreichs
Attila	später »Anton«
Augsburg	Haltbefehl im Westen
Barbarossa	Angriff auf die Sowjetunion
Blau	Angriff der Heeresgruppe Süd
Blücher	Einnahme von Sewastopol
Braunschweig	Fortsetzung von »Blau«
Danzig	Angriff im Westen
Edelweiß	Vorstoß auf Baku
Elbe	Haltbefehl im Westen
Felix	Wegnahme von Gibraltar
Feuerzauber	später »Nordlicht«
Fischreiher	Vorstoß auf Astrachan
Fünfundzwanzig	Angriff auf Jugoslawien
Gelb	Angriff im Westen
Grün	Angriff auf die Tschechoslowakei
Ilona	Sicherung der Pyrenäen
Isabella	Besetzung der Iberischen Halbinsel
Kampf um Rom	Gegenangriff wegen der Landung der Alliierten bei Nettuno

Lachsfang	Angriff zur Gewinnung der Murman-Bahn
Marita	Angriff auf Griechenland
Merkur	Besetzung von Kreta
Naumburg	Landung nördlich Narvik
Nordlicht	Einnahme von Leningrad
Rhein	Angriff im Westen
Schamil	Besetzung von Maikop/Nordkaukasus
Seelöwe	Landung in England
Sonnenblume	Landung in Tripolis
Taifun	Angriff auf Moskau
Walküre	Mobilmachung des Ersatzheeres
Weiß	Angriff auf Polen
Weserübung	Angriff auf Dänemark und Norwegen
Wiesengrund	Wegnahme der Fischer-Halbinsel nördlich von Murmansk

Landserausdrücke

Viele der von deutschen Soldaten umgangssprachlich benutzten Begriffe waren alles andere als fein, manchmal sogar derb und anstößig. Für Außenstehende sind diese Landserausdrücke nicht immer zu verstehen gewesen. Beispiele:

Abspülung	Absturz des Flugzeugs ins Meer
Affe	Tornister
bepflastern	beschießen, mit Bomben belegen
Beutegermane	Ausländischer Freiwilliger; auch Ausländer, der in das Deutsche Reich umgesiedelt wurde

237

Bildungskanone	Fahrzeug mit Büchern für Soldaten
Blitzmädchen	Nachrichtenhelferin
brustkrank	Sucht nach Orden und Ehrenzeichen
Butterfront	Gebiet, in dem die Lebensmittel-versorgung ausgezeichnet ist
Churchill-Pimmel	Blutwurst
Dachschaden	Kopfschuss, Kopfverletzung
dauernd unsichtbar, dauernd urlaubs-verwendungsfähig od. dauernd unterwegs	d. u. (= Abkürzung für dienstunfähig)
Dauerurlaubsschein bekommen	im Kampf sterben
Dödel	Ritterkreuz des Eisernen Kreuzes
eau de pologne	Schlamm, Jauche
Ehrenkeule	Marschallstab
Emil	Flugzeugführer
Feuerpause	Zigarettenpause
Fliegerschokolade	Scho-Ka-Kola
Fohlen	Rekrut, junger Soldat
Franz	Beobachter im Flugzeug
Furzfänger	Paradejacke der Luftwaffe
Gefrierfleischorden, auch Eisbeinorden	Auszeichnung für die Teilnahme am Russlandfeldzug im Winter 1941/42
Gulaschkanone	Feldküche
Grabenschreck	plötzlich auftauchender meckernder Vorgesetzter
Hermann-Göring-Pille	Pervitin

238

Hermann-Göring-Tablette	Pervitin
Himmelfahrts-kommando	lebensgefährlicher militärischer Einsatz
Hitler-Säge	das schnelle Maschinengewehr MG42
H-J-Spätlese	Volkssturm
Horst-Wessel-Suppe	dünne Suppe; Fleischeinlagen und andere Leckereien »marschieren im Geiste mit«
Hühneralarm	verspäteter Alarm, »erst das Ei, dann das Gackern«
Hundemarke	Erkennungsmarke am Hals
Itaka, später Itaker	ITAlienischer KAmerad
Iwan	russischer Soldat
Kettenhund	Feldgendarm
Knobelbecher	Stiefel
Knochensammeln	das Absuchen des Schlachtfeldes nach Toten und Verletzten
Latrinenparole	Gerücht, haltlose Vermutung
Lysolmaus	Krankenschwester
Mussolini-Kartoffeln	Makkaroni, Spaghetti
Mutter der Kompanie	Hauptfeldwebel, »Spieß«
Otto-Otto	8,8-cm-Flak
Rommel-Spargel	nicht sichtbare Sprengladungen, vermintes Balkenwerk
Panzer-Anklopf-Gerät	3,7-cm Pak 36
Panzerschokolade	Pervitin
Rotkäppchen	französischer Soldat
Rückzugpastete	italienische Tomatenpaste

Scheißhausjahrgang	Jahrgang (19)00
Schleifer	harter Vorgesetzter
Spiegelei	Deutsches Kreuz in Gold
Stalin-Orgel	Geschoßwerfer mit schwenkbaren Leitschienen der sowjetischen Raketenartillerie
Stalin-Torte	trockenes Brot
Stoppelhopser	Infanterist
Strippenzieher	Nachrichtensoldat
Stuka-Pille	Pervitin
Stuka-Tablette	Pervitin
Suppenwürfel	Seemine
Tante Ju	Junkers Verkehrsflugzeug Ju 52, der Standardtransporter der deutschen Luftwaffe im 2. Weltkrieg
Tee-Salon	sowjetischer Panzerkampfwagen T-34
Tommy	englischer Soldat
V3	Volkssturm, in Anspielung auf die Vergeltungswaffen V1 und V2
verheizen	Soldaten ohne Sinn opfern
Wanzenhammer	Pfeifenkopf mit dem Ungeziefer getötet wird
Wehrbeitrag	ein während des Urlaubs gezeugtes Kind
Wimmerkürbis	Mandoline
Wutmilch	vor einem Angriff verteilter Schnaps
Zeremonienmeister	vor einem Verband fliegendes Flugzeug, das Markierungsbomben abwirft

240

Hakenkreuz

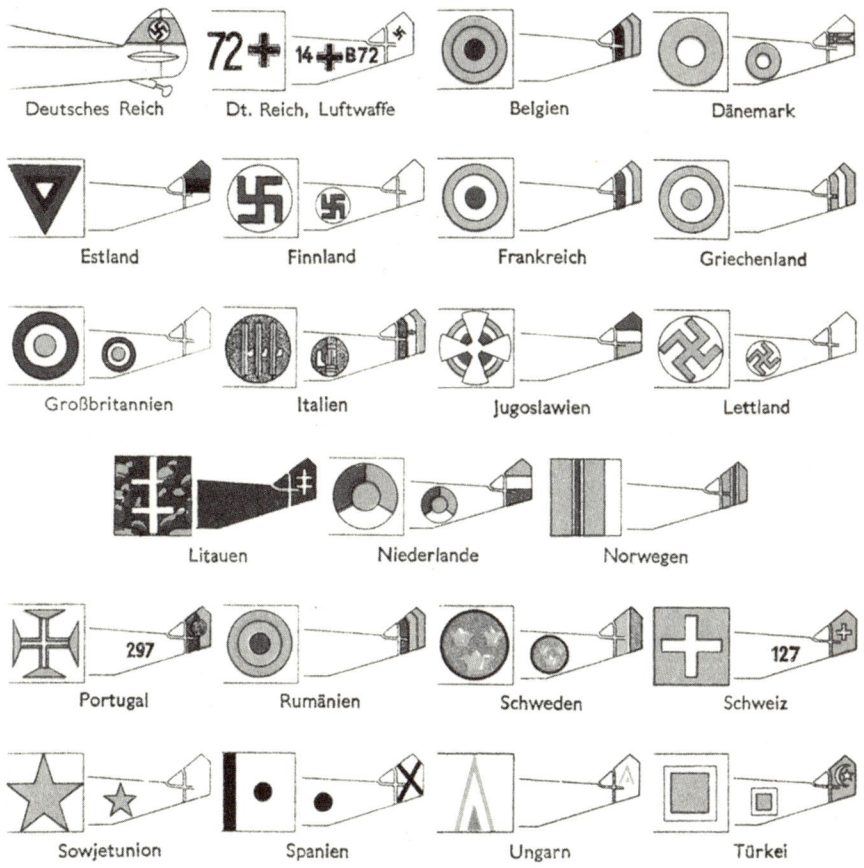

Flugzeugabzeichen
Europäische Staaten

Deutsches Reich   Dt. Reich, Luftwaffe   Belgien   Dänemark

Estland   Finnland   Frankreich   Griechenland

Großbritannien   Italien   Jugoslawien   Lettland

Litauen   Niederlande   Norwegen

Portugal   Rumänien   Schweden   Schweiz

Sowjetunion   Spanien   Ungarn   Türkei

Außer dem Deutschen Reich hatten in Europa noch zwei weitere Staaten ein Hakenkreuz als Flugzeugabzeichen: Finnland und Lettland.

241

Micky Maus

Micky Maus begann ihren deutschen Siegeszug nicht erst in der Nachkriegszeit.

Bereits im Jahr 1930 kamen die ersten Micky-Maus-Filme in Deutschlands Kinos. Micky avancierte im Dritten Reich zu einem viel gefeierten Trickfilmstar, dessen Erfolgsgeschichte erst mit der deutschen Kriegserklärung an die USA im Dezember 1941 endete.

Disneys Maus hatte bis zu diesem Zeitpunkt sogar deutsche Kampfflugzeuge geschmückt. Als Hitlers Legion Condor im Spanischen Bürgerkrieg Franco unterstützte, nannte sich die 3. Staffel der Jagdgruppe 88 auch Micky-Maus-Staffel, denn an jedem Jagdflieger prangte Micky als Staffelabzeichen.

Micky Maus, mit Pistole in der Hand und Zigarre im Mund, zierte auch Adolf Gallands Me 109 beim Jagdgeschwader 26, mit dem Galland als Kommodore 1940 am Westfeldzug und an der Luftschlacht um England teilnahm.

Fußball-WM 1942

Nachdem die Weltmeisterschaft 1930 in Uruguay, 1934 in Italien und 1938 in Frankreich ausgetragen worden war, sollte nach dem Willen der FIFA die Fußball-WM 1942 im Deutschen Reich stattfinden. Kriegsbedingt ist die Fußball-Weltmeisterschaft 1942 jedoch ausgefallen.

Rudolf Heß

Hitlers Partei-Stellvertreter Rudolf Heß (1894–1987) wurde 93 Jahre alt. In Haft war er:

1924	Festungshaft, Landsberg/Lech
1941–45	Haft im Tower, London, und in sicheren Häusern des britischen Geheimdienstes
1945–1946	Haft im Nürnberger Gefängnis während des Verfahrens vor dem Internationalen Militärtribunal (IMT)
1946–1987	Haft im ehemaligen Militärgefängnis in Berlin-Spandau, Zelle Nr. 7

Damit verbrachte Heß 46 Jahre seines Lebens in Freiheit und 47 Jahre in Haft. Am 17.8.1987 starb er. Als Todesursache wurde Selbstmord durch Erhängen mit einem Stromkabel angegeben. Das bestätigen auch Historiker wie Dietrich Orlow (… am 17. August 1987 erdrosselte er sich mit dem elektrischen Kabel …), Kurt Pätzold und Manfred Weißbecker (… es kann als sicher gelten, dass Heß sich in seinem Gartenhaus das Leben nehmen wollte und an den Folgen des Versuchs, sich mit einem Kabel zu erdrosseln … gestorben ist …) oder Elke Fröhlich-Broszat (… Freitod am 17.8.1987 …).

243

Trotzdem tauchten nach seinem Tod immer wieder Stimmen auf, die ein Mordkomplott vermuteten. Warum? Im Fall von Rudolf Heß nähren sich die Gerüchte – der britische Geheimdienst könnte etwas damit zu tun haben – durch Aussagen des mit der Nachsektion des Leichnams beauftragten Rechtsmediziners, des ehemaligen amerikanischen Direktors von Berlin-Spandau und des tunesischen Krankenpflegers von Heß:

Rechtsmediziner
PROF. DR. WOLFGANG SPANN: Aber so wie es uns mitgeteilt wurde, wie es gewesen sein soll, dass er sich am Kabel erhängt hat, kann es sicher nicht gewesen sein. Mit dem Stromkabel kann er sich selbst nicht erdrosseln.

Direktor
EUGENE BIRD: Irgendjemand muss es sagen: Heß ist ermordet worden.

Krankenpfleger
ABDULLAH MELAHOUIE: Ich sage es, und ich sage ganze Welt es, er ist ermordet ...

Anmerkung: Heß wird heute noch in rechtsradikalen Kreisen verehrt. Deshalb sind alle Aussagen über Heß besonders kritisch zu hinterfragen.

Agenten und Spione

Wie in anderen Armeen gehörte auch in der Deutschen Wehrmacht das Erlernen einer bestimmten Verhaltensweise gegenüber Agenten und Spionen zum Dienstunterricht:

Nachdrücklich ist zu merken, daß bei dem geringsten Spionage- oder Sabotageverdacht sofort Meldung zu erstatten ist. Es ist einzuprägen, daß der Soldat über alles, was ihm auf Grund seiner Dienststellung zu Gesicht oder Gehör kommt, gegenüber jedermann Stillschweigen zu bewahren hat. Im Verkehr mit Nichtsoldaten mache sich der Soldat zum Grundsatz, über militärische Angelegenheiten überhaupt nicht zu sprechen und auf Befragen nur ausweichende Antworten zu geben.

Beispiel für das Verhalten des Soldaten beim Zusammentreffen mit einem Agenten aus DER DIENSTUNTERRICHT IM HEERE:

Agent: »Kamerad, wie ist es heute beim Kommiß? Wird strammer Dienst gemacht?«

Soldat: »Natürlich, strammer Dienst wird vom Soldaten erwartet.«

Agent: Wie stark ist heute eigentlich eine Kompanie, sie soll auch Maschinengewehre haben?«

Soldat: »Ich bedaure, darüber keine Auskunft geben zu können.«

Agent: »Die Frage ist doch harmlos, mich interessiert doch nur ... weil ... Hallo, Ober, dem Kameraden ein Bier!«

Soldat: »Danke! Ich nehme keine Geschenke an ...«

245

Soldat: »Herr Hauptmann, ich melde, daß ... Wie mir der Wirt sagte, ist der Mann von Beruf ... und wohnt. ... Er hat mich übermorgen ... eingeladen.«

Stahlhelm »Fritz«

Das hervorstechendste Uniformstück der Wehrmachtssoldaten war der Stahlhelm. Er schützte den Kopf und diente zur Unterscheidung. Das Standardmodell M 35 war die konsequente Weiterentwicklung von Vorgängermodellen aus dem Ersten Weltkrieg und wurde während des Zweiten Weltkriegs ständig verbessert. Die Form des deutschen Stahlhelms übernahmen im Laufe der Jahre auch Finnland, Spanien, Ägypten und die Armeen einiger südamerikanischer Länder. Amerikanische Veteranen, die noch gegen Deutschland gekämpft hatten, staunten in den 1980er-Jahren nicht schlecht, als die US-Army ihren alten Helm ausmusterte. Die neu eingeführten amerikanischen Helme sahen den alten deutschen Wehrmachtshelmen nämlich zum Verwechseln ähnlich. Manche nannten den neuen US-Helm deshalb auch »Fritz«.

Volkswagen (VW)

Die Entwicklung des Volkswagens ist eng mit den Personen FERDINAND PORSCHE und ADOLF HITLER verbunden. Hitler träumte schon früh davon, dass massenhaft käferförmige Volkswagen über die deutschen Straßen fahren. Nach der für das VW-Projekt zuständigen »NS-Gemeinschaft Kraft durch Freude« nannte man die Volkswagen auch KdF-Wagen. Erste Modelle rollten schon im Jahr 1937 auf den Straßen, während des Krieges erschien eine VW-Militärversion und nach dem Krieg sollte es dann richtig losgehen. Was manche früh hofften, erfüllte sich später tatsächlich. Das Kind des Dritten Reiches entwickelte sich nach dem Krieg zum meistverkauften Auto der Welt. Erst im Jahr 2002 wurde dieser Rekord vom VW-Golf überflügelt.

ADOLF HITLER, Brief am 20. Oktober 1924
Endlich aber erhält das Reich gerade von diesen fremden Wägen einen enormen Einfuhrzoll, der auch der Nation zu Gute kommt. Erst, wenn wir selber über einen solchen Wagen verfügen, ist es selbstverständliche Pflicht eines jeden Deutschen, das deutsche Fabrikat zu erwerben.

ADOLF HITLER, unveröffentlichtes Manuskript 1928
… müssen wir zusehen, wie selbst in unserem eigenen Lande der amerikanische Wagen sich in beängstigender Weise breitmacht.

BMW-CHEF FRANZ-JOSEF POPP, 1931
Die breiten Schichten werden in Deutschland infolge unserer Verarmung viel langsamer als in anderen Ländern in den Besitz eigener Automobile gelangen können.

Hitler freut sich über das maßstabgerechte Modell des Volkswagens, das ihm zu seinem 49. Geburtstag am 20. April 1938 präsentiert wird. Von links: Bodo Lafferentz, Ferdinand Porsche, Robert Ley (halbverdeckt), Adolf Hitler, Adolf Hühnlein, Jakob Werlin, Rudolf Schmeer. Hinten: zwei weiß uniformierte Ordonnanzen.

FERDINAND PORSCHE an ADOLF HITLER, Telegramm 1933
Als Schöpfer vieler namhafter Konstruktionen auf dem Gebiete des deutschen und des österreichischen Kraft- und Luftfahrtwesens und mehr als 30 Jahre mitkämpfend um den heutigen Erfolg beglückwünsche ich Euer Exzellenz zur tiefgründigen Eröffnungsrede der »Deutschen Automobilausstellung«.

VÖLKISCHER BEOBACHTER zum Volkswagenprojekt 1934
Harmlose Gemüter mögen annehmen, daß dies eine ausgesuchte neue Idee wäre – eine mehr oder weniger spontane Äu-

ßerung ... so einfach liegen die Dinge doch nicht. In Wirklichkeit handelt es sich um Gedanken, die der Führer schon seit Jahren gehegt hat.

Daimler-Benz-Direktor JAKOB WERLIN über ein Treffen mit Hitler und Porsche, 1934

Die Einzelheiten, die der Führer dabei erörterte, waren so überzeugend und zugleich richtungsweisend, daß für Dr. Porsche die Marschroute eindeutig gegeben war. Er befaßte sich so eingehend mit Konstruktionsfragen, wie leichte Handhabung und Zerlegbarkeit unter Hinweis auf die großen Fortschritte in der Massentechnik, Art der Kühlung, berührte die notwendige Gewichtsersparnis, unterstrich besonders die Preisfrage und gab Gesichtspunkte über Exportmöglichkeiten, so daß Porsche am Schluß der Unterredung zu mir sagte: »Ich bin ganz weg«.

ADOLF HITLER, Rede zur Internationalen Automobil-Ausstellung (IAA) 1936

Sie werden dann verstehen, weshalb ich mit rücksichtsloser Entschlossenheit die Vorarbeiten für die Schaffung des deutschen Volkswagens durchführen lasse und zum Abschluß bringen will, und zwar, meine Herren, zum erfolgreichen Abschluß.

JOSEPH GOEBBELS, Tagebuch 1937

Da schaffen wir eine große Sache, die dem Führer Freude machen wird.

ADOLF HITLER, Rede zur IAA 1938

Sorgen wir also dafür, daß durch eine gewaltige Zahl billiger deutscher Volkswagen in der Zukunft der Wunsch jener befriedigt wird, die aus Liebe und Lust zum Kraftwagen bereit sind, einen Teil ihres Einkommens dafür anzulegen.

URKUNDENTEXT zur Grundsteinlegung des VW-Werkes 1938
Den Grundstein für das Volkswagenwerk, der größten Europäischen Erzeugungsstätte auf dem Gebiete der Motortechnik, legte heute am 26. Mai 1938, im Jahre der Heimkehr der Ostmark, der Führer und Kanzler des von ihm geschaffenen Großdeutschen Reiches Adolf Hitler. Sein Ziel ist das Wohl seines Volkes.

THE NEW YORK TIMES, 1938
The new automobile is already nicknamed the »Baby Hitler«, but its proper name will be K.d.F. – Kraft durch Freude, or Strength through Joy.

Heeresadjutant GERHARD ENGEL, Tagebuch 1938
Er habe mit der Schaffung des VW-Werkes ganz besondere Vorstellungen verbunden. Es sollte nicht nur eine gute Devisenquelle des Reiches werden, sondern vor allem beim Arbeiter das Fahrrad ersetzen. Er werde nicht ruhen, bis die Produktion im Laufe des Jahres so angelaufen sei, daß in einer Zeit, die er gern noch erleben möchte, zumindest jeder Facharbeiter seinen Volkswagen habe.

DEUTSCHLAND-BERICHT der Sozialdemokratischen Partei Deutschlands (SPD) im Exil (Sopade), 1939
Jedes Kind in Deutschland weiß z. B.: Hitler hat vor allem den Auto- und den Autobahnfimmel. Wenn Hitler sich in den Kopf setzt, der deutsche Arbeiter soll sein Auto haben, dann wird Hitler diese Idee auch mit der bei ihm gewohnten fanatischen Besessenheit in die Tat umsetzen und der deutsche Arbeiter wird sein Auto haben.

Ferdinand Porsches Sohn FERRY PORSCHE zur Herstellung des VW-Kübelwagens

Es war Hitler selbst, der entschied und befahl, den VW-Geländewagen zu produzieren. Ich selbst hatte Hitler unseren Wagen vorgeführt, der, was verständlich ist, ein ganz besonderes Interesse dafür zeigte, da der Wagen ja auf der Basis »seines« KdF-Wagens entstanden war.

ADOLF HITLER, 1942

Die Erfahrungen, die wir in der Materialerprobung während des Krieges gemacht haben, werden unserem Volkswagen wunderbar zustatten kommen.

ADOLF HITLER, 1942

… man werde nach Verwertung der Kriegserfahrung mit diesem Fahrzeug dem deutschen Volk ein Automobil bescheren, das unübertreffbar sei.

DAS AUTOBUCH FÜR DEN PIMPFEN (Hitler-Jugend), 1943

Das Gesicht dieses Kraftwagens wird jedem Pimpfen bald am geläufigsten sein: Der deutsche Volkswagen.

Die USA aus NS-Sicht

Das Amerikabild im Dritten Reich war widersprüchlich. Zustimmung und Hochachtung wechselten sich mit Ablehnung und Verachtung ab. Nach der Kriegserklärung Deutschlands an die USA im Dezember 1941 wandelte sich die verhalten freundliche Einstellung endgültig. Schmähschriften wie »Land ohne Herz« von A. E. Johann oder Giselher Wirsings »Maßloser Kontinent« machten jetzt die Runde. Im Jahr 1942 kam in Berlin das Buch IN GOTTES EIGENEM LAND. EIN BLICK INS »DOLLAR-PARADIES« heraus. Dieser Kriegsbestseller, den der Arzt Eduard Ahlswede geschrieben hatte, erschien mit einer Auflage von 1.100.000 Exemplaren. Einige Kostproben:

Von den Einheitsbanausen in USA darf man sagen:

1. Sie glauben alles, was sie gedruckt sehen (I saw it in the papers), z. B. auch Angriffsvorbereitungen der Marsbewohner und Deutschlands auf USA, und ähnliches.
2. Sie haben alle die gleichen Ansichten und führen die gleichen patenten Redensarten (snappy sayings), die gerade in Mode sind, die gedächtnismäßig angeeignet und papageienhaft nachgeplappert werden …
3. Sie grinsen, einer wie der andere, fast den ganzen Tag (keep smiling, boy!) …
4. Sie sind ausgesprochene Herdenmenschen, die nie allein sein können, ja das Alleinsein geradezu fürchten, da ihnen jede Phantasie, jede innere Reserve fehlt, um ihre Freiheit verwerten zu können. Jeden Tag hört man: »Ich weiß nicht, was ich mit mir anfangen soll« (I don't know what to do with myself).
5. Sie kauen alle Gummi und lassen eine Zahnlücke frei (oder schaffen sich eine) wohin das Gummi gelegentlich in Ruhestellung kommt.
6. Sie tragen alle Ingersolluhren (Einheitspreis 1–1½ Dollar) und kaufen auf Stottern (instalment plan).

7. Sie arbeiten mit der »trial and error method«, d. h. sie sind Empiriker und entscheiden in allen auch nur etwas schwierigen Fragen nach der Erfahrung. Wie die Nachtwandler probieren sie zunächst, ob eine Sache geht: klappt es, wundern sie sich und bleiben dabei, klappt es nicht, versuchen sie einen anderen Weg.

8. Sie essen alle Griddle-Cakes mit Syrup und Grapefruit zum Frühstück. Mit letzterer übersäuern sie sich den Magen und landen beim Arzt; aber die Zeitungen erzählen doch, daß Grapefruit gesund sei, deshalb wird sie weiter gegessen.

9. Sie fahren »tin-lizzies« oder »chevies« (Ford- oder Chevroletwagen) oder kaufen sich ein gebrauchtes Automobil eines anderen Fabrikates. Sie geben selbst zu, daß sie sich damit die Kopfschmerzen des anderen kaufen (they buy the other man's headache).

10. Sie verwechseln alle Zivilisation mit Kultur. Sie vergessen, daß man ihre ganzen zivilisatorischen Errungenschaften: elektrische Schreibmaschinen, Patentbetten, Radio usw. in 14 Tagen nach Borneo schaffen kann, die Kopfjäger dort aber keinen Deut an Kultur dadurch gewinnen.

11. Sie gehen zur Hebung ihres Kulturniveaus wöchentlich zweimal in das Kino, spielen zweimal Bridge in der Woche und gehen einmal in den Klub.

12. Sie bluffen alle, d. h. sie versuchen einen höheren materiellen Wohlstand vorzutäuschen, als sie tatsächlich aufweisen können.

13. Sie leben nur aus Konservendosen, ärgern sich aber, daß diese keine Reißverschlüsse haben, denn sie sind sehr unordentlich und vergessen dauernd den Dosenöffner.

14. Sie sind immer in wahnsinniger, fürchterlicher Eile, rasen im 80-Kilometer-Tempo ins Büro, dann aber stieren sie dreiviertel Stunden zum Fenster hinaus oder erzählen Geschichten, meist von Girls, Jazz-Königinnen oder neuen Cocktail-Rezepten.

Schulunterricht

Es gibt in den USA keine Kinderstube in unserem Sinne. Im allgemeinen erziehen die Kinder sich selbst, bilden schon mit acht Jahren kleine »gangs«, wenn sie nicht sehr reiche Eltern haben und dann von einer Neger-nurse erzogen werden.

Aber dieser Tag brachte etwas Interessantes. Eines der Kinder, welche ich untersuchte, hatte einen Schulatlas bei sich, in welchen ich zufällig einen Blick warf, dann aber fast hinten vom Stuhl kippte. Ich traute meinen Augen nicht. Stand da – in diesem Schulbuch über Geographie und Völkerkunde – in roten Buchstaben quer über die Länder gedruckt, eine knappe für die Kinder sehr einprägsame Erklärung. So hieß es über

Deutschland, England, Frankreich usw.: »zivilisiert«
über den meisten Balkanstaaten: »halb-zivilisiert«,
aber über den Vereinigten Staaten: »enlightened« (erleuchtet!)

Dem amerikanischen Kind wird also, ohne nähere Begründung, die Überzeugung beigebracht, daß Amerika als einziges Land auf der höchsten Stufe der Kultur steht!

Amerikanische Umgangsformen (Mannerismus)

In der Tat legen die Amerikaner erschreckend geringen Wert auf Umgangsformen. Es ist Sitte, sobald sich Amerikaner kennenlernen, d.h. in dem Augenblick, in dem sie einander vorgestellt sind, sich gleich mit ihren Vornamen anzuschreien, möglicherweise gleich mit einem Kosenamen, da viele keinen eigentlichen Vornamen kennen. Ein Dritter, welcher hinzukommt, wird oft keinen Wert darauf legen, überhaupt vorgestellt zu werden und gleich den Kosenamen anwenden. Vier von fünf Amerikanern werden stets bei dieser Gelegenheit einem mit der flachen Hand auf die Schulter schlagen, wie mit einem Teppichklopfer. Als sich auf einer Gesellschaft nach einem solchen Schlag die Wolke von Staub und Wollfäden auf meiner Schulter wieder gelegt hatte, fragte mich einer der Gäste, den ich überhaupt nicht kannte: »Sag mal, Ed (Edu), ihr habt wohl sehr gutes Bier in Deutschland?«

Genau so verfährt der Amerikaner auch, wenn er zum ersten Male einem jungen Mädchen vorgestellt wird, nur daß er etwas weniger hart auf die Schulter klopft – diese Einschränkung allerdings nur, um ihr nicht gleich am frühen Abend ein Loch in die Bluse zu schlagen. Sicher geht viel wahre Romantik, im gesunden Sinne, verloren, wenn der Jüngling, kaum einem jungen Fräulein vorgestellt, statt Miß America zu sagen, ihr auf die Schulter klopft und Flopsy, Popsy oder Wopsy sagt.

Sensation in Hollywood
Hollywood ist der absolute Tiefpunkt des Amerikanismus, hier sitzt man auf Grund, tiefer geht es nicht.

Die Ehescheidungsindustrie von Reno
An dem verpfuschten Eheleben so vieler Amerikanerinnen trägt die Ehescheidungsmühle in Reno-Nevada sicher nicht geringe Schuld. Denn ohne diese spielend leichten Scheidungen würde manche Amerikanerin einen ernsteren Versuch machen, ihre Ehe durchzuhalten … Reno bemüht sich, eine Ehescheidung so leicht wie möglich zu machen, um dieses einträgliche Business an sich zu reißen. Jeder wird auf Antrag geschieden, wenn er entsprechend dafür bezahlt … Vor dem Richter erscheinen nie mehr als vier Personen: der Kläger, dessen Anwalt, der Anwalt des Beklagten und ein Zeuge …

Der Anwalt der Klägerin stellt dann zwei oder drei formelle Fragen:

Wie hat sich Ihr Mann verhalten? Er war sehr grausam.

Hat das Ihre Gesundheit beeinträchtigt? Ja es hat mich sehr nervös gemacht. Stellt der Anwalt zu viele Fragen, wird der Richter sofort ungeduldig, denn er weiß, daß er in fünf Minuten den nächsten Fall zu verhandeln hat. Nach den Nevadagetzen gibt es acht Scheidungsgründe, aber das beste Business bringt immer der »cruelty«, »Grausamkeits«-Grund ... Da nun die ganze Komödie nur 5 Minuten dauern darf, kommt es tatsächlich vor, daß folgendermaßen ausgesagt wird:

Er (klagt): 1. Meine Frau will jeden Abend ins Kino, es ist grausam; 2. sie raucht Zigaretten im Bett, es ist grausam; 3. sie streicht ihr Gesicht an wie ein Zirkusclown, e. i. g. ... Alle diese Klagen ergeben (in Reno) zusammengefaßt: Unverträglichkeit mit grausamem Einschlag (incompatibility and cruelty).

Sie (klagt): 1. Mein Mann will nie ins Kino gehen, es ist grausam; 2. er tanzt wie ein Nilpferd, es ist grausam, 3. er rasiert sich nicht jeden Tag, außerdem pfeift er beim Rasieren, e. i. g.; 4. mein Mann wird immer dicker und vergeßlicher, er verlegt dauernd den Dosenöffner, e. i. g. ... Alle diese Klagen ergeben zusammengerechnet: Unverträglichkeit mit grausamem Einschlag.

Die Quittung für die Scheidung erhält man allerdings erst, nachdem man alle Rechnungen in Reno bezahlt hat. Die Renoscheidung ist also eine der ganz wenigen Bedarfsartikel, die man drüben nicht abstottern kann.

Von dem Gerichtsgebäude geht die frischgeschiedene Frau meist auf eine bestimmte Brücke, die über den Tuckee-Fluß in Reno führt. Von hier wirft sie den einst so geschätzten Ehering in das Wasser, eine eigenartige theatralische Geste. Dann läuft sie zu einem Wahrsager, Handliniendeuter, Teeblätterdiagnostiker oder Sterngucker, von denen es in Reno wimmelt, und läßt sich erzählen, wie der nächste Ehemann aussehen wird.

Reno ist ein reiches Städtchen, aber wie so oft in Amerika ist hier die »prosperity« aufgebaut auf gebrochenen Herzen und zerstörten Familienleben.

Die wirklich Bedauernswerten sind die zahllosen Kinder, die den vierten Vater oder die fünfte Mutter haben. Wie eine Patientin erzählte, sollen sich die Kinder beim Spielen darüber unterhalten, »daß Mutti bald einen besseren Pappi bekommt«, oder »Vati bekommt jetzt eine ganz neue Mutti«.

Pantoffelhelden (Henpecked husbands)

»Die amerikanischen Männer werden von ihren Frauen beherrscht.« Ein treffsicheres Urteil, zu welchem man hinzufügen möchte: Nicht nur beherrscht, sondern auch in unangenehmer Weise bevormundet, wobei ich nur das wiederhole, was Hunderte von amerikanischen Ehemännern mir gestanden haben, wenn auch ungern.

Der Amerikaner ist der Prototyp des Pantoffelhelden. Der wirklich klassische moderne Pantoffelheld wächst nur auf amerikanischem Boden. Dieses gilt mehr oder weniger für jeden Ehemann drüben, mit nur verschwindend geringen Ausnahmen, sonst wären es keine amerikanischen Ehemänner. Die Frau regiert, die Frau hat das Wort, was sie will, ist Befehl.

Die »Goldgräberinnen«

In Chikago steht ein Schloß am Michigan-See – an der »Goldküste« – dort, wo Grund und Boden unerschwinglich teuer sind. Es wurde erbaut für ein 18jähriges Mädchen von einem 62jährigen Mann. Psychologisch durchaus verständlich für den Kenner amerikanischer Verhältnisse. Der alte Mann hatte, um ein so großes Vermögen zu erwerben, viele Jahrzehnte nichts, absolut nichts anderes gekannt als die Dollarjagd, und schließlich merkte auch er, daß er sich selbst betrogen hatte, wie nur ein Amerikaner sich selbst betrügen kann: Er war alt geworden, die Natur begann sich fühlbar an ihm zu rächen, denn er hat sie – die Natur – betrügen wollen, und nun möchte er Verlorenes aufholen. Er baut einen goldenen Käfig und heiratet einen »gold-digger« (Mädchen, die einen reichen Mann suchen, Alter Nebensache). Nirgends studiert man diese Verhältnisse besser als in Chikago.

Die Auto-Manie

Die Sucht des Amerikaners, unter allen Umständen in den Besitz eines Autos zu gelangen, nur um zur »Sonderklasse der Autobesitzer« zu gehören, koste es, was es wolle, ist zu einer wahren Manie geworden, die man am klarsten an der Landbevölkerung studieren kann, da diese meist hart an der Grenze von erträglicher zu »unbequemer« Armut liegt ... Von den 38 Haushaltungen in Henryville besaßen 37 ein Automobil. Über ein Viertel des Einkommens der Bewohner wurde für die Unterhaltung des Wagens ausgegeben, daher gab es kaum eine Badewanne im Dorf und nicht die allernotwendigsten sanitären Einrichtungen. Abgesehen von dem Auto und vielleicht einem Radioapparat hatte sich der Lebensstandard hier seit 30 Jahren um nichts gehoben, während von einem kulturellen Leben überhaupt nicht gesprochen werden konnte.

Time is money (Zeit ist Geld)

Für den Amerikaner gilt die These Benjamin Franklins: time is money, Zeit ist Geld. Er sagt daher auch »Ich gebe meine Zeit aus« (I spend my time), wie er sagt »I spend my money«. Es fehlt bezeichnenderweise in der täglichen amerikanischen Umgangssprache ein Wort, das unserem »ich verbringe meine Zeit« entspricht.

Kaugummi

Das Evangelium vom Kaugummi bildet eine der Stützen der uns so schwerverständlichen amerikanischen Kulturphilosophie. Zunächst müssen Sie wissen, falls Sie gefehlt haben sollten: »Kultivierte Kauer kauen Kaugummi von Wrigley Qualität.« ... Jede Hausangestellte drüben weiß, daß ihre Hauptaufgabe nach einer größeren Gesellschaft darin besteht, die zum Teil raffiniert versteckt hinter die Möbel geklebten Gummireste ausfindig zu machen. Die bevorzugten Anklebestellen kennt sie, erlebt aber immer wieder Überraschungen. Besonders beliebt sind die Stellen unter den Türdrückern, dann vor allem die oberen Winkel der Tischbeine, da viele Gäste erst in letzter Sekunde, wenn die Suppe vor ihnen steht, sich von dem Kaugummi trennen können. Aber auch hinter der Uhr auf dem Schreibtisch, hinter Bilderrahmen, Vogelkäfig und Blumenvasen ist die Gummiernte meist gut. Immer sind es Stellen, die in der Nähe der Wand liegen, damit nichts auffällt. So rücksichtsvoll ist der Amerikaner.

Die Amerikanerin

Zunächst allgemein: Die Amerikanerin ist, im ganzen gesehen, ein Stück Unglück. Während die Europäerin eine Ergänzung zum Manne bildet, will die Amerikanerin auf eine Ebenbürtigkeit oder gar Überlegenheit hinaus, die beide unnatürlich und zwecklos sind. Sie spielt mit ihrem Eheleben, läßt sich im Durchschnitt zwei- bis siebenmal scheiden, »fliegt also von Blume zu Blume und landet auf Unkraut«, wie der New-Yorker sagt. Zwanzig Jahre lang läuft die Walze verkehrt, mit 40 sind ihre Nerven verbraucht, und das Ende ist der Bridgeklub oder der religiöse Verein.

Der Schein ihrer Selbständigkeit, der Schein ihrer Ebenbürtigkeit mit dem Mann oder die scheinbare Überlegenheit über diesen, trügt sie in jedem Fall. Sie versucht, die Natur zu betrügen, betrügt aber dabei in erster Linie sich selbst, und dann erst den Mann.

Vielweiberei, Americanitis

Immer wieder hörten wir in der Praxis fast wörtlich das gleiche Klagelied: »Ich habe früher 10 Stunden am Tage gearbeitet, weil meine Frau mehr Geld brauchte und verlangte, als ich in acht Stunden verdienen konnte. Sie war dann auch noch nicht zufrieden, deswegen arbeite ich heute 16 Stunden, und nun jammert sie, daß ich sie vernachlässige.« Diese jungen Leute arbeiten sich schließlich mit wenigen Ausnahmen so fest, daß es kein zurück mehr gibt, sie erwerben oft große Vermögen, stets aber verlieren sie Frau und Familie ... Seit vielen Jahrzehnten unterhält derjenige, welcher die Mittel dazu hat, so viele Freundinnen neben seiner Frau, wie ihm in den Weg laufen bzw. in wieviel ausgeworfenen Netzen oder Lassos er hängen bleibt. Je älter er geworden ist, je kürzer die Zeit, die er vor sich noch sieht, desto größer ist oft die Zahl dieser »girlfriends« ... Die Zahl der auf diese Weise ausgehaltenen Mädchen allein in New York City beläuft sich auf viele Zehntausende. Die Zahl der business-men, die nur zwei oder drei Freundinnen aushalten, geht hoch in die Tausende. Es soll tatsächlich zahlreichere und größere »Harems« in New York geben als in der Türkei.

Germanische Rassenpolitik vs. USA

ADOLF HITLER in kleinem Kreis im August 1941

Wir dürfen von Europa keine Germanen mehr nach Amerika gehen lassen. Die Norweger, Schweden, Dänen, Niederländer müssen wir alle in die Ostgebiete hereinleiten; das werden Glieder des Deutschen Reiches. Wir stehen vor der großen Zukunftsaufgabe, planmäßig Rassenpolitik zu treiben. Wir müssen das schon deshalb tun, um Inzucht zu begegnen, die bei uns Platz greift. Die Schweizer werden wir allerdings nur als Gastwirte verwenden können.

England und Deutschland vs. USA

ADOLF HITLER in kleinem Kreis im August 1941
Ich werde es nicht mehr erleben, aber ich freue mich für das deutsche Volk, daß es eines Tages mit ansehen wird, wie England und Deutschland vereint gegen Amerika antreten.

Mussabkürzungen im Heer

Im inneren Geschäftsbereich des deutschen Heeres gab es Mussabkürzungen, das heißt, wenn abgekürzt wurde, musste die nachstehende Abkürzung genauso geschrieben werden:

A.B.	Auf Befehl
a.D.	außer Dienst
Adj.	Adjutant (ur)
-anw.	-anwärter
Art.	Artillerie
Ausr.	Ausrüstung
1./Art.Rgt.5 od. 1./A.R.5	1. Batterie Artillerie-Regiment 5
Battr.	Batterie
Bekl.	Bekleidung (s)
Btl.	Bataillon (s, e)
Din.	Deutsche Industrienormen
Div.	Division
Dv.	Druckvorschrift
F.d.R.	Für die Richtigkeit
Feldw.	Feldwebel
Feuerw.	Feuerwerfer
Gefr.	Gefreiter
geh.	Geheim

Gen.	General
Gr.	Granate
Gren.	Grenadier
Gru.	Gruppe
gglb.	gottgläubig
gls.	glaubenslos
H.	Heeres-
H.F.Sch.	Heeresfachschule
Horn.	Hornist
Hptm.	Hauptmann
Jäg.	Jäger
Inf.	Infanterie
I.G.K.	Infanterie-Geschützkompanie
5./Inf.Rgt.88 od. 5./I.R.88	5. Kompanie Infanterie-Regiment 88
II./I.R.88	Zweites Bataillon Infanterie-Regiment 88
Insp.	Inspekteur (ion)
Inspiz.	Inspizient
Intdtr.	Intendantur
Intdt.	Intendant
Kan.	Kanonier
Kav.	Kavallerie
3./Kav.Rgt.4 od. 3./K.R.4	3. Schwadron Kavallerie-Regiment 4
Kdo.	Kommando (s)
Kdos.	Kommandosache
Kdr.	Kommandeur (s, e)
kdt.	kommandiert
Kdt.	Kommandant
Kl.	Klasse
Kol.	Kolonne (n)
Kp.	Kompanie (n)
Kr.	Kranken-
Kradf.	Kraftradfahrer

Kraftf.	Kraftfahrer
1./Kraftf.3 od. L/Kf.3	1. Kompanie Kraftfahrabteilung 3
Laz.	Lazarett
Lehrg.	Lehrgang
leit.	leitende (r, s)
Lt.	Leutnant
Ltg.	Leitung
Maj.	Major
Mil.	Militär
mot.	motorisiert
M.G.K.	Maschinengewehrkompanie
Mun.	Munition (s)
Mus.	Musik (er)
Nachr.	Nachrichten-
1./N.17	1. Kompanie Nachrichtenabteilung 17
n.f.D.	nur für den Dienstgebrauch
O.K.W.	Oberkommando der Wehrmacht
O.K.H.	Oberkommando des Heeres
Ob.	Ober-
Oblt.	Oberleutnant
Obstlt.	Oberstleutnant
Offz.	Offizier
Ordz.	Ordonnanz
Pak.	Panzerabwehrkanone
1./Pz.Abw.5	1. Kompanie Panzerabwehrabteilung 5
2./Pi.49	2. Kompanie Pionier-Bataillon 49
Pfd.	Pferde-
Rechn.	Rechnungs-
2./R.R.1	2. Schwadron Reiter-Regiment 1
Registr.	Registratur (ur)
Rgt.	Regiment (s, er)
Rittm.	Rittmeister
St.O.	Standort- (s-)

Schwadr.	Schwadron
Tamb.	Tambour
tmot.	teilmotorisiert
Tromp.	Trompeter
Unt.	Unter-
Uffz.	Unteroffizier
u.R.	unter Rückerbittung
v.g.u.	vorgelesen, genehmigt, unterschrieben
Verpfl.	Verpflegungs-
W.St.G.B.	Wehrmachtstrafgesetzbuch
Wffm.	Waffenmeister
Wehrkrs.	Wehrkreis
W.V.A.	Wehrkreisverwaltungsamt
Zahlm.	Zahlmeister
Zg.	Zug

Aufgaben für Schüler und Schülerinnen

Aus dem ERDKUNDLICHEN ARBEITSBUCH, I. Teil (für das 5. u. 6. Schuljahr), Deutsches Land und Volk, München und Berlin 1942:

Sachsen, die Werkstatt Deutschlands
1. Unterscheide Land und Gau Sachsen von der preußischen Provinz Sachsen! – 2. Welches Gebirge begrenzen Land und Gau Sachsen im Süden? Gib die höchsten Berge an! – 3. Miß die Längenausdehnung des Erzgebirges! – 4. Worauf läßt der Name schließen? – 5. Welche Flüsse kommen vom Erzgebirge? Verfolge ihren Lauf! Zeichne! – 6. Warum ist das Erzgebirge reich an Niederschlägen? – 7. Gib die größten Städte am nordwestlichen und südöstlichen Fuße der sächsi-

schen Gebirge an! – 8. Nenne die bedeutendsten Städte an der Elbe! – 9. Gib die wichtigsten Städte in der sächsischen Tieflandsbucht an!

Der Reichsgau Wartheland

1. Was versteht man unter den befreiten Ostgebieten? – 2. Warum hat Deutschland ein Recht darauf? – 3. Was haben die Deutschen dort geleistet? – 4. Welche Zukunftsaufgabe ist den neuen Reichsgauen gestellt? 4. Sammle Bilder, die das deutsche Gesicht dieser Gaue ausprägen. – 5. Fertige eine Niederschrift oder einen Vortrag über »Eine Völkerwanderung der Gegenwart«!

Die deutsche Ostmark

1. Suche die Grenzen und Nachbargebiete der Ostmark auf! – 2. Welcher Teil ist als eigentliche Ostmark zu bezeichnen? – 3. Welche Ausdehnung hat sie von O-W und von N-S? – 4. Welche Verkehrswege führen in Bayern in die Ostmark? – 5. Wo finden sich die größten Orte? – 6. Verfolge die Flußläufe und stelle ihre Mündungen fest! – 7. Suche Braunau, die Geburtsstadt des Führers!

Die Reichshauptstadt Berlin

1. Fahre von deiner Heimat nach Berlin! – 2. Was weißt du von Berlin, von Bauten, Straßen und Plätzen, großen Industrien, seinem Verkehr und seiner Bedeutung? – 3. Beachte die Lage der Reichshauptstadt im Netz der Eisenbahnen, Wasserwege und Reichsautobahnen! – 4. Wie weit ist dein Heimatort von Berlin entfernt? – 5. Miß die nächste und weiteste Entfernung Berlins von den verschiedenen Grenzen!

Der Reichsgau Sudetenland

1. Welche Gebirge begrenzen den Sudetengau? Nenne die höchsten Berge darin! – 2. Welche sudetendeutschen Flüsse

schicken ihr Wasser a) in die Nordsee, b) in die Ostsee, c) in die Donau? – 3. Gib die bedeutendsten Städte des Sudetenlandes an! – 4. Suche und nenne den westlichsten und östlichsten Punkt des Sudetengaus! Miß ihre Entfernung voneinander!

Schleswig-Holstein, die Nordmark des Reiches

1. Zwischen welchen Meeren liegt Schleswig-Holstein? – 2. Vergleiche auf der Karte die Ost- und Westküste! – 3. Nenne Städte an der Ost- und Westküste! Wo liegen die meisten, wo wenige? – 4. Beschreibe den Seeweg von Helgoland nach Rügen! – 5. Wie weit liegen Kiel und Lübeck von Hamburg entfernt? – Welche Kanäle verbinden die Nordsee mit der Ostsee? Miß ihre Länge! – 6. Welchen Umweg (Zeit) erspart der Kaiser-Wilhelm-Kanal den Schiffen?

Qingdao/Tsingtao

Klausurthemen in der Abschlussprüfung 1943 der »Deutschen Schule« im chinesischen Qingdao:

Englisch-Aufsatz:	My favourite book
Deutsch-Aufsatz:	1) Wie kann sich die Hitler-Jugend für den Wehrdienst vorbereiten? 2) Auf einem chinesischen Markt 3) Warum ist für uns in China Hygiene besonders wichtig?
Latein-Übersetzung:	Textstelle von Julius Caesars DE BELLO GALLICO ins Deutsche

Kriegszustand

Im Kriegszustand mit Deutschland befanden sich:

seit

1.09.1939	Polen
3.09.1939	Großbritannien
3.09.1939	Australien
3.09.1939	Indien
3.09.1939	Neuseeland
3.09.1939	Frankreich
6.09.1939	Südafrikanische Union
10.09.1939	Kanada
9.04.1940	Norwegen
9.04.1940	Dänemark
10.05.1940	Niederlande
10.05.1940	Belgien
10.05.1940	Luxemburg
6.04.1941	Jugoslawien
6.04.1941	Griechenland
22.06.1941	UdSSR
9.12.1941	China (Chungking-Regierung)
9.12.1941	Frankreich (De Gaulle-Komitee)
11.12.1941	USA
11.12.1941	Kuba
11.12.1941	Dominikanische Republik
11.12.1941	Guatemala
11.12.1941	Nicaragua
11.12.1941	Haiti
12.12.1941	Honduras
12.12.1941	El Salvador
17.12.1941	Tschechoslowakei

19.01.1942	Panama
22.05.1942	Mexiko
25.08.1942	Brasilien
1.12.1942	Äthiopien
16.01.1943	Irak
7.04.1943	Bolivien
9.09.1943	Iran
13.10.1943	Italien (Badoglio-Regierung)
27.11.1943	Kolumbien
27.01.1944	Liberia
21.08.1944	San Marino
25.08.1944	Rumänien
8.09.1944	Bulgarien
31.12.1944	Ungarn (Gegenregierung)
2.02.1945	Ecuador
8.02.1945	Paraguay
12.02.1945	Peru
15.02.1945	Uruguay
16.02.1945	Venezuela
26.02.1945	Ägypten
26.02.1945	Syrien
27.02.1945	Libanon
28.02.1945	Saudiarabien
1.03.1945	Türkei
3.03.1945	Finnland
27.03.1945	Argentinien

Dänemark = 1 Tag; Tschechoslowakei = Exilregierung, rückwirkend seit 15.3.1939; Äthiopien = durch die seit Mai 1941 wieder im Lande befindliche Regierung; Rumänien = nach Sturz Antonescus; Finnland = rückwirkend seit 15.9.1944.

IG-Farbenindustrie AG

Noch heute vermittelt das monumentale IG-Farben-Hochhaus am Grüneburgpark in Frankfurt am Main einen Eindruck von wirtschaftlicher Macht. Im Jahr 1925 hatten sich die deutschen Chemieunternehmen Bayer, BASF, Hoechst, Agfa, Casella, Kalle sowie Weiler ter-Meer und Griesheim Elektron zur Interessen-Gemeinschaft Farbenindustrie, kurz IG-Farben, zusammengeschlossen. Die IG-Farben wurde der größte Konzern Europas und das größte Chemieunternehmen der Welt. Der Konzern war im In- und Ausland mit zahlreichen Großunternehmen verflochten. Etwa 9000 deutsche und rund 30.000 ausländische Patente zeugten von seiner Innovationskraft.

Anfangs von den Nationalsozialisten angefeindet, entwickelte sich die IG-Farben zum Partner Hitlers, die synthetischen Kautschuk für Reifen (Buna), Benzin aus Braunkohle in den Leuna Werken, Kunstfasern, Munitionsrohstoffe und in einer Beteiligungsfirma das Giftgas Zyklon B herstellte, das in den Vernichtungslagern zum Einsatz kam. Unternehmen, die auch in die Rüstungsfertigung einbezogen wurden, konnten im Dritten Reich schwindelerregende Summen erzielen. Gewinne bis zu 65 Prozent vom Umsatz, Umsatzsteigerungen von 639 Prozent und Einkommenszuwächse von über 2000 Prozent lassen sich nachweisen.

Bei der IG-Farben waren die Relationen zwar nicht so extrem, aber dennoch stattlich:

Jahr	Umsatz	Reingewinn	Bilanzgewinn	
1938	1647	191	55	
1939	1990	240	56	
1940	2158	298	59	MIO.
1941	2539	316	71	REICHSMARK
1942	2904	267	77	
1943	3116	301	82	
1944	2565	149	85	

Tödlicher Geschlechtsverkehr

20.6.1940 Aktenvermerk von MARTIN BORMANN
   Gen. Reinecke richtete heute die Frage an mich, wie der Geschlechtsverkehr von Franzosen und Engländern mit deutschen Frauen behandelt werden solle. Ich erwiderte, er sei genauso anzusehen und zu bestrafen wie bei Polen! Gen. Reinecke wird entsprechend verfahren und die betr. Gefangenen an Gestapo zur Erschießung abgeben.

Blaue Fenster

NEUES WIENER TAGBLATT vom 25.3.1941
   Den allgemeinen Bestimmungen entsprechend, wonach für die Verdunklung blaues Licht vorgeschrieben ist, erhalten auch die Fenster der Wagen der städtischen Straßenbahn, der Wiener elektrischen Stadtbahn und des städtischen Omnibusbetriebes nunmehr einen durchsichtigen blauen Farbanstrich.

ß

18.10.1941 REICHSPROPAGANDAMINISTERIUM
an Reichspropagandaämter:
   Der Führer hat die Beibehaltung des »ß« in der Normalschrift angeordnet. Bei der Verwendung großer Buchstaben soll das »ß« jedoch als SS geschrieben werden.

Ski statt Schi

22.12.1941 Runderlass Reichsführer-SS und Chef der Deutschen Polizei HEINRICH HIMMLER an alle Polizeibehörden

Einheitliche Schreibweise des Wortes »Ski« innerhalb der Deutschen Pol[izei]

Zur Erzielung einer Einheitlichkeit im Schriftverkehr ist künftig nur noch die Schreibweise »Ski«, Mehrzahl »Skier«, anzuwenden.

Keine zwei Wochen nach Himmlers Runderlass sah alles wieder anders aus:

Schi statt Ski

3.1.1942 MARTIN BORMANN an Hans-Heinrich Lammers

Damit wir nicht zu ähnlichen Verhältnissen kommen, wie sie im Englischen herrschen, wünscht der Führer, daß ins Deutsche übernommene Fremdworte genau so geschrieben werden, wie sie ausgesprochen werden. Daher wünscht der Führer, daß Schi mit Sch und nicht mit Sk geschrieben wird.

Spitzer und Fleder

4.3.1942 Martin Bormann an Hans-Heinrich Lammers, mit einem Zeitungsausschnitt aus der BERLINER MORGEN-POST vom Vortag

Nicht mehr Fledermaus!

Die Deutsche Gesellschaft für Säugetierkunde hat bei ihrer 15. Hauptversammlung beschlossen, die zoologisch irreführen-

271

den Namen »Spitzmaus« und »Fledermaus« abzuändern in »Spitzer« und »Fleder«. (Fleder ist eine alte Form für Flatterer.) Die Spitzmaus führte übrigens eine Vielfalt von Namen: Spitzer, Spitzlein, Spitzwicht, Spitzling …

Bormann gab Hitlers Meinung wie folgt wieder:
In den gestrigen Zeitungen las der Führer eine Notiz über die Umbenennungen, die von der Gesellschaft für Säugetierkunde anläßlich ihrer 15. Hauptversammlung beschlossen wurden. Daraufhin beauftragte mich der Führer, den Verantwortlichen mit wünschenswerter Deutlichkeit mitzuteilen, die Umbenennungen seien umgehend rückgängig zu machen. Wenn die Mitglieder der Gesellschaft für Säugetierkunde nichts Kriegswichtigeres und Klügeres zu tun hätten, dann könne man sie vielleicht einmal längere Zeit in Baubataillonen an der russischen Front verwenden. Wenn derartig blödsinnige Umbenennungen noch einmal erfolgten, würde der Führer unbedingt zu entsprechenden Maßnahmen greifen; keinesfalls solle man Bezeichnungen, die sich im Laufe vieler Jahre eingebürgert hätten, in dieser Weise abändern.

Festwein

NEUE ZÜRCHER ZEITUNG vom 27.12.1942
Der Reichsernährungsminister hat allen deutschen und deutschstämmigen Lang-, Schwer- und Schwerstarbeitern als Sonderzuteilung zu Weihnachten je eine Flasche Wein zur Verfügung gestellt.

Melitta

HAMBURGER FREMDENBLATT vom 11.2.1943
Eine in der Frauenwelt bekannte Persönlichkeit, Frau Melitta Bentz, Minden, konnte ihren 70. Geburtstag begehen. Der überall bekannte Kaffeefilter »Original Melitta« ist von ihr erfunden worden und wird seit langen Jahren in den Melitta-Werken in Minden, deren Leitung jetzt ihre Söhne haben, hergestellt. Am 1. Mai 1941 verlieh der Führer dem Werk die Auszeichnung »NS-Musterbetrieb«.

Herbstzeitlose

Brief von Reichsführer-SS HEINRICH HIMMLER an Prof. Walther Wüst am 31. März 1944:
Bei der künftigen Wettererforschung, die wir ja nach dem Krieg systematisch durch die Organisation ungezählter Einzelbeobachtungen aufbauen wollen, bitte ich, auf folgende Tatsachen das Augenmerk zu richten:
Die Wurzeln bzw. die Zwiebel der Herbstzeitlose sind in den verschiedenen Jahren in unterschiedlicher Tiefe im Boden. Je tiefer sie wachsen, desto stärker der Winter; je näher sie der Oberfläche sind, umso milder der Winter. Auf diese Tatsache machte mich der Führer aufmerksam.

Kollaborateure

Die deutschen Truppen und Besatzungsbehörden fanden in den eroberten Gebieten, aber auch anderswo Menschen, die zur Zusammenarbeit (Kollaboration) bereit waren. Unter ihnen waren unbedeutendere aber auch einflussreichere Personen. Einige Namen:

JOHN AMERY geb. 1912, hingerichtet am 18.12.1945 in London, britischer Propagandist in deutschen Diensten 1942–1945.

ION ANTONESCU geb. 1882, hingerichtet am 1.6.1946 in Jilava, rumänischer Marschall, Ministerpräsident und Kondukator Rumäniens 1940–1944.

LÁSZLÓ BÁRDOSSY geb. 1890, hingerichtet am 10.1.1946 in Budapest, ungarischer Ministerpräsident und Außenminister 1941–1942.

SUBHAS CHANDRA BOSE geb. 1897, gest. am 18.8.1945 auf der Flucht durch einen Flugzeugabsturz in Taipeh, Führer der indischen Nationalbewegung in Deutschland 1941–1943 und Japan 1943–1945.

FRITS CLAUSEN geb. 1893, gest. am 5.12.1947 in Kopenhagen (entging der Todesstrafe, weil er in Untersuchungshaft einen Herzinfarkt erlitt), Führer der »Danmarks Nationalsocialistiske Arbejder Parti« (DNSAP) 1933–1944.

JÉRÔME GUSTAVE DE CLERCQ geb. 1884, gest. am 22.10.1942 in Gent, belgischer Abgeordneter und flämischer Nationalistenführer, Vorsitzender des »Vlaamsch Nationaal Verbond« (VNV) 1933–1942.

LÉON DEGRELLE geb. 1906, gest. am 31.3.1994 in Malaga, Vorsitzender der belgischen Rexpartei 1936–1945, Kommandeur der SS-Sturmbrigade Wallonien und der 28. SS-Freiwilligengrenadierdivision Wallonien 1944–1945, Obersturmbannführer der Waffen-SS.

RASCHID ALI AL-GAILANI geb. 1892, gest. am 28.8.1965 in Beirut, irakischer Politiker, Ministerpräsident des Irak 1940 und 1941, arabischer Propagandist in Berlin und Rom 1941–1945.

MIKLÓS HORTHY geb. 1868, gest. am 9.2.1957 in Estoril, Admiral der k. u. k. Kriegsmarine, ungarischer Reichsverweser 1920–1944.

KÁLMÁN HUBAY geb. 1902, hingerichtet am 26.6.1946 in Budapest, Vorsitzender und stellvertretender Vorsitzender der Pfeilkreuzlerpartei 1939–1942, Kultusminister der Regierung Szálazi 1944.

MOHAMMED AMIN AL-HUSSEINI geb. ca 1897, gest. am 4.7.1974 in Beirut, Mufti von Jerusalem, palästinensisch-arabischer Nationalist.

PIERRE LAVAL geb. 1883, hingerichtet am 15.10.1945 bei Paris, mehrfacher französischer Ministerpräsident, Kabinettschef der französischen Regierung in Vichy 1940 und 1942–1944.

SVEN OLOF LINDHOLM geb. 1903, gest. am 26.4.1998. Gründete in Schweden die »Nationalsocialistiska Arbetarepartiet« (NSAP) 1933 und die »Svensk Socialistisk Samling« (SSS) 1938.

ANTON ADRIAAN MUSSERT geb. 1894, hingerichtet am 7.5.1946 in Den Haag, Gründer und Führer der »Nationaal Socialistische Beweging« (NSB) in den Niederlanden 1931–1945.

ANTE PAVELIĆ geb. 1899, gest. am 28.12.1959 in Madrid, Regierungschef und Poglavnik des Unabhängigen Staates Kroatien 1941–1945.

HENRI PHILIPPE PÉTAIN geb. 1856, gest. am 23.7.1951 in Port Joinville (Île d'Yeu), Marschall von Frankreich, Mitglied der Académie Française, Staatschef Frankreichs (Vichy) 1940–1944.

VIDKUN QUISLING geb. 1887, hingerichtet am 24.10.1945 in Akershus/Oslo, Führer der »Nasjonal Samling« (NS) 1933–1945, norwegischer Ministerpräsident 1942–1945.

RISTO HEIKKI RYTI geb. 1889, gest. am 25.10.1956 in Helsinki, finnischer Staatspräsident 1940–1944.

JOZEF TISO geb. 1887, hingerichtet am 18.4.1947 in Bratislava, katholischer Prälat, Vorsitzender der »Slowakischen Volkspartei« (SVP) 1938–1945, slowakischer Ministerpräsident 1938–1939, Staatspräsident der Slowakei 1939–1945.

ROBERT TOBLER geb. 1901, gest. am 17.6.1962 in Zürich, Mitbegründer der »Neuen Front« 1930, Landesleiter der »Nationalen Front« (NF) 1938–1940, Führer der »Eidgenössischen Sammlung« 1940–1943.

VOIJTECH TUKA geb. 1880, hingerichtet am 20.8.1946 in Bratislava, Generalsekretär der »Slowakischen Volkspartei« (SVP) 1922–1943, Ministerpräsident der Slowakei 1939–1944.

ANDREJ ANDREJEWITSCH WLASSOW geb. 1900, hingerichtet am 1.8.1946 in Moskau, Generalleutnant der Roten Armee, Vorsitzender des »Komitees zur Befreiung der russischen Völker« (KONR) und Oberbefehlshaber der »Russischen Befreiungsarmee« (ROA) 1944–1945.

ALFRED ZANDER geb. 1905, gest. am 12.10.1997 Konstanz. Gründer und Führer des »Bundes Treuer Eidgenossen« (BTE) 1938–1940, Mitglied des Führungsrates der »Nationalen Bewegung der Schweiz« (NBS) 1940–1945, Reichsredner des »Bundes der Schweizer in Großdeutschland« (BSG) 1940–1945.

ARIE JOHAN ZONDERVAN geb. 1910, gest. 1983 (?). Führer der »Weer-Afdeeling« (WA) der »Nationaal Socialistische Beweging« (NSB) in den Niederlanden 1940–1942, Inspekteur von der »Nederlandsche Landwacht« 1943–1945.

Letzte Worte unterm Galgen

In Nürnberg kam es seit 1945 zu mehreren Verfahren gegen leitende Personen des Dritten Reiches. Im Mittelpunkt des eigentlichen Nürnberger Prozesses stand die Anklage gegen die Hauptkriegsverbrecher. Von diesen Politikern, Beamten, Parteifunktionären und Generälen wurden drei (von Papen, Fritzsche, Schacht) freigesprochen, vier (Dönitz, von Neurath, von Schirach, Speer) zu Freiheitsstrafen verurteilt, drei (Funk, Heß, Raeder) erhielten eine lebenslange Haftstrafe, und zwölfmal verhängte das Internationale Militärtribunal die Todesstrafe. Kurz darauf verübte Göring Selbstmord, der in Abwesenheit zum Tode verurteilte Bormann galt weiterhin als verschollen. Die anderen Verurteilten gingen am 16. Oktober 1946 die 13 Stufen zum Galgen hinauf. Ihre letzten Worte:

ARTHUR SEYSS-INQUART: Ich hoffe, daß diese Hinrichtung der letzte Akt der Tragödie des Zweiten Weltkrieges und eine Lehre sein wird, so daß Frieden und Verständnis unter den Völkern herrschen werden. Ich glaube an Deutschland!

HANS FRANK: Ich bitte Gott, mich gnädig zu empfangen.

WILHELM FRICK: Es lebe das ewige Deutschland!

ALFRED JODL: Ich grüße Dich, mein Deutschland!

ERNST KALTENBRUNNER: Ich habe mein deutsches Volk und mein Vaterland vom Grund meines Herzens geliebt. Ich habe nach den Gesetzen meines Landes meine Pflicht getan. Ich bedauere, daß mein Volk in seiner härtesten Zeit von Leuten begleitet wurde, die nicht Soldaten waren und die Verbrechen begangen haben. Ich hatte an den Verbrechen nicht teil, ich kämpfte ehrenhaft. Deutschland Glück auf!

WILHELM KEITEL: Ich bitte den Allmächtigen um Erbarmen für das deutsche Volk. Über zwei Millionen deutsche Soldaten gingen mir im Tode für das Vaterland voraus. Ich folge meinen Söhnen ... Alles für Deutschland! Deutschland über alles!

JOACHIM VON RIBBENTROP: Gott schütze Deutschland, Gott sei meiner Seele gnädig! Mein letzter Wunsch ist, daß Deutschland seine Einheit wiederfindet, daß eine Verständigung zwischen Ost und West zustande kommt und Frieden in der Welt regieren möge.

ALFRED ROSENBERG: (ging wortlos in den Tod)

FRITZ SAUCKEL: Ich sterbe unschuldig, das Urteil war ungerecht. Gott helfe Deutschland und mache es wieder groß. Gott möge meine Familie schützen!

JULIUS STREICHER: Heil Hitler! ... Purimfest 1946 ... Nun bin ich bei Gott, meinem Vater! Adele, meine liebe Frau.

Stahlerzeugung

Die Großmächte produzierten in Mio. Tonnen:

Staat	1938	1939	1940	1941	1942	1943	1944
Deutschland	22,7	22,5	19,1	20,8	20,5	20,8	18,3
Besetzte Gebiete	0,7	4,0	10,7	11,7	12,9	14,9	9,8
Italien	2,3	2,3	2,3	2,1	1,9	1,7	1,0
Japan, Korea, Mandschukuo	6,5	6,7	7,0	7,0	7,6	8,8	6,4
Großbritannien	10,6	13,2	13,2	12,5	13,1	13,2	12,3
UdSSR	18,1	18,8	19,0	14,5	10,0	12,0	16,4
USA	28,8	47,9	60,8	75,2	78,0	80,6	81,3
Welterzeugung	110,0	135,5	141,5	153,5	154,0	161,5	154,0

Schwedische Erze für das Deutsche Reich

Schweden blieb unter der Regierung des sozialdemokratischen Ministerpräsidenten Per Albin Hansson den gesamten Zweiten Weltkrieg über neutral. Es belieferte auch Deutschland mit hochwertigem Eisenerz. Die Zufuhr phosphorarmer schwedischer Erzsorten hatte für die deutsche Herstellung rüstungswichtiger Stahlqualitäten eine immense Bedeutung.

Anteil der Erze aus dem neutralen Schweden an der deutschen Eisenerzversorgung:

1940	39,5
1941	26,9
1942	23,2 PROZENT
1943	27,5
1944	23,9

Führerforderungen

Gegenüberstellung der »Führerforderungen« an die Industrie mit den tatsächlichen »Rüstungsleistungen« 1943/1944:

Gerät	Führer- forderung monatlich:	Rüstungs- leistung monatlich:
Pistolen	120.000	
Nahziel	100.000	85.543
Maschinenpistole 44	150.000	14.896
Karabiner 98k	300.000	160.895
Karabiner 41 u. 43	100.000	22.244
Maschinengewehr	30.000	20.153

2-cm-Flak Vierling	1000	416
3,7-cm-Flak	1000	233
3,7-cm-Flak Zwilling	500	41
7,5-cm-Pak 40	1000	940
8,8-cm-Pak	300	132
8-cm-Granatwerfer	5000	1737
12-cm-Granatwerfer	600	350
Flakpanzer 3,7 cm	30	24
Panther	450	304
Tiger ll	150	25
Sturmhaubitze 42	125	62
Sturmpanzer	30	18
Jagdpanzer 38	1000	122
Jagdpanther	200	8
Jagdtiger	25	6
12,8-cm-Flak	50	9
Panzerspähwagen	90	26
Schützenpanzer	1100	820
Zugkraftwagen	1570	688

Industriegruppen

Anteil einzelner Industriegruppen an der industriellen Netto-
produktion im Deutschen Reich:

Jahr	Konsum	Rüstung	Bauten	Grund-stoffe	übrige
1939	29 %	9 %	23 %	21 %	18 %
1940	29 %	16 %	15 %	22 %	18 %
1941	28 %	16 %	13 %	25 %	18 %
1942	25 %	22 %	9 %	25 %	19 %
1943	23 %	31 %	6 %	24 %	16 %
1944	22 %	40 %	6 %	21 %	11 %

Außenhandel

Der deutsche Außenhandel mit den besetzten oder abhängigen Ländern im Jahr 1942:

Besetzte Gebiete	Einfuhr	Ausfuhr
davon:		
Frankreich	16 %	7 %
Belgien	8 %	4 %
Niederlande	10 %	7 %
Norwegen	3 %	5 %
Griechenland	1 %	1 %
Serbien, Albanien, Montenegro	1 %	1 %
Generalgouvernement	3 %	6 %
gesamt	42 %	31 %
Verbündete Länder und Dänemark		
Ungarn	6 %	6 %
Kroatien	1 %	2 %
Slowakei	3 %	4 %
Dänemark	4 %	5 %
Italien	12 %	17 %
gesamt	26 %	34 %
Sonstige Länder	32 %	35 %

Hitler gegen Juristen

ADOLF HITLER in kleinem Kreis am 16.11.1941

Der Jurist kann nur ein Berater sein, führen kann er nicht! Wie will ein Mensch, der ein ganzes Leben nur über Akten sitzt, von den Vorgängen des Lebens eine Vorstellung haben: Er weiß gar nichts! Ich tue alles, um die Juristen so schlecht als möglich zu machen, damit möglichst wenige mehr studieren. Man muß den Beruf derartig kompromittieren, daß er nur von Leuten angestrebt wird, die nichts anderes als Paragraphen kennen wollen. Was sollen juristische Bedenken, wenn etwas volkspolitisch notwendig ist? Nicht dank, sondern trotz der Juristen lebt das Volk. Ich bin ja nicht der erste, der in ihnen eine Bazillenkultur sieht!

Ernten

Die Entwicklung der Ernten in Deutschland während der beiden Weltkriege (in Prozent des Vorkriegsstandes):

Erster Weltkrieg	Getreide	Kartoffeln	Zuckerrüben
1908–1913 (Jahresdurchschnitt)	100	100	100
1914	98	99	110
1915	80	118	67
1916	80	55	66
1917	56	76	64
1918	64	64	60
Zweiter Weltkrieg			
1935–1938 (Jahresdurchschnitt)	100	100	100
1939	104	105	126
1940	90	106	122
1941	84	88	119
1942	86	101	120
1943	92	75	117
1944	78	80	100

Fanta

Fanta ist kein aus den USA stammendes Erfrischungsgetränk, wie viele meinen, sondern ein echtes Kind des Dritten Reichs! Die Geschichte von Fanta begann während des Zweiten Weltkriegs. Der Präsident der deutschen Coca-Cola GmbH stand vor folgendem Problem: Hermann Göring hatte zwar den für die Cola-Produktion wichtigen Nachschub genehmigt und tatsächlich lief die Coke-Herstellung noch einige Jahre weiter, es war aber nur eine Frage der Zeit, wann Rohstoffmängel zu Engpässen führen würden. Um – für den Fall der Fälle – die im Deutschen Reich so beliebte Cola ersetzen zu können, sollte ein neuartiges Getränk entstehen. Anfang der vierziger Jahre gelang die Mixtur. Der Name für das Getränk Fanta leitet sich von dem Wort »fantastisch« ab. Im Deutschen Reich und in den besetzten Gebieten ließ man den Namen schützen, obwohl anfänglich Bedenken bestanden: Manche befürchteten, Fanta könn-

Frühe Fantaflasche.

te sich, zum Beispiel für Belgier, allzu germanisch anhören. Immer wieder kam es zu Rezeptverbesserungen. Fanta blieb sogar von der ungeliebten Zuckerrationierung des Jahres 1941 verschont, und so konnte schon im Jahr 1943 der Inhalt von rund drei Millionen Kästen Fanta die durstigen Kehlen hinunterfließen. Nach Kriegsende stellten die Amerikaner die Fanta-Produktion zunächst ein. Aber dann nahm das Coca-Cola-Präsidium die Fruchtlimonade mit dem im Deutschen Reich erprobten Namen Fanta doch fest in das Programm auf. Ende der fünfziger Jahre kam Fanta in den USA auf den Markt, danach in zahlreichen anderen Ländern. So startete die NS-Limo ihre weltweite Erfolgsgeschichte.

Aus den Coca-Cola Hausmitteilungen 1954

Im Jahr 1949 trugen deutsche Lastwagen die Werbeaufschrift »Coca-Cola ist wieder da!« und knüpften damit an die Cola-haltige Zeit des Dritten Reiches an. Die HAUSMITTEILUNGEN für Geschäftsfreunde und Mitarbeiter von Coca-Cola skizzieren im Jahr 1954 einige Entwicklungsabschnitte aus unterschiedlichen Jahren.

1933 – Büro in der Hammerstraße. Die Sekretärin Erna Kollenberg führt ein Ferngespräch mit Jos. H. Knipp, der 20 Kisten »Coca-Cola« für den Start eines Konzessionärs reklamiert. Die Diskussion beginnt hitzig zu werden. Erna Kollenberg legt den Hörer auf die Gabel: »– Gleich zwanzig Kisten – der hat Illusionen!«
Mit Riesenschritten geht es vorwärts.
1934 – 124 Konzessionäre. Fabrik und Büro Essen siedeln nach der Kaninenbergstraße über. Die »Coca-Cola«-Hausmitteilungen werden zum erstenmal herausgegeben. Der erste Winterwettbewerb wird gestartet. Eine technische Abteilung zur Überwachung der Qualität des Produktes im ganzen Reich wird eingerichtet.

1935 – »Coca-Cola« zum erstenmal auf der Leipziger Messe – bei den Olympischen Winterspielen in Garmisch – Einrichtung der Verkaufsschule in Essen.

1937 – Vereinigung zweier bis dahin noch nebeneinander bestehenden Gesellschaften in der Coca-Cola G.mbH. unter dem Geschäftsführer Max Keith. – Auf der Ausstellung »Schaffendes Volk« in Düsseldorf wird zum erstenmal eine Musterfabrikationsanlage der Öffentlichkeit gezeigt. Millionen Menschen sehen – die erste Tönende Bildschau.

»Wir wollen Freunde sein für's ganze Leben«, mit diesem seinem Lieblingslied wird Herrn Powers gedacht, der in Berlin 1938 durch einen Unfall den Tod findet. »Er ging von seinen Freunden in dem Bewusstsein, daß das Unternehmen, zu dem er den Grundstein gelegt hatte, unter starken Händen weiterwachsen und gedeihen würde!«

1939 – Vierzehnhundert Fahrzeuge dienen im ganzen Reichsgebiet dem Vertrieb von Coca-Cola. Aus dem unscheinbaren Geschäft in der Hammerstraße ist mit den angeschlossenen Vertragsfirmen eines der größten Unternehmen der alkoholfreien Getränkeindustrie geworden. Nun bestehen schon über sechzig Abfüllbetriebe und über sechshundert selbständige Großhandelsfirmen. Aus dem Fahrverkäufer von vorhin ist ein adretter Mann in schnittiger grüner Uniform geworden. »Nun tu mir schon den Gefallen«, braucht er nicht mehr zu sagen. Hinter ihm steht eine Gesellschaft, deren Name und Erzeugnis den besten Ruf genießt.

Krieg – Redaktion der Feldpostzeitung. Das neue Getränk ist Fanta. »Coca-Cola« gibt es nach den ersten Kriegsjahren nur noch als besondere Zuwendung für Fronturlauber.

1945 – Viele Fabriken antworten nicht mehr und müssen als verloren gelten. Es produzieren nur noch wenige. In diesem grausigen Crescendo geht es weiter bis nach der großen Vernichtung der erste Lichtstrahl aufschimmert: Dienstbeginn wieder am Donnerstag, dem 5. April.

Ende 1949 – Neue Wagenrückwände: »Coca-Cola« ist wieder da! Aber zunächst nur beschränkt.

Winterhilfswerk (WHW)

Das Winterhilfswerk rief zu Spenden, Sammlungen und Lohnverzicht zugunsten von Bedürftigen auf. Die Ergebnisse zeigen, dass in Kriegsjahren mehr gespendet wurde als im Frieden.

1933/34	358	
1934/35	367	
1935/36	372	
1936/37	408	
1937/38	417	MIO REICHSMARK
1938/39	535	
1939/40	681	
1940/41	916	
1941/42	1208	

Feldkochbuch

Praktische Hinweise aus dem Feldkochbuch des Oberkommandos der Wehrmacht 1941:

▶ Frischgeschlachtetes, nicht abgehangenes Fleisch wird zweckmäßig zu Hackfleischgerichten verwendet.

- Fleisch von älteren Tieren wird beim Kochen schwer weich. Um das Weichwerden zu erleichtern, gibt man dem Fleisch beim Kochen einige Löffel Essig zu.
- Fleischkonservendosen lassen sich leicht entleeren, wenn sie vorher etwas erwärmt werden.
- Gefrierfleisch ist zur Herstellung von Fleischklopsen nicht geeignet. Es bindet nicht gut und zerfällt leicht.
- Enteneier nur in hart gekochtem (mindestens 8 Minuten) Zustande essen, da sonst Vergiftungen möglich.
- Das Ansetzen von Magermilch beim Kochen wird vermieden, indem man Zucker und Wasser aufkocht, die Magermilch in die wallende Flüssigkeit hineingießt und zum Kochen bringt.
- Mehlschwitze läßt sich in Dosen vorrätig halten, indem Mehl unter Zusatz von Zwiebeln in verfügbarem Fett hell oder auch dunkel geschwitzt wird.
- Rotkohl erhält eine schöne Farbe, wenn vor dem Kochen etwas Essig untergemengt wird.
- Rhabarberblätter nicht verwenden, weil gesundheitsschädlich.
- Gefrorene Kartoffeln. Um gefrorenen Kartoffeln den süßen Geschmack zu entziehen, legt man sie in kaltes Wasser und gibt Salz oder Essig zu. Die Kartoffeln lassen sich hierauf zu Kartoffelbrei oder Salzkartoffeln mit einer süßsauren Tunke verwenden.
- Hülsenfrüchte garen schneller, wenn sie anstatt in hartem Wasser in vorher gekochtem und wieder erkaltetem Wasser eingeweicht werden. Hülsenfrüchte nie aus dem Kochen kommen lassen.
- Petersilie, Schnittlauch usw. feinwiegen und erst dem fertigen Gericht zusetzen.
- Eingetrockneten Senf vor dem Verbrauch mit Essig aufrühren.
- Senf, Tomatenmark trocknen nicht ein, wenn durch Aufgießen von wenig Öl ein Luftabschluß erzeugt wird.

Bekleidung

Erzeugung der deutschen Bekleidungsindustrie 1943 für den zivilen Bedarf:

Ware	Jahres-Produktion	Stück je 1000 Ein-wohner
HERREN		
Anzüge	338.000	4
Sakkos, Jacken	354.000	4
Hosen	366.000	4
Arbeitshosen	1.516.000	16
Wintermäntel	96.000	1
Polohemden	2.952.000	31
Schlafanzüge	270.000	3
Unterhosen, lang	680.000	7
Unterhosen, kurz	18.000	0
DAMEN		
Kittel u. Schürzen	2.642.000	28
Blusen	894.000	10
Wintermäntel	254.000	3
Büstenhalter	2.022.000	21
Hüfthalter (Mieder)	606.000	7
Wollschlüpfer	88.000	1
Röcke	154.000	2
Nachthemden, Schlafanzüge	322.000	3
KLEINKINDER		
Sommerkleidchen	308.000	3
Sommeranzüge	82.000	1
Winterkleidchen	28.000	0
Winteranzüge	14.000	0
Mäntel	202.000	2

SÄUGLINGE

Jäckchen	14.000	0
Höschen	38.000	0
Windeln	502.000	5
Moltoneinlagen u. Unterlagen	60.000	1

Wie bediene ich die Panzerfaust?

Die Panzerfaust ist eine im Zweiten Weltkrieg entwickelte Waffe, mit der man Schusskörper von der Schulter aus abfeuern kann. Die Waffe dient der Bekämpfung von Panzern, LKWs usw. Bis in die letzten Kriegsmonate hinein wurden Soldaten mit hunderttausenden Panzerfäusten versorgt und zahllose Zivilisten daran ausgebildet. Auf Flugzetteln und selbst in Tageszeitungen fand man Bedienungsanleitungen:

Die deutsche Panzer-Nahkampfwaffe hat sich immer mehr als eine Waffe ausgezeichnet, die in der Hand eines unerschrockenen und entschlossenen Kämpfers einzigartige Erfolge erzielen konnte. Da die Waffe denkbar leicht zu handhaben ist, ist sie in besonderem Maße geeignet, im weitesten Umfang auch im Volkssturm eingesetzt zu werden. Jeder muß dabei mit dem Gebrauch dieser Waffe bekannt sein. Nachstehend geben wir daher in Wort und Bild Aufklärung über die Panzerfaust.

Bedienung der Panzerfaust

Bei der Panzerbekämpfung mit der Panzerfaust ist folgendes zu beachten:

1. Du sollst den Feindpanzer nicht fürchten, sondern alles aufbieten, ihn umzulegen.

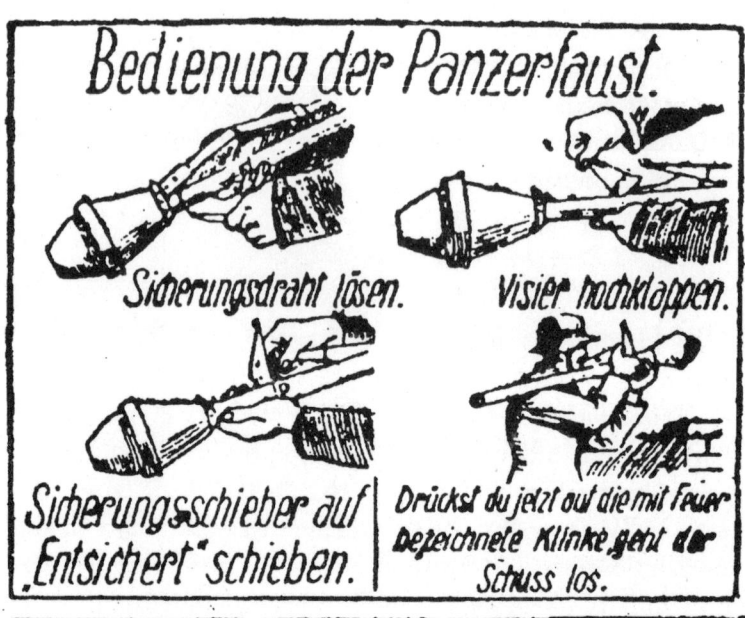

Bedienung der Panzerfaust.

Sicherungsdraht lösen.

Visier hochklappen.

Sicherungsschieber auf „Entsichert" schieben.

Drückst du jetzt auf die mit Feuer bezeichnete Klinke, geht der Schuss los.

Anschlagsarten bei der Panzerfaust

2. Die beste Waffe des Infanteristen zur Panzernahbekämpfung ist die Panzerfaust. Du sollst ihr vertrauen und dich ihrer bedienen, wo du nur kannst.

3. Du mußt dich vorher genau unterrichten, wie die Panzerfaust zu bedienen ist.

4. Du sollst jederzeit im Bilde sein, wo in der Nähe deines Kampfplatzes die Panzerfaust zu haben ist.

5. Du mußt unbedingt darauf achten, daß sich beim Schießen mit der Panzerfaust in 10 Meter Entfernung hinter dir kein Kamerad befindet. Der nach hinten gehende Feuerstrahl der Treibladung kann bis auf 3 Meter tödlich wirken.

6. Du sollst bei Panzerbekämpfung ruhig Blut bewahren, um so sicherer wirst du treffen, um so mehr verliert der Panzer seine Schrecken. Du wirst dann zum Schrecken für den Panzer.

7. Nimm jede Gelegenheit wahr, mit der Panzerfaust zu üben und laß dich von kampferprobten Kameraden beraten, wenn du selbst noch keine Erfahrung hast.

8. Sei mutig und unerschrocken, wenn Feindpanzer nahen, auch der stärkste Panzer ist durch die Panzerfaust mit dem ersten Schuß zu erledigen.

Anschlagsarten bei der Panzerfaust

Du kannst aus jeder Körperstellung schießen. Nur achte darauf:

Rohrende frei! Außerdem mußt du wissen: Die Panzerfaust schießt ohne jeden Rückstoß (daher auch der Feuerstrahl nach hinten). Übe vorher Anschläge, dann geht es nachher besser.

Blindgänger soll man nicht anfassen.

Liegenlassen, wenn möglich sprengen. Zündversager können vorkommen, dann die Panzerfaust sofort weglegen, später sprengen.

Merke vor allem: Je näher du den Panzer herankommen läßt, um so sicherer triffst du ihn!

Zwischen Pferdefleisch mit Knoblauch, Wanzen und Huren

Als im Juli 1943 britische und amerikanische Soldaten auf Sizilien landeten, führte das zunächst zur Entmachtung Mussolinis. Die Alliierten brachten den südlichen Teil Italiens unter ihre Kontrolle.

Der schwächelnde Benito Mussolini konnte aber mit deutscher Unterstützung im nördlichen Teil Italiens eine faschistische Gegenregierung bilden und die Repubblica Sociale Italiana mit Sitz am Gardasee ausrufen. Je energischer Briten und Amerikaner vorrückten, je entschlossener gingen Partisanen in Norditalien gegen Mussolinianhänger und deutsche Soldaten vor. Ein dort stationierter deutscher Soldat dichtete:

> Wo die Straßen zeigen Kohl und Mist,
> wo man Pferdefleisch gemischt mit Knoblauch ißt,
> wo die Partisanen schleichen ums Quartier,
> da ist des Landsers Heimat, da verweilen wir.

> Wo man täglich neu die Schienen flickt,
> weil der Britenbomber sie so oft geknickt,
> wo die Briefe bleiben viele Wochen aus,
> ist nicht unsere Heimat, doch wir halten aus.

> Wo der Landser handelt nur mit Saccharin,
> will am Löhnungstage schon die Lire hin,
> wo man Feuerzeuge tauscht mit Butter ein,
> sitzen deutsche Landser ohne Urlaubsschein.

> Wo Benito noch regiert, doch ohne Macht,
> wo es nächtens auf der Straße schießt und kracht,
> wo man kennt als Haustier Wanzen nur und Laus,
> ist nicht unsere Heimat, doch wir halten aus.

Oh du Land der Sehnsucht, wo Zitronen blüh'n
wo im dunklen Laube Goldorangen steh'n,
du hast uns enttäuscht – ja, der Traum ist aus,
öffnet weit die Grenzen, lasst uns heim, nach Haus.

Von der Arno-Mündung bis zum Alpenrand,
hätt' ich nie gesehen das verwünschte Land,
Seemann, Flieger, Landser rufen all' zugleich,
laßt uns hier nicht sitzen, laßt uns heim ins Reich.

Gerieten im Zweiten Weltkrieg Offiziere in Kriegsgefangenschaft wurden sie – bei Beachtung der Genfer Konvention –
oft respektvoll behandelt und hatten Privilegien. Ganz anders
sah die Situation für die einfachen Soldaten aus. Wenn sie in
Kriegsgefangenschaft kamen, hatten sie meist viel Unange-
nehmes zu ertragen. So miserabel die meisten Kriegsgefangenlager des Zweiten Weltkriegs auch waren, für den einfachen Soldaten konnte es von großer Bedeutung sein, wo und
von wem er inhaftiert wurde. In Italien unterhielten Amerikaner für ihre POWs (Prisoner Of War) auch Kriegsgefangenen-
lager zwischen Livorno und Pisa. Am Anfang seiner Kriegsgefangenschaft dichtete der deutsche Soldat:

Grau das Lager, grau die Zelte,
drinnen der Landser arbeitsmüd.
Und des Herbstes rauhe Kälte,
durch die hohen Zelte zieht.

Ach wie ist das Leben sauer,
sechs Jahre Krieg und nun oh Graus.
Geh'n wir nach so langer Dauer,
doch noch immer nicht nach Haus …

Im Gegensatz zu strengeren Kriegsgefangenenlagern durften die bei Livorno gefangen gehaltenen deutschen Soldaten gelegentlich die Lager verlassen. Mit vollen Zügen genieße ich die köstliche Freiheit und die frische Luft, beschrieb der deutsche Soldat einen Ausflug nach Abetone, um dort Weihnachtsbäume abzuholen. Herrlich keinen Amerikaner zu sehen. Gegen Abend fahren wir mit unserer Ausbeute wieder zurück.

Im Laufe der Zeit war sein Kriegsgefangenlager in einer Hinsicht jedoch kaum wiederzuerkennen. Die von den Amerikanern geduldete deutsche Lagerleitung bemängelte das dort herrschende Lotterleben und richtete sich an die mitgefangenen Wehrmachtssoldaten:

Das geht jeden an!
TATSACHEN. Vor Monaten begann es damit, dass es einem besonders Raffinierten – er bildete sich jedenfalls ein, einer zu sein – gelang, ein »Mädel« ins Lager zu schmuggeln. Nachdem sich einige bei diesem »Mädel« die Giesskanne verbogen hatten, kam man dem Kern der Sache schon näher, indem man fortan von der »Alten Hure« sprach. Damals war das ein Einzelfall. Und heute? Zu Dutzenden laufen Huren aller Kaliber im Lager herum. Sie sind nicht eine Nacht im Lager, sondern Tage – und wochenlang, wohnen in den Zelten, waschen die Wäsche, holen morgens sogar den Kaffee und sitzen bei Filmvorführungen mit in der Halle.

FOLGEN. In den fast zwei Jahren unserer Gefangenschaft hat jeder einzelne von uns mehr als einmal Gelegenheit gehabt, die Erfahrung zu machen, dass jede Übertreibung und Masslosigkeit zu einem für uns selbst, d. h. genauer gesagt: für die Gesamtheit des Lagers nachteiligem Ende geführt hat. Man denke nur an die »Vogelwiese«, deren Liquidierung einzig und allein der Masslosigkeit im Verscheuern und Saufen zu verdanken war – der Masslosigkeit einiger weniger und immer der

gleichen Zeitgenossen, wohl gemerkt!! Sollte es tatsächlich Narren geben, die nach den bisher gesammelten Erfahrungen etwa allen Ernstes glauben, dass die Reaktion in punkto »Huren« anders sein könnte? Hat wirklich irgend einer unter uns das unbedingte Bedürfnis die Dinge soweit zu treiben, dass schliesslich die M. P. anfängt aufzuräumen, die sich bekanntlich nicht nur für Huren interessiert?

BESINNUNG. Betrachten wir die Verhältnisse, unter denen zu leben wir noch immer gezwungen sind, einmal ganz nüchtern, so wird es keinen geben, der ihre Unnatürlichkeit abstreiten könnte. Es ist nicht natürlich, wenn tausend Männer eingesperrt werden und von ihnen Enthaltsamkeit in jeder Beziehung verlangt wird. Ebenso unnatürlich und darüber hinaus jeden Anstand und jedes Schamgefühl verletzend ist es aber in Gegenwart anderer Männer bei einer Hure Befriedigung zu suchen, über die der Reihe nach ... zig Leute gestiegen sind und weiter steigen und die von Zelt zu Zelt gereicht wird. Wer meint ohne Vögelei absolut nicht leben zu können, soll in Dreiteufels Namen vögeln, und sich die ganze türkische Musik mit persischem Schellenbaum auf einmal holen – aber nicht im Lager. Er mag zu einer oder auch seiner Hure hingehen; er soll aber nicht den alten Schraubendampfer ins Lager holen und damit denen lästig fallen, die zu diesem Kapitel menschlicher Triebhaftigkeit andere Auffassungen haben als er selbst. Und das ist bei weitem die Mehrzahl. Aussergewöhnliche Lebensumstände bedingen auch aussergewöhnliche moralische Beanspruchungen. Wir sind keine solchen Schwächlinge, die damit nicht fertig werden könnten, jetzt schon garnicht mehr, wo die Entlassung immer näher rückt. Sich im Drecke wälzen ist keine Heldentat oder Leistung, das kann jedes Schwein auch. Wir erheben den Anspruch, als Menschen geachtet und behandelt zu werden, also wollen wir uns auch als Menschen benehmen. Es ist Zeit, einen dicken Strich unter das Kapitel »Huren im Lager« zu ziehen, in unserem eigensten Interesse und in vielfacher Hinsicht.

UND DAS GEHT JEDEN AN!
Deutsche Lagerleitung

Lili Marleen

Kein Schlager des 20. Jahrhunderts ist so häufig übersetzt und persifliert worden wie »Lili Marleen«. Das wehmütige Lied, vom deutschen Soldatensender Belgrad ab 1941 allabendlich ausgestrahlt, erzählt von Liebe, Abschied, Sehnsüchten und einer ungewissen Heimkehr. Verbündete wie Kriegsgegner schätzten dieses außergewöhnliche Lied. Auch die englische Version von 1944 verbreitete sich schnell. Nach dem Krieg erfreute »Lili Marleen«, in rund 50 Sprachen übersetzt, weiter die Zuhörer. Man liebte das Lied zum Beispiel in Japan, Italien, Schweden, Portugal, Frankreich; man sang und singt es auf holländisch, tschechisch, bulgarisch, hebräisch und finnisch.

Das von Hans Leip getextete und von Norbert Schultze komponierte Lied »Lili Marleen«

> Vor der Kaserne,
> vor dem großen Tor,
> stand eine Laterne,
> und steht sie noch davor,
> so wolln wir uns da wieder sehn,
> bei der Laterne wolln wir stehn
> I: wie einst, Lili Marleen :I

> Unsre beiden Schatten
> sahn wie einer aus;
> daß wir so lieb uns hatten,
> das sah man gleich daraus.
> Und alle Leute solln es sehn,
> wenn wir bei der Laterne stehn
> I: wie einst, Lili Marleen :I

Schon rief der Posten:
Sie blasen Zapfenstreich,
es kann drei Tage kosten!
Kamerad, ich komm ja gleich.
Da sagten wir auf Wiedersehn
Wie gerne wollt ich mit dir gehn,
I: mit dir, Lili Marleen :I

Deine Schritte kennt sie,
deinen zieren Gang,
alle Abend brennt sie,
mich vergaß sie lang.
Und sollte mir ein Leid geschehn,
wer wird bei der Laterne stehn,
I: mit Dir, Lili Marleen? :I

Aus dem stillen Raume,
aus der Erde Grund,
hebt mich wie im Traume
dein verliebter Mund.
Wenn sich die späten Nebel drehn,
werd ich bei der Laterne stehn
I: wie einst, Lili Marleen :I

Epilog

Über siebzig Jahre sind seit dem Ende des Zweiten Weltkriegs vergangen. Die Literatur über den Nationalsozialismus ist inzwischen unüberschaubar geworden und füllt ganze Bibliotheken. Sogar Experten haben damit häufig ein Problem. Trotz dieser enormen Fülle hat es bis heute noch kein Buch wie das vorliegende gegeben. Erstmals wurde für dieses Thema eine neue Art und Weise der Darstellung gewählt, die auch der Herausforderung des »modernen Lesens« Rechnung trägt: Kurze Lesestücke, Listen, Statistiken, Ausschnitte aus Zeitungsartikeln, Akten oder anderen Quellen und ähnliches bieten überschaubare, mehr oder weniger unbekannte Informationen und Wissenswertes zum Dritten Reich, ohne ein Thema zu vertiefen oder in all seinen Aspekten darzustellen. Stattdessen wird in einem umfangreichen Anmerkungsapparat auf weiterführende Literatur verwiesen. Entstanden ist eine Sammlung von Alltäglichem und Kuriosem aus dem Dritten Reich, die es in dieser Form noch nicht gibt.

Darf man das? Darf man das Wissen über das nationalsozialistische Regime auf diese Weise zusammenstellen? Schließlich brachte der von Nationalsozialisten ausgelöste Weltkrieg Tod, Leid, Verderben und verwandelte unzählige Städte in Trümmerfelder. 90 Millionen Menschen nahmen am Zweiten Weltkrieg teil, davon wurden 30 Millionen verwundet und über 50 Millionen starben. 6 Millionen ermordete Juden machen den Holocaust zum »singulären Menschheitsverbrechen«, um mit den Worten des Holocaust-Forschers Wolfgang Benz zu sprechen. Läuft man Gefahr, Revisionisten und ewig Unverbesserlichen Tür und Tor zu öffnen durch den Versuch, eine andere Darstellung zu wählen? Gar zur Verharmlosung beizutragen?

Wir sind nicht der Ansicht, daß eine andere, eher von einzelnen Eindrücken bestimmte Darstellung des Dritten Reiches der Verharmlosung Vorschub leistet. Dies wäre das Letzte, was wir im Sinn haben. Es gab und gibt immer wieder Bemühungen, neben den einschlägigen Monographien auch Bücher anzubieten, die sich dem Thema anders nähern. Hier sind stellvertretend für andere das von Christoph Studt herausgegebene Werk *Das Dritte Reich. Ein Lesebuch zur deutschen Geschichte 1933–1945*, die Sammlung *Die Rückseite des Hakenkreuzes. Absonderliches aus den Akten des Dritten Reiches* von Beatrice und Helmut Heiber, Reinhard Kühnls Klassiker *Der deutsche Faschismus in Quellen und Dokumenten* oder Walther Hofers *Der Nationalsozialismus. Dokumente 1933–1945* zu nennen, allesamt Werke, die auch zu dem vorliegenden Buch inspiriert haben. Erwähnenswert ist ebenso die mit Tabellen und Statistiken angereicherte Quellensammlung *Das Dritte Reich* von Wolfgang Michalka; hier findet sich im Vorwort eine Äußerung, die auch auf das vorliegende Buch zutrifft: »(…) es versteht sich von selbst, daß subjektive, am Forschungs- und Erkenntnisinteresse des Herausgebers orientierte Kriterien die Auswahl dieser Materialsammlung bestimmt haben. Dies führt unvermeidbar einerseits zu Schwerpunktbildungen und andererseits zu Lücken innerhalb der Dokumentation.«

Das vorliegende Buch ist ganz bewußt nicht auf einen bestimmten Themenbereich aus dem Dritten Reich beschränkt, sondern präsentiert auf unterschiedlichen Ebenen relevante, aussagekräftige, wenig bekannte Fakten und Details aus der NS-Zeit, ohne die Fesseln einer Chronologie. Es ist eine Sammlung ganz alltäglicher, aber auch kurioser Details aus dem Dritten Reich, die man in der Literatur zum Nationalsozialismus nur am Rande oder gar nicht erfährt, die aber pars pro toto das Wahnhafte und Monströse der NS-Diktatur sichtbar machen. Dabei steht der im Untertitel aufgeführte Begriff »Alltägliches« eben nicht nur für das Alltagsleben der Anhänger, Täter, Mitläufer, Angefeindeten, Verfolgten und Opfer im

Dritten Reich, sondern auch für das Abgeschmackte, Geistes-arme, Spießige und Floskelhafte des gesamten NS-Systems. Das Buch zeigt, daß es für die meisten Deutschen der »Hei-matfront« bis weit in den Krieg hinein einen relativ unspek-takulären Alltag gab. Auch im Dritten Reich gab es sportbe-geisterte Deutsche, die sich einfach nur an den Siegen ihrer Mannschaft erfreuten, es wurden Getränke wie Fanta entwickelt oder Kinofilme gezeigt, die manchmal noch heute im Fernsehen laufen. Gerade in einer Diktatur verläuft der Alltag oft nicht so, wie es die Propaganda gerne vorspielt, sondern erweist sich als nüchtern und eigentlich recht trivial.

Das gilt nicht für die Juden und andere Verfolgte. Die von uns ausgewählten Passagen der *Deutschland-Berichte der Sozialdemokratischen Partei Deutschlands*, die im Prager bzw. Pariser Exil erschienen, zeigen gerade an Alltagssituationen, wie der Terror gegen die Juden im Dritten Reich nach und nach zunahm. Sie machen deutlich, wie diese Verfolgung mitten im Alltag der Deutschen stattfand, beim Einkaufen oder beim Restaurantbesuch.

Der Ausdruck »Kurioses« steht vor allem für das aus heutiger Sicht für den Leser Befremdliche, aber auch für das Lächerliche, Exzentrische, Groteske und Abstruse des Regimes. Und davon hat es einiges gegeben, auch wenn man diese Begriffe zunächst nicht mit dem Dritten Reich verbindet. Jeder weiß zum Beispiel, daß die Juden zu ihrer Diskriminierung einen sechszackigen gelben Stern tragen mußten. Kaum bekannt ist dagegen, was es mit dem ADEFA-Zeichen auf sich hat, das wir in keinem Lexikon über das Dritte Reich gefunden haben und das wir auf Seite 35 vorstellen und erläutern. Befremdlich ist auch, daß Hitler nach Kriegsende in Umfragen immer noch recht beliebt war, daß es verklausulierte Geburtstagslaudatien für ihn gab …

Die ausgewählten Beispiele zielen mitunter darauf, bereits bekannte Fakten zu untermauern. So weiß man im allgemeinen, daß die Presse der NS-Zeit zensiert wurde und nicht allein der Berichterstattung diente sondern zusätzlich eine propagandistische Funktion hatte. Wenn die Zeitungen schrieben, daß das Hören verbotener Radiosender mit »drei Jahren Zuchthaus« (S. 226) bestraft wurde, so sollte damit ohne Zweifel auch eine Warnung an die Leserschaft ausgesprochen werden, so etwas tunlichst zu unterlassen. Weniger bekannt ist Hitlers Äußerung zu diesem Thema, in der er mit genüßlicher Selbstzufriedenheit darüber reflektiert, daß das nationalsozialistische Regime der Pressefreiheit ein Ende bereitet habe (S. 38).

Ist das, was wir machen, Historisierung? Selbstverständlich. 71 Jahre nach Ende des Dritten Reiches kann und muß man diese historische Epoche nüchterner betrachten, als es die unmittelbar vom Nationalsozialismus betroffenen Generationen tun konnten. Bedeutet Historisierung Verharmlosung? Auf keinen Fall. Der Berliner Historiker Götz Aly antwortete in einem von der *Literarischen Welt* am 10. März 2005 veröffentlichten Interview auf die Frage, ob der Prozeß der Historisierung eine andere Art des Denkens verlangt: »Ja, wir sollten aufhören, Geschichte schlicht in Gut und Böse aufzuteilen und so zu tun, als ob das, was wir heute noch als gut akzeptieren, mit dem historischen Bösen nichts zu tun gehabt hätte. Mit dieser Illusion, die von Geschichtsoptimisten (…) maßgeblich gefördert wird, geben wir den Anspruch auf, Geschichte wirklich zu verstehen. In den Biographien des zwanzigsten Jahrhunderts und in den Bänden des Reichsgesetzblattes zwischen 1933 und 1945, die in der Hauptsache heute noch gültige oder kaum abgewandelte Bestimmungen enthalten, wird doch sofort sichtbar, wie ineinander verschlungen das Böse und das Gute sein können.«

Wir sind davon überzeugt, daß der Schrecken und das Böse des NS-Regimes durch die aufgelisteten oder dargestellten

Details mitunter viel stärker zum Ausdruck kommen als es in mancher Abhandlung über das Dritte Reich der Fall ist. Leserinnen und Leser werden immer wieder auf Anordnungen, Befehle, Äußerungen und Zeitungstexte stoßen, die das Wirken des menschenverachtenden Regimes im »ganz normalen Alltag« deutlich machen. Gerade das Befremdliche vieler präsentierter Fakten verstärkt unserer Ansicht nach den Eindruck des Geschilderten.

Zu den im Buch präsentierten Statistiken muß noch gesagt werden, daß sich das Territorium von Deutschland ab 1938 und danach kriegsbedingt durch Annexion oder Einverleibung veränderte. Wo dies geboten erschien, finden sich hierzu Hinweise im Text oder im Anmerkungsapparat. Zum Verständnis muß auch darauf hingewiesen werden, daß viele Zahlen der Reichsstatistik im Zweiten Weltkrieg nicht mehr veröffentlicht wurden und auch später nicht immer nachgeliefert werden konnten.

Die Autoren

Abkürzungen des Anmerkungsapparates:

AVA: Allgemeines Verwaltungsarchiv des Österrei-
         chischen Staatsarchivs

BA: Bundesarchiv

BA/MA: Bundesarchiv/Militärarchiv

BDC: Berlin Document Center (jetzt BA)

Bibl. Inst.: Bibliographisches Institut (Hrsg.), Schlag nach!
         Wissenswerte Tatsachen aus allen Gebieten, 3.
         Aufl., Leipzig 1941

Der Große Ploetz: Der Große Ploetz, begr. von Carl Ploetz,
         32. Aufl., Freiburg 1998

DGO: Deutsche Gemeindeordnung

IfZ: Institut für Zeitgeschichte (München)

HBAW: Historisches Bild-Archiv Wohlfromm

HSW: Historische Sammlung Wohlfromm

MBliV: Ministerialblatt der inneren Verwaltung

Milit- Gesch. Forschungsamt: Militärgeschichtliches For-
         schungsamt (Hrsg.), Das Deutsche Reich und der
         Zweite Weltkrieg, 9 Bde., Stuttgart, 1979 bis 2005

NA: National Archives and Records Service (Washing-
         ton)

PAAA: Politisches Archiv des Auswärtigen Amtes

RMBliV: Reichsministerialblatt der inneren Verwaltung

RGBl: Reichsgesetzblatt

Statistisches HB: Statistisches Handbuch von Deutschland
         1928-1944, hrsg. vom Länderrat des Amerikani-
         schen Besatzungsgebiets, München 1949

Statistisches Jahrbuch: Statistisches Jahrbuch für das Deut-
         sche Reich, hrsg. vom Statistischen Reichsamt, 14
         Bde., Berlin, 1928 bis 1941/42

Anmerkungen

S. 13 **Verkaufsschlager Coca-Cola:** Mark Pendergrast, Für Gott, Vaterland und Coca-Cola. Die unautorisierte Geschichte der Coca-Cola-Company, München 1993; Ulf Biedermann, Ein amerikanischer Traum Coca-Cola: Die unglaubliche Geschichte eines 100jährigen Erfolges, Hamburg-Zürich, 1985; Helmut Fritz, Das Evangelium der Erfrischung. Coca-Colas Weltmission, Reinbek 1985; Silke Horstkotte und Olaf Jürgen Schmidt, »Heil Coca-Cola! – Zwischen Germanisierung und Re-Amerikanisierung: Coke im Dritten Reich«, in: Amerikanische Populärkultur in Deutschland, hrsg. von Heike Paul und Katja Kanzler, Leipzig 2002, S. 73–86.

S. 15 **Scho-Ka-Kola:** Vgl. auch die Firmen homepage: http://www.scho-ka-kola.de/#ueberuns abgerufen am 15.5.2017.

S. 17 **Der Olympische Fackellauf:** Lange Zeit wurde der Sportfunktionär Carl Diem als Ideengeber angesehen, heute gilt Diems persönlicher Berater Alfred Schiff als solcher und Carl Diem als Initiator zum Fackellauf. Stefan Lehmann, »Sport der Hellenen« – Die Berliner Ausstellung von 1936 und der jüdische Archäologe Alfred Schiff (1863–1939), in: Andreas Höfer, Manfred Lämmer, Karl Lennartz (Hrsg.): Stadion Band XXIX (2003) Sonderband. Olympic Games. Olympische Spiele. Jeux Olympiques.

S. 18 **Joseph Goebbels während der Olympischen Spiele:** Joseph Goebbels, Die Tagebücher: Sämtliche Fragmente. Hrsg. von Elke Fröhlich, Teil 1, Bd. 2, München u.a. 1987, S. 655.

S. 20 **Rapid Wien war schon einmal Deutscher Meister:** Jakob Rosenberg/Georg Spitaler, »Der große Tag«. Der Sportclub Rapid und die vielfältigen Erinnerungen an die »Großdeutsche Meisterschaft« am 22. Juni 1941 in: David Forster, Jakob Rosenberg, Georg Spitaler, Fußball unterm Hakenkreuz in der »Ostmark«, Göttingen 2014, S. 296 ff.; allgemein: Franz Binder jun., Franz »Bimbo« Binder – Ein Leben für den Fußball, Salzburg 2011.

S. 21 **Bubikopf und Haar-Richtlinien :** Frankfurter Zeitung, Stadt-Blatt vom 1.1.1943.

S. 23 **Was der Nazi nicht darf:** Paul Elbogen, »Was der Nazi nicht darf …«, in: Die Weltbühne, Nr. XXVIII (1932), S. 493 f.

S. 27 **Gestern drohte noch Regen …** Joseph Goebbels, Die Tagebücher: Sämtliche Fragmente. Hrsg. von Elke Fröhlich, Teil 1, Bd. 2, München u.a. 1987, S. 414.

S. 28 **Totenverehrung:** Karl Unruh, Langemarck. Legende und Wirklichkeit, Koblenz 1986; Jay W. Baird, To die for Germany. Heroes in the Nazi Pantheon, Bloomington u. Indianapolis 1990; Sabine Behrenbeck, Der Kult um die toten Helden, Vierow bei Greifswald 1996.

S. 30 **Köge:** Nordfriisk Instituut 1996, siehe Klaus Groth, »Der Aufbau des Adolf-Hitler-Koogs – Ein Beispiel nationalsozialistischen ländlichen Siedlungsbaus«, in: Erich Hoffmann und Peter Wulf, »Wir bauen das Reich«. Aufstieg und erste Herrschaftsjahre des Nationalsozialismus in Schleswig-Holstein, Neumünster 1983, S. 309–331.

S. 33 **Das Schwarze Korps:** Anzeigen aus Ausgaben der Jahre 1935–1944.

S. 32 **Verdeutschung nicht erwünscht:** BA R 43 M/953.

S. 31 **Eintopfsonntage:** Berliner Lokal Anzeiger vom 27.9.1933.

S. 34 **Woolworth:** Deutschland-Berichte der Sozialdemokratischen Partei Deutschlands [Sopade], 1934–1940, Frankfurt am Main 1980, 1936: Bd. 3, S. 27.

S. 35 **A D E F A:** vgl. auch NS-Presseanweisungen der Vorkriegszeit. Edition und Dokumentation, bearbeitet und hrsg. von Hans Bohrmann und Gabriele Toepser-Ziegert, Institut für Zeitungsforschung, München 1984–1999, Bd. 6/I, 1938, S. 169.

S. 36 **Presse:** Sperlings Zeitschriften- und Zeitungs-Adreßbuch. Handbuch der deutschen Presse, 61. Aufl., Leipzig 1939.

S. 38 **Hitler über die deutsche Presse:** Adolf Hitler, Monologe im Führerhauptquartier 1941–1944, hrsg. von Werner Jochmann, München 2000, S. 294 (Lorenz = Heinz Lorenz, Amann = Max Amann).

S. 38 **Zehn kleine Meckerlein:** Hans-Jochen Gamm, Der Flüsterwitz im Dritten Reich, München 1990, S. 53; eine etwas andere Version in: Meike Wöhlert, Der politische Witz in der NS-Zeit am Beispiel ausgesuchter SD-Berichte und Gestapo-Akten, Frankfurt am Main 1997, S. 134.

S. 39 **Theater:** Bibl. Inst., S. 530. Am 15.5.1934 kamen sämtliche Theater unter die Aufsicht vom Reichsministerium für Volksaufklärung und Propaganda (Joseph Goebbels); RGBl.1934 I S. 411–413.

S. 40 **Kinos:** Bibl. Inst, S. 531. Am 16.2.1934 verschärfte das Lichtspielgesetz die Zensur. Vor der Verfilmung waren Drehbücher vom Reichsfilmdramaturgen zu genehmigen. Dieser unterstand dem Reichsministerium für Volksaufklärung und Propaganda (Joseph Goebbels); RGBl.1934 I S. 95.

S. 42 **Der Berliner Bär**: Mehrere Wappenzeichnungen im Landesarchiv Berlin (Wappensammlung). Vgl. auch »Der Spiegel« vom 12.6.1948, S. 6.

S. 44 **Das Ende der »acht Alphabete«**: Silvia Hartmann, Fraktur oder Antiqua. Der Schriftstreit von 1881 bis 1941, Frankfurt am Main 1998; Bormanns Rundschreiben: BA NS 25/794; Goebbels Tagebucheintragung v. 2.2.1941: Joseph Goebbels, Die Tagebücher: Sämtliche Fragmente. Hrsg. von Elke Fröhlich, Teil 1, Bd. 4, München u.a. 1987, S. 488.

S. 51 **Dornröschen und Hitler**, Der praktische Schulmann, 1936, zit. nach: Tilman Allert, Der deutsche Gruß. Geschichte einer unheilvollen Geste, Lizenzausgabe, Frankfurt am Main 2010, S. 44.

S. 52 **Die Hochschulen**: Ohne Gasthörer und beurlaubte Studenten, einschl. der Ausländer. Die Studentenzahlen der Jahre 1938–1944 beziehen sich nur auf das sogenannte »Altreich«. Datenhandbuch zur deutschen Bildungsgeschichte, Bd. I: Hochschulen, I.Teil, Göttingen 1987, S. 33, S. 42 f., S. 46 f.; Frauenanteil: Die Jahreszahlen beziehen sich jeweils auf das Sommersemester. Die Angaben bis 1939 gelten für das sogenannte »Altreich«, während die Zahlen von 1941 und 1943 die Universitäten des »Großdeutschen Reiches« umfassen (einschl. Wien, Graz, Innsbruck, Posen, Straßburg, Prag). Zehnjahres-Statistik des Hochschulbesuchs und der Abschlußprüfungen, Bd. 1, S. 152–154; Beilage: Die Entwicklung des Fachstudiums während des Krieges, Berlin 1944, S. 10–18; vgl. Michael Grüttner, Studenten im Dritten Reich, Paderborn u. a. 1995, S. 101–126, S. 488–491.

S. 56 **Wein**: Statistisches Jahrbuch 1938, S. 112; 1939/40, S. 114; 1941/42, S. 138; Pfalz: Deutschland-Berichte der Sozialdemokratischen Partei Deutschlands [Sopade], 1934–1940, Frankfurt am Main 1980, 1935: Bd. 2, S. 1029.

S. 58 **Schlagwörter, Parolen und geflügelte Worte**: Cornelia Schmitz-Berning, Vokabular des Nationalsozialismus, Berlin, New York 1998; Schlagwörter und Schlachtrufe, hrsg. von Kurt Pätzold und Manfred Weißbecker Bd. 1 und Bd. 2, Leipzig 2002; Georg Büchmann, Geflügelte Worte, 28. Aufl., Berlin 1942; ders., 29. Aufl., Berlin 1943;

S. 61 **Weihnachten**: Judith Breuer / Rita Breuer, Von wegen Heilige Nacht! Das Weihnachtsfest in der politischen Propaganda, Mülheim an der Ruhr 2000, S. 63–138; Karl Rauch / Carl H. Erke (Hrsg.) im Auftrag der Wehrmachtspropagandagruppe, Nacht unter Sternen. Weihnachtsbuch für den deutschen Soldaten in Norwegen und Lappland, Oslo 1943; Wolfgang Stumme, Wir singen zu Weihnachten, Liederblatt hrsg. v. Hauptkulturamt in der Reichspropandaleitung der NSDAP, o.O., o.J.; Gedicht: »Der toten Soldaten Heimkehr« in Trostgabe. Gedichte Thilo Scheller 1939–1944, o. O., o. J., S. 13.

S. 64 **Der Flugverkehr:** GB = mit Kolonien; Bibl Inst., S. 395; Bibl. Inst., S. 398.

S. 68 **Roulette und reiche Leute:** Adolf Hitler. Monologe im Führerhauptquartier 1941–1944. Die Aufzeichnungen von Heinrich Heims, hrsg. v. Werner Jochmann, Hamburg 1982, S. 364 f.

S. 72 **Autoverkehr:** Reichsautobahn: in: Victor Klemperer, Ich will Zeugnis ablegen bis zum letzten. Tagebücher 1933–1945, 2 Bde., Berlin 1995, Eintragung vom 4.10.1936, Bd. 1, S. 310 f.; Vom Nutzen der Autobahnen: am 23.6.1937, zit. nach Max Domarus, Hitler. Reden und Proklamationen 1932–1945, Bd. 2, S. 701 f.; Autoboom: Statistisches HB, S. 371; Autobahnstrecken: Statistisches Jahrbuch 1941/42, S. 266; Kraftstoffverbrauch: Milit. Gesch. Forschungsamt, Bd. 5/2, S. 440.

S. 75 **Alle Fußball-Länderspiele Deutschlands 1933–1942:** Schlag auf – sieh nach! Ein praktisches Nachschlagebuch, Gütersloh 1953, S. 454–457.

S. 80 **Fremdenverkehr im Dritten Reich:** Belgien mit Luxemburg, Großbritannien mit Nordirland; Statistisches Jahrbuch 1941/42, S. 101.

S. 80 **Arbeitslosenzahlen:** Statistisches HB, S. 484; Norbert Frei, Der Führerstaat, 6. Aufl., München 2001, S. 98 ff.; Brandt-Zitat in: Willy Brandt, Erinnerungen, Frankfurt am Main, 1989, S. 110.

S. 83 **Steigender Alkoholkonsum im Dritten Reich / Durchschnittlicher Konsum pro Jahr bei Personen männlichen Geschlechts über 14 Jahren / Der Alkoholverbrauch einiger Länder im Jahr 1938:** vgl. Statistisches Jahrbuch 1937, S. 363 und 1941/42, S. 439; Statistisches HB, S.489; Alkoholverbrauch einiger Länder: GB = Bier und Branntwein 1936, Wein 1937, USA = Bier und Branntwein 1936, vgl. Statistisches HB, S. 501; Schnaps: GB u. USA = 1936; Statistisches HB, S. 501; Robert N. Proctor, Blitzkrieg gegen den Krebs. Gesundheit und Propaganda im Dritten Reich, Stuttgart 2002, S. 173 mit weiteren Nachweisen.

S. 85 **Zigaretten:** Statistisches HB, S. 489. Weiterführende Literatur: Nicole Petrick-Felber, Kriegswichtiger Genuss. Tabak und Kaffee im »Dritten Reich«, Göttingen 2015.

S. 85 **Käse:** Statistisches HB, S. 491.

S. 86 **Kaffee und Tee:** Statistisches HB, S. 489. Weiterführende Literatur: Nicole Petrick-Felber, Kriegswichtiger Genuss. Tabak und Kaffee im »Dritten Reich«, Göttingen 2015.

S. 87 **Hummer:** Jürgen Klimpel, Die neuzeitliche Entwicklung der Inselgemeinde Helgoland unter besonderer Berücksichtigung des Fremdenverkehrs, Konstanz 1965, S. 18–23, 208 f., Tabelle S. 22, nach Unterlagen des Fischereiamtes für die Küstengewässer der Nordsee (Hamburg-Altona). Um das Jahr 1615 kann man von einer Jahresausbeute von 37.000 Hummern ausgehen, um 1790 sollen es etwa 45.000 Stück gewesen sein. Im 19. Jh. lagen die Fangergebnisse jährlich zwischen 20.000 und 30.000 Stück. Bis 1906 lagen sie bei 50.000 bis 70.000 Stück, ab 1907 sanken sie zwischen 20.000 bis 30.000. Nach dem 1 Weltkrieg sanken sie auf jährlich 10.000 bis 20.000 Stück. 1927 = 20.350; 1928 = 40.448; 1929 = 44.260; 1930 = 53.866; 1931 = 82.751; 1932 = 68.950.

S. 88 **Obstbaumbestände im Deutschen Reich 1938:** Statistik: Bibl. Inst., S. 293; Bormann-Schreiben: BA R 43 H/591.

S. 90 **Die entnazifizierte Rebsorte:** Hinweise verdanken wir unter anderem dem letzten Leiter der inzwischen aufgelösten Landesanstalt für Rebenzüchtung des Landes Rheinland-Pfalz in Alzey Dr. Otmar Bauer. Richard Eugen Wagner wurde am 2.12.1902 in Colmar/Elsass geboren. Er trat im Oktober 1930 der NSDAP bei (Mitgliedsnummer 416.528) und im Februar 1932 der SS (Mitgliedsnummer 23.376). Wagner starb am 14.7.1973 in Darmstadt. Georg Scheu wurde am 21.6.1879 in Krefeld geboren. Georg Scheu, Mein Winzerbuch, Berlin 1936, S. 172 und 212. Auf Scheu als Züchter gehen folgende Rebsorten zurück: Scheurebe, Huxelrebe, Siegerrebe, Faberrebe, Kanzler, Septimer und Würzer. Scheu war der erste Leiter der Landesanstalt für Rebenzüchtung in Alzey. Er starb am 2.11.1949. Vgl. auch Hartmut Keil, Felix Zillien, Der deutsche Wein 1930 bis 1945. Eine historische Betrachtung. Dienheim a. Rh. 2010, S. 190 – 191.

S. 93 **Die nazifizierte Rebsorte:** Diesen Hinweis verdanken wir Jochem Larsen (Staatlicher Hofkeller Würzburg). Vgl. auch Hartmut Keil, Felix Zillien, Der deutsche Wein 1930 bis 1945. Eine historische Betrachtung. Dienheim a. Rh. 2010, S. 191–192.

S. 93 **Nordseeinsel Borkum:** Instruktiv: Frank Bajohr, »Unser Hotel ist judenfrei.« Bäderantisemitismus im 19. und 20. Jahrhundert, Frankfurt a. M. 2003.

S. 95 **Sylt:** BDC Sammlung Schumacher 240 II. Instruktiv: Frank Bajohr, »Unser Hotel ist judenfrei.« Bäderantisemitismus im 19. und 20. Jahrhundert, Frankfurt a. M. 2003.

S. 96 **Muttermilch:** BA R 43 II/1559 b.

S. 97 **Selbstmord:** USA = 1936; Statistisches Jahrbuch 1941/42, S.31, internationale Übersichten; Ursula Baumann, »Suizid im ›Dritten Reich‹ – Facetten eines Themas«, in: Geschichte und Emanzipation. Festschrift für Reinhard Rürup, hrsg. von Michael Grüttner, Rüdiger Hachtmann, Heinz-Gerhard Haupt, Frankfurt am Main und New York, 1999, S. 482–516. Die Juden betreffenden Aussagen beruhen auf dem Material von jüdischen Gemeinden oder Zeitzeugenerinnerungen. Die bis 1939 veröffentlichten statistischen Zahlen geben keinen Aufschluss über die Religionszugehörigkeit. Aufgrund der vom Nationalsozialismus durchgesetzten rassistischen Definition wären jüdische Suizidenten allerdings auch bei Berücksichtigung des konfessionellen Faktors in der Statistik nicht adäquat erfasst worden.

S. 99 **Palandt:** Warum heißt der Palandt Palandt? Und andere aufklärende Abhandlungen, hrsg. von Elmar Matthias Hucko, Köln 1994; Klaus W. Slapnicar, »Der Wilke, der später Palandt hieß«, in: Neue Juristische Wochenschrift, 2000, Heft 23, S. 1692–1699.

S. 104 **Karneval:** Deutschland-Berichte der Sozialdemokratischen Partei Deutschlands [Sopade], 1934–1940, Frankfurt am Main 1980, 1936: Bd. 3, S. 165.

S. 104 **»50 Neger im ganzen deutschen Reichsgebiet«:** BDC Sammlung Schumacher 216 IV.

S. 105 **Probleme mit Alexander Olympio:** PAAA Inl. I Partei 87/1.

S. 105 **Schlagsahne:** AVA RKWÖ 221.

S. 106 **Hitlernationale und andere »gestohlene« Lieder:** Reinhard Dithmar, Das »gestohlene« Lied. Adaption vom Liedgut der Arbeiterbewegung in NS-Liedern, in: Lieder in Politik und Alltag des Nationalsozialismus, hrsg. von Gottfried Niedhart und George Broderick, Frankfurt am Main 1999, S. 17–33, hier auch S. 24 der Bericht von Hans Bajer; George Broderick und Andrea Klein, »Das Kampflied der SA«, in: ebd., S. 63–90; Alfred Roth, Das nationalsozialistische Massenlied. Untersuchungen zur Genese, Ideologie und Funktion, Würzburg 1993; Joseph Wulf, Musik im Dritten Reich, Berlin 1983; Gerd Hagelweide, Das publizistische Erscheinungsbild des Menschen im kommunistischen Lied. Eine Untersuchung der Liedpublizistik der KPD (1919) und der SED (1945–1960), Bremen

1968; Arbeiter- und Freiheitsliederbuch, zusammengestellt von August Albrecht, Berlin 1928; Alfred Wirth, »Das proletarische Lied. Zur Geschichte des Liedes vom »Kleinen Trompeter«, in: Volkskunst, Leipzig 1955, Heft 4, S. 22 f.

S. 112 **Naturschutz**: Bibl. Inst., S. 278 f.; Reichsnaturschutzgesetz (RNG) v. 26.6.1935, RGBl.1935 I S. 821.

S. 114 **Die größten deutschen Aktiengesellschaften**: Bibl. Inst., S. 287.

S. 116 **Firmensignets**: Bibl. Inst., S. 288–289.

S. 116 **Kirchen und Vegetarier in der neuen Welt**: Adolf Hitler. Monologe im Führerhauptquartier 1941–1944. Die Aufzeichnungen von Heinrich Heims, hrsg. v. Werner Jochmann, Hamburg 1982, S. 136.

S. 119 **Wie Reich-Ranicki zu seinem Namen kam**: Marcel Reich-Ranicki, Mein Leben, Stuttgart 1999, S. 324 f.

S. 120 **Ehemänner haben es schwer**: Joseph Goebbels, Die Tagebücher: Sämtliche Fragmente. Hrsg. von Elke Fröhlich, Teil 1, Bd. 2, München u.a. 1987, S. 676–677.

S. 120 **Jesus der Arier und das Christentum**: Adolf Hitler. Monologe im Führerhauptquartier 1941–1944. Die Aufzeichnungen von Heinrich Heims, hrsg. v. Werner Jochmann, Hamburg 1982, S. 150.

S. 122 **Jesus Christus war ein Arier**: Daniel Schäfer, Die Bibel im Dritten Reich, Berlin 1935; Max F. Sebald, Jesus der Arier und die jesuanische Weltanschauung, 3. Aufl., Berlin 1888. Weiterführende Literatur: Wolfgang Fenske, Wie Jesus zum »Arier« wurde. Auswirkungen der Entjudaisierung Christi im 19. und zu Beginn des 20. Jahrhunderts, Darmstadt 2015.

S. 122 **Goebbels' Meinung zum Jesusstreit**: Joseph Goebbels, Michael. Ein deutsches Schicksal in Tagebuchblättern, München 1931, S. 87–89. (Der Roman erschien 1939 in der 15. Auflage).

S. 122 **Die Jünger**: Widar Wälsung, War Jesus ein Jude? Jesus im Lichte der Rassenfrage. Eine deutsche Antwort von Widar Wälsung, 2. Aufl., Nürnberg 1934, S. 22. (Die 1. Aufl. erschien bereits 1921).

S. 123 **KPD**: Reinhard Kühnl, Der deutsche Faschismus in Quellen und Dokumenten, 7. Aufl., Köln 2000, S. 428 f.

S. 124 **Widerstand**: Lexikon des Widerstandes 1933–1945, hrsg. von Peter Steinbach und Johannes Tuchel, München 1994; Widerstand in Deutschland 1933–1945, hrsg. von Peter Steinbach und Johannes Tuchel, 3. Aufl., München 2000.

S. 125 **Widerstandsgruppen**: »Meldungen wichtiger staatspolizeilicher Ereignisse«, 12.5.–12.11.1944, IfZ, MA 442/2, und BA R 58/213.

S. 127 **Terror gegen die Juden:** Deutschland-Berichte der Sozialdemokratischen Partei Deutschlands [Sopade], 1934–1940, Frankfurt am Main 1980, 1935: Bd. 2, S. 358 f., S. 800, S. 814, S. 923, S. 925, S. 927, S. 934, S. 1028 f. 1936: Bd. 3, S. 22, S. 28, S. 980, S. 1654. 1937: Bd. 4, S. 944 f. 1938: Bd. 5, S. 197, S. 200, S. 202, S. 732 f., S. 740, S. 748, S. 763, S. 765, S. 1177 f., S. 1181, S. 1205, S. 1352. 1939: Bd. 6, S. 201 f., S. 220, S. 919, S. 930 ff., S. 938.

S. 143 **Falscher Feind:** Hanns Johst, Ruf des Reiches – Echo des Volkes! Eine Ostfahrt, München 1941, S. 93 ff.

S. 145 **Spanien und Spanier:** Adolf Hitler. Monologe im Führerhauptquartier 1941–1944. Die Aufzeichnungen von Heinrich Heims, hrsg. v. Werner Jochmann, Hamburg 1982, S. 389.

S. 146 **Umfrage 1949:** Der Spiegel vom 5.3.1949, S. 32 ff.

S. 146 **Umfrage 1950:** Edgar Piel, »Spuren der NS-Ideologie im Nachkriegsdeutschland«, in: Freundliche Feinde? Die Alliierten und die Demokratiegründung in Deutschland, hrsg. von Heinrich Oberreuther und Jürgen Weber, Akademie für politische Bildung, Bd. 29, S. 148.

S. 147 **Attentate auf Adolf Hitler:** Will Berthold, Die 42 Attentate auf Adolf Hitler, Wiesbaden 2000, S. 250.

S. 149 **Mitgliederhöchststand:** Natürlich lassen sich Mitgliedschaften in Parteien aus unterschiedlichen Zeiten, verschieden großen Territorien und verschiedenen politischen Systemen kaum vergleichen. Trotzdem ist es instruktiv, die Zahlen zu kennen.

S. 149 **NSDAP:** Zitat von Heß: Brief von Rudolf Heß an Walter Hewel vom 30.3.1927 in: Albrecht Tyrell, Führer befiehl … Selbstzeugnisse aus der »Kampfzeit« der NSDAP. Dokumentation und Analyse, Düsseldorf 1969, S. 171 f.; Der Schulungsbrief, 8. und 9. Folge (Doppelheft), 1938, S. 286, zur dortigen Diktion: Gau Mainfranken entspricht Unterfranken, Groß-Berlin entspricht Berlin, Kurmark entspricht Brandenburg; Mitgliedsnummern: Albrecht Tyrell, Führer befiehl … Selbstzeugnisse aus der »Kampfzeit« der NSDAP. Dokumentation und Analyse, Düsseldorf 1969, S. 352; NSDAP und deren Organisationen: Milit. Gesch. Forschungsamt, Bd. 9/1, S. 103; Parteiprogramm: Das Parteiprogramm wurde von Hitler sowie Anton Drexler entworfen und von den wirtschaftstheoretischen Ideen Gottfried Feders beeinflusst. Siehe Reinhard Kühnl, Der deutsche Faschismus in Quellen und Dokumenten, 7. Aufl., Köln 2000, S. 96 ff.

S. 154 **Reichsparteitage aus der Sicht eines Finnen:** Olavi Paavolainen, Zu Gast im Dritten Reich 1936. Rhapsodie, Hamburg 2016, S. 152 f.; S. 171; S. 192.

S. 160 **Das Parteiprogamm:** Wilhelm Mommsen, Deutsche Parteiprogramme, München 1952.

S. 167 **Schrammelmusik:** BA R 55/223.

S. 168 **Meinungen über Schminke:** Joseph Goebbels, Die Tagebücher: Sämtliche Fragmente. Hrsg. von Elke Fröhlich, Teil 1, Bd. 2, München u.a. 1987, S. 621–622.

S. 169 **Der braune Abt:** BA NS 10/297.

S. 170 **Nächtliche Beleuchtung:** BA NS 10/71.

S. 170 **Frauensache:** BA NS 22/713.

S. 171 **Rauchverbot:** BA NS 22/675.

S. 171 **Struwwelhitler:** Robert und Philip Spence, Struwwelhitler. A Nazi Story Book by Dr. Schrecklichkeit, (1941 S. 4), Reprint Berlin 2005; siehe hier auch das Vorwort von Joachim Fest. Deutsche Übersetzung von Dieter H. Stündet.

S. 172 **Hitlers Geburtstag am 20. April:** Diesen Hinweis verdanken wir Herrn Ulrich Schulz. Nur Hitlers 50. Geburtstag am 20.4.1939 war verordneter Feiertag.

S. 173 **Hitlers Patenstadt:** AVA RKWÖ 57.

S. 174 **Wahlzettel:** BA R 43 II/1368.

S. 174 **Tempo 80:** BA NS 10/135.

S. 175 **Abschiedsbrief:** BA NS 10/500. Weiterführende Literatur: Brigitte Hamann, Hitlers Edeljude. Das Leben des Armenarztes Eduard Bloch, München 2008.

S. 177 **Haribo macht Kinder froh:** Bettina Grosse de Cosnac, Die Riegels. Die Geschichte der Kultmarke HARIBO und ihrer Gründerfamilie, Bergisch Gladbach 2006, S. 40 ff., S. 56 ff., S. 124. Klaus-D. Kreische, Lakritz, Traktat einer Reise in die Welt der schwarzen Süßigkeit, 2. Aufl., Münster 2017, S. 198–200.

S. 178 **Jägermeister:** Namen »Jägermeister« und »Reichsjägermeister«: Thomas Klingebiel, Curt Mast. Ein Unternehmer in der Politik, Göttingen 2017, S.127; Reichspatentamt: ebda., S. 129 Fußnote 131; Umsatzverdoppelung: ebda., S. 154; zur Einführung von Jägermeister: ebda., S. 114–152. Zu Hermann Göring als Reichsjägermeister siehe allgemein: Andreas Gautschi, Der Reichsjägermeister: Fakten und Legenden um Hermann Göring, 3. Aufl., Hanstedt 2000. Instruktiv: Reichsjagdgesetz RGBl. 1934 I S. 534 und Durchführungsverordnungen.

S. 186 **Entlarvender Tagebucheintrag zur Sterilisation von Behinderten:** Joseph Goebbels, Die Tagebücher: Sämtliche Fragmente. Hrsg. von Elke Fröhlich, Teil 1, Bd. 2, München u.a. 1987, S. 746.

S. 186 **Saalschlacht im Berliner Wedding:** Wilfrid Bade. Die S.A. erobert Berlin. Ein Tatsachenbericht von Wilfrid Bade, München 1933, S. 61–63.

S. 188 **Der Witz im Dritten Reich:** Siehe Meike Wöhlert, Der politische Witz in der NS-Zeit am Beispiel ausgesuchter SD-Berichte und Gestapo-Akten, Frankfurt am Main, 1997; Hans-Jochen Gamm, Der Flüsterwitz im Dritten Reich. Mündliche Dokumente zur Lage der Deutschen während des Nationalsozialismus, München 1963; Franz Danimann, Flüsterwitze und Spottgedichte unterm Hakenkreuz, Wien 2001; Rudolph Herzog, Heil Hitler, das Schwein ist tot! Lachen unter Hitler – Komik und Humor im Dritten Reich, Frankfurt am Main 2006.

S. 197 **Die Weinbaugebiete:** Hartmut Keil, Felix Zillien, Der deutsche Wein 1930 bis 1945. Eine historische Betrachtung, Dienheim a. Rh. 2010, S. 49–52.

S. 197 **Wer verträgt am meisten?** Adolf Hitler. Monologe im Führerhauptquartier 1941–1944. Die Aufzeichnungen von Heinrich Heims, hrsg. v. Werner Jochmann, Hamburg 1982, S. 327.

S. 197 **Die Aufgaben vom Auswärtigen Amt:** Adolf Hitler. Monologe im Führerhauptquartier 1941–1944. Die Aufzeichnungen von Heinrich Heims, hrsg. v. Werner Jochmann, Hamburg 1982, S. 117 f.

S. 199 **Besondere Hotels:** Hotel »Elephant«: AVA RKWÖ 317; Hotel »Vier Jahreszeiten«: BA NS 26/942; Hotel »Exelsior« und Hotel »Auf der Wartburg«: 77 BDC PK-Corr. Curt Elschner, BA NS 15 alt 32.

S. 201 **Führer-Wetter:** Zitiert nach der deutschen Ausgabe: Olavi Paavolainen, Zu Gast im Dritten Reich 1936. Rhapsodie, Hamburg 2016, S. 119 und S. 165.

S. 201 **Kommunistinnen und Nationalsozialistinnen:** Adolf Hitler. Monologe im Führerhauptquartier 1941–1944. Die Aufzeichnungen von Heinrich Heims, hrsg. v. Werner Jochmann, Hamburg 1982, S. 120.

S. 202 **Hitler-Jugend:** Christoph Schubert-Weller, Hitlerjugend, Weinheim, München 1993, S. 158 ff.; Hans-Christian Brandenburg, Die Geschichte der HJ. Wege und Irrwege einer Generation, Köln 1968, S. 127–185; Werner Klose, Generation im Gleichschritt, Oldenburg und Hamburg 1964, S. 271–285.

S. 206 **Europäischer Jugendverband**: Günter Kaufmann, Das kommende Deutschland, 3. Aufl., Berlin 1943, S. 215 ff.

S 206 **Der Stellvertreter von Jesus Christus war Hitler-Junge**: »The Sun« vom 20. April 2005.

S. 207 **Prognosen**: 1) Hermann Göring, zit. nach Joachim C. Fest, Das Gesicht des Dritten Reiches, 5. Aufl., München 1997, S. 118; 2) Joseph Goebbels, in: Das Reich vom 14.11.1943; 3) Adolf Hitler, Hitlers politisches Testament vom 29.4.1945, zit. nach Max Domarus, Hitler. Reden und Proklamationen 1932–1945, Bd. 4, S. 2237; 4) Robert Ley, Aufzeichnungen in Nürnberg 1945, Persönliche Dokumente, BA Nachlass Robert Ley, N 1468, Bd. IV; 5) Joachim von Ribbentrop, zit. nach: Gustave M. Gilbert, Nürnberger Tagebuch, 11. Aufl., Frankfurt am Main 2001, S.41.

S. 209 **Intelligenzquotient (IQ)**: Gustave M. Gilbert, Nürnberger Tagebuch, 11. Aufl., Frankfurt am Main 2001, S. 36.

S. 211 **Anklage in Nürnberg**: ebd., S. 10–13.

S. 212 **KZ-Film**: ebd., S. 50–54.

S. 214 **Kommentare zum Todesurteil**: ebd., S. 426–428.

S. 215 **Nachfolger-Eid**: Max Domarus, Hitler. Reden und Proklamationen 1932–1945, Bd. 4, S. 1741 und S. 2228 ff.; Erlass Hitlers im Juli 1941 vgl. BA R 43 II 1213 a.

S. 217 **Fair/unfair**: Norbert Frei, »Der Nürnberger Prozeß und die Deutschen«, in: Kriegsverbrechen im 20. Jahrhundert, hrsg. von Wolfram Wette und Gerd R. Ueberschär, Darmstadt 2001, S. 478–492.

S. 218 **Vereinigte Staaten von Europa**: Joseph Goebbels, Die Tagebücher: Sämtliche Fragmente. Hrsg. von Elke Fröhlich, Teil 1, Bd. 2, München u.a. 1987, S. 618.

S. 223 **Gauleiter**: Biographisches Lexikon zum Dritten Reich, hrsg. von Hermann Weiß, Frankfurt am Main 1998; Ernst Klee, Das Personenlexikon zum Dritten Reich, Frankfurt am Main 2003; Joachim Ulla, Statisten in Uniform. Die Mitglieder des Reichstags 1933–1945, Düsseldorf 2004.

S. 225 **Pionier der Arbeit**: vgl. Heinrich Doehle, Die Auszeichnungen des Großdeutschen Reichs. Orden, Ehrenzeichen, Abzeichen, Berlin 1945 (Druck Norderstedt 2000), S. 89 f.

S. 227 **Das neue Berlin**: BA R 43 II 1016.

S. 228 **Das rote Apotheken-A aus dem Dritten Reich**: Elisabeth Huwer, Zur Geschichte des Apothekenwahrzeichens: http://www.deutsches-apotheken-museum.de/sammlung/exponate-im-focus/archiv-exponate/r-r-webers-drei-loeffel-symbol/zur-geschichte-des-apothekenwahrzeichens/. Der Weise-Entwurf vom Fraktur-A stammt aus dem Jahr 1936. Die Proportionen vom Fraktur-A wurden im Jahr 1951 nur so leicht abgeändert, dass die Gestalt vom A im Wesentlichen erhalten blieb. Das abgebildete Apotheken A aus dem Dritten Reich ist ein flaches Aluminiumschild mit einer Höhe von 23,5 cm und einer Breite von 23 cm. Für Hinweise danken wir auch Claudia Sachße, Deutsches Apotheken-Museum, Heidelberg.

S. 229 **Łódź**: Meldungen aus dem Reich. Die geheimen Lageberichte des Sicherheitsdienstes der SS 1938–1945, hrsg. von Heinz Boberach, Herrsching 1984, Bd. 5, S. 1601.

S. 231 **Krieg, Frieden und Blutdruck**: Adolf Hitler. Monologe im Führerhauptquartier 1941–1944. Die Aufzeichnungen von Heinrich Heims, hrsg. v. Werner Jochmann, Hamburg 1982, S. 172.

S. 232 **Privatklagen im Krieg**: Meldungen aus dem Reich. Die geheimen Lageberichte des Sicherheitsdienstes der SS 1938–1945, hrsg. von Heinz Boberach, Herrsching 1984, Bd. 5, S. 1602 f., Bd. 7, S. 2362 f. und Bd. 9, S. 3502 ff.

S. 236 **Decknamen deutscher militärischer Maßnahmen**: Hitlers Weisungen für die Kriegführung 1939–1945, Dokumente des Oberkommandos der Wehrmacht, hrsg. von Walther Hubatsch, München 1965.

S. 242 **Micky Maus**: Carsten Laqua, Wie Micky unter die Nazis fiel. Walt Disney und Deutschland, Hamburg 1992, S. 18, S. 96, S. 106 f.

S. 243 **Rudolf Heß**: Dietrich Orlow, »Rudolf Heß – Stellvertreter des Führers«, in: Die braune Elite 1, hrsg. von Ronald Smelser, Enrico Syring und Rainer Zitelmann, 4. Aufl., Darmstadt 1999, S. 95; Kurt Pätzold und Manfred Weißbecker, Rudolf Heß. Der Mann an Hitlers Seite, Leipzig 1999, S. 356; Elke Fröhlich-Broszat in: Biographisches Lexikon zum Dritten Reich, hrsg. von Hermann Weiß, Frankfurt am Main 1998, S. 200; Bird-Interview, Melahouie-Interview, Spann-Interview auf DVD Geheimakte Heß, Langfassung der n-tv Dokumentation, Hilden 2004.

S. 244 **Agenten und Spione**: Der Dienstunterricht im Heere. Ausgabe für den Schützen der M.G.K., bearbeitet von Ernst Hoebel, Berlin 1939, S. 54 und S. 56.

S. 246 **Stahlhelm »Fritz«**: Ludwig Baer (Hrsg.), Vom Stahlhelm zum Gefechtshelm. Eine Entwicklungsgeschichte von 1915 bis 1994, 2 Bde, Neu-Anspach 1994. Bayerisches Armeemuseum, Stahlhelme vom Ersten Weltkrieg bis zur Gegenwart, bearbeitet von Jürgen Kraus, Ingolstadt 1984, S. 39–99. Der in den 1980er-Jahren eingeführte PASGT helmet wurde bis Mitte der 2000er-Jahre getragen. Zur allgemeinen Entwicklung siehe auch: Philip Katcher, The American Soldier. US Armies, 1755 to the present, London 1990, S. 213.

S. 247 **Volkswagen (VW):** Vgl. mit Quellenangaben: Hans-Jörg Wohlfromm/Gisela Wohlfromm, Deckname Wolf. Hitlers letzter Sieg, Berlin 2001, S. 11–78, S. 318–326.

S. 252 **Die USA aus NS-Sicht:** Zitiert aus: E. Ahlswede, In Gottes eigenem Land. Ein Blick ins »Dollar-Paradies«. Nach eigenen Erlebnissen, Berlin 1942.

S. 260 **Germanische Rassenpolitik vs. USA:** Adolf Hitler. Monologe im Führerhauptquartier 1941–1944. Die Aufzeichnungen von Heinrich Heims, hrsg. v. Werner Jochmann, Hamburg 1982, S. 55.

S. 261 **England und Deutschland vs. USA:** Adolf Hitler. Monologe im Führerhauptquartier 1941–1944. Die Aufzeichnungen von Heinrich Heims, hrsg. V. Werner Jochmann, Hamburg 1982, S. 56.

S. 261 **Mussabkürzungen im Heer:** Der Dienstunterricht im Heere. Ausgabe für den Schützen der M.G.K., bearbeitet von Ernst Hoebel, Berlin 1939, S. 130 f.

S. 266 **Qingdao / Tsingtau:** Beim Deutsch-Aufsatz konnte ein Thema ausgewählt werden, vgl. Studien und Quellen zur Geschichte Schantungs und Tsingtaus, hrsg. von Wilhelm Matzat, Heft 5, Kurzgefasste Chronik der Deutschen Schule Tsingtau 1924–1946, Bonn 2001, S. 32.

S. 267 **Kriegszustand:** Der Große Ploetz, 32. Aufl., Freiburg 1998, S. 757.

S. 269 **IG-Farbenindustrie AG:** Milit. Gesch. Forschungsamt, Bd. 5/2, S. 471, dort irrtümlich Milliarden statt Millionen, von den Autoren korrigiert; Joseph Borkin, Die unheilige Allianz der IG. Farben. Eine Interessengemeinschaft im Dritten Reich, Frankfurt am Main, New York 1981; Stephan H. Lindner, Hoechst – Ein IG.-Farbenwerk im Dritten Reich, München 2005.

S. 270 **Tödlicher Geschlechtsverkehr:** BA NS 18/649.

S. 270 **ß:** BAR 55/9.

S. 271 **Ski statt Schi:** BA R 43 II 953.

S. 271 **Schi statt Ski:** BA R 43 II 953.

S. 271 **Spitzer und Fleder:** BA R 43 II 953 a.

S. 273 **Herbstzeitlose:** NA T–175 R43/4591.

S. 274 **Kollaborateure:** vgl. Franz W. Seidler, Die Kollaboration 1939–1945, München 1999.

S. 277 **Letzte Worte unterm Galgen:** Telford Taylor, Die Nürnberger Prozesse. Hintergründe, Analysen und Erkenntnisse aus heutiger Sicht, München 1994, S. 703 f.

S. 278 **Stahlerzeugung:** Milit. Gesch. Forschungsamt, Bd. 5/2, S. 421.

S. 279 **Schwedische Erze für das Deutsche Reich:** Milit. Gesch. Forschungsamt, Bd. 5/2, S. 509.

S. 279 **Führerforderungen:** Abnahme des Waffenamtes mtl. Durchschnitt Okt. 1943–Okt. 1944; Milit. Gesch. Forschungsamt, Bd. 5/2, S. 751.

S. 280 **Industriegruppen:** Dieter Petzina, Autarkiepolitik im Dritten Reich. Der nationalsozialistische Vierjahresplan, Stuttgart 1968, S. 187.

S. 281 **Außenhandel:** Milit. Gesch. Forschungsamt, Bd. 5/2, S. 205.

S. 281 **Hitler gegen Juristen:** Adolf Hitler. Monologe im Führerhauptquartier 1941–1944. Die Aufzeichnungen von Heinrich Heims, hrsg. v. Werner Jochmann, Hamburg 1982, S. 140.

S. 282 **Ernten:** Gebietsstand 1939; Milit. Gesch. Forschungsamt, Bd. 5/1, S. 402.

S. 283 **Fanta:** Mark Pendergrast, Für Gott, Vaterland und Coca-Cola. Die unautorisierte Geschichte der Coca-Cola Company, München 1993, S. 340–342; Ulf Biedermann, Ein amerikanischer Traum Coca-Cola: Die unglaubliche Geschichte eines 100jährigen Erfolges, Hamburg, Zürich 1985, S. 62; Johannes Waechter, »Ahoi, Brause!«, in: Süddeutsche Zeitung vom 8. Dezember 2000, S. 33.

S. 284 **Aus den Coca-Cola Hausmitteilungen 1954:** 25 Jahre Coca-Cola. Essener Tage 1954. Jubiläumstagung 1954. Sonderausgabe der Coca-Cola Nachrichten, 5/6 54, »Hausmitteilungen« der Coca-Cola G.m.b.H. für ihre Geschäftsfreunde und Mitarbeiter, Essen 1954, S. 55–57.

S. 288 **Bekleidung:** Geschätzt über das 1. Halbjahr 1943. Die Erzeugung des Handwerks und der privaten Haushalte ist nicht berücksichtigt. Die deutsche Industrie im Kriege 1939–1945, hrsg. von Rolf Wagenführ, Berlin 1963, S. 174 ff.

S. 289 **Wie bediene ich die Panzerfaust?** Südhannoversche Zeitung vom 22.2.1945.

S. 292 **Zwischen Pferdefleisch mit Knoblauch, Wanzen und Huren:** Nachlass eines deutschen Soldaten, POW im US-Kriegsgefangenenlager Q 5 L55 bei Livorno. Aufzeichnungen, Gedichte, Bekanntmachungen, usw, Konvolut. HSW – 2/109.

Bild- und Textnachweis

50 Jahre Allmendfeld 1937–1987, S. 36: S. 91

ABDA – Bundesvereinigung Deutscher Apothekerverbände e. V.: S. 228 (Bild rechts)

Archiv Anaconda Verlag: S. 14

Der Dienstunterricht im Heere. Ausgabe für den Schützen der M.G.K., neubearbeitet von Ernst Hoebel, Verlag von E. S. Mittler & Sohn, 11. Aufl., Berlin 1939: S. 245

Der Große Brockhaus, Ergänzungsband A–Z, Leipzig 1935, 15. Aufl.: S. 22

Deutsche Lufthansa AG, mit freundlicher Genehmigung: S. 64

Dt. Apotheken Museum-Stiftung, Heidelberg: S. 228 (Bild Mitte)

Flickr, Wikimedia Commons,
    lizensiert unter CreativeCommons licenses/by-sa/2.0/deed.en, https://creativecommons.org/licenses/by-sa/2.0/deed.en: S. 207

HBAW: S. 17, 19, 35, 43, 45, 46, 47, 48, 62, 77, 87, 94, 121, 155, 179, 203, 228 (Bild links), 283, 295

Institut für Stadtgeschichte, Gelsenkirchen: S. 181

Ludwig Hohlwein, »Der rufende Stahlhelm« (Bassenge Buchauktionen GbR), Copyright © VG Bild-Kunst, Bonn 2017: S. 246

Mast-Jägermeister SE, mit freundlicher Genehmigung: S. 180

Münchner Illustrierte Presse vom 11.7.1935: S. 113

Museum Alzey/Blu: S. 92

NS-Zeitschrift *Die Brennessel*, Eher Verlag, München, November 1938: S. 222

pixabay: S. 68, 273

Scherl/Süddeutsche Zeitung Photo: S. 157

Schlag nach! Wissenswerte Tatsachen aus allen Gebieten, hrsg. vom Bibliographischen Institut, 3. Aufl., Leipzig 1941: S. 73, 117, 227, 241

Struwwelhitler. A Nazi Story Book by Dr. Schrecklichkeit von Robert und Phillip Spence, Vorwort von Joachim Fest, © 2005 Autorenhaus Verlag GmbH, Berlin: S. 171

Südhannoverische Zeitung vom 22.2.1945: S. 290